武汉纺织大学学术著作出版基金资助出版

理念与行止:黄榦研究

■ 单晓娜 / 著

武汉纺织大学人文社科文库(第三辑)

中国社会科学出版社

图书在版编目(CIP)数据

理念与行止：黄榦研究/单晓娜著.—北京：中国社会科学出版社，2014.12

ISBN 978 - 7 - 5161 - 4891 - 4

Ⅰ.①理… Ⅱ.①单… Ⅲ.①黄榦(1152~1221)—哲学思想—研究 Ⅳ.①B244.99

中国版本图书馆 CIP 数据核字(2014)第 228848 号

出 版 人 赵剑英
策 划 编 辑 田　文
责 任 编 辑 徐　申
责 任 校 对 周　昊
责 任 印 制 王　超

出　　　版　中国社会科学出版社
社　　　址　北京鼓楼西大街甲 158 号
邮　　　编　100720
网　　　址　http://www.csspw.cn
发 行 部　010 - 84083685
门 市 部　010 - 84029450
经　　　销　新华书店及其他书店

印　　　刷　北京市大兴区新魏印刷厂
装　　　订　廊坊市广阳区广增装订厂
版　　　次　2014 年 12 月第 1 版
印　　　次　2014 年 12 月第 1 次印刷

开　　　本　710×1000　1/16
印　　　张　15.5
插　　　页　2
字　　　数　220 千字
定　　　价　48.00 元

序

　　"华夏民族之文化，历数千载之演进，造极于赵宋之世。"这段话，出自史家陈寅恪笔下，已渐成学界之共识。赵宋文化之辉煌，表现为理学的形成与儒学各派的互争雄长，教育的发展推动文化的大普及，史学以及文学、艺术的空前繁荣，等等。就其中影响最为深远的理学而言，先后有濂、洛、关、闽诸流派，周敦颐、张载、程颢、程颐、朱熹诸大家。尤其是朱熹承先贤之余绪，以强烈的社会担当意识，"因先达之言以求圣人之意，因圣人之意以达天地之理"。竭其一生精力，完成《四书章句集注》等传世之作，重建儒家的价值权威，为世人确定安身立命所当遵循的伦理规范，其建树最为卓越。

　　朱熹的理学体系博大精深，要对世道人心发挥作用，绝非朝夕之功。其中间环节，一是要大力宣扬，二是要诚心践行。朱熹的弟子和信徒，不少人以宣传和实践理学思想为己任，而将二者结合最为完美者，莫过于既是他弟子又是他女婿的黄榦。黄榦自入师门，虚心求学，几十年之间，黄榦志坚思苦，以朱熹道德性命之旨砥砺身心言行，深得朱熹倚重。朱熹临终前一日，给黄榦写下最后一封信，念念不忘为"道"著书和以"道"托人："凡百更宜加勉力，吾道之托在此者，吾无憾矣。"这是朱熹为整个理学阵营留下的传道遗嘱，体现了他对黄榦的高度信任。

黄榦果然不负朱熹之托，在传道中不遗余力。其《勉斋集》中，留下了《论语通释》《孟子讲义》《孝经本旨》《勉斋讲义》等著述。他参与编撰《朱子语录》，留下数篇序言。为了完成朱熹《仪礼经传通解》这一未竟之作，黄榦做了大量的修正和补充，《丧礼》篇他"是一个创始者，也是一个完成者"。尤其是在朱子学经典化的过程中，黄榦撰写出确立朱熹儒家道统地位的《圣贤道统传授总叙说》，叙述朱熹生平学问和政事的《朱子行状》，光大师门，影响至为深远。

在社会生活方面，黄榦是一位理学实践者。几十年的仕宦历程中，他主要是任地方官，有时也出任军队职务，各项职事都是兢兢业业，任劳任怨，甚至为之积劳成疾。他曾任汉阳知军，从《勉斋集》可见，他把关心民众疾苦、解决民众困难放在首位。关于城池建设、灾年发放平价粮谷、土地调查、乡村机构设置等方面的文字，留下不少。在民众生活稳定之后，他重视教育，《汉阳军学孟子二十章》即写作于此时。黄榦还是一个性格倔强的人，最主要的表现是疾恶如仇。一些自称读圣贤书，又曾身居官位的人，在乡间欺负寡弱，强占民田，黄榦遇到这些案情，必定要彻底调查，弄个水落石出，处置绝不心慈手软，不惜开罪于豪门。读过《勉斋集》的人，对此一定印象深刻。

张载有段名言，被奉为四句教："为天地立心，为生民立命，为往圣继绝学，为万世开太平。"黄榦宣扬孔孟学说，诠释朱熹主张，这不是"为天地立心""为往圣继绝学"吗？黄榦关心百姓疾苦，为百姓申冤，这不是"为生民立命"吗？说黄榦"为万世开太平"或许太过，但黄榦所在的理学群体探研世间大道，积极实践，不是意在"为万世开太平"吗？这是一般人难以达到的境界，是值得后人"同情的理解"、大书一笔的。正是出于这一认识，单晓娜博士有《理念与行止：黄榦研究》之作。

晓娜是河南南阳才女，于 2009 年考取为华中师范大学历史文献学专业博士生。因原本有文献学功底，又具备一定的礼学基础，我们在磋商后，确定她重点攻读《勉斋先生黄文肃公文集》。其后，她扬长避短，从"理念与行止"的互动着手，开展黄榦研究，重点不是黄榦如何思想，而是如何行动的。文中从墓志铭、判词入手，揭示宋代理学家理念与行止之间的相互关联，为今人了解宋代社会中思想、文化、政治、社会运动的变迁与演化，提供了颇具特色的个案研究成果。论文提交答辩，得到了各位专家的充分肯定。

时过一年，晓娜将博士论文加以修改，将交付出版社印行，嘱我为之作序，因略述其写作缘由与过程。又因晓娜新近工作为从事中国近代史纲要教学，与所学专业不太一致，复有一段赘语。当今时代信息发达，接受西学甚为便利，以致有食洋不化、极端推崇西方主流价值者，转而对中国固有文化取虚无主义态度。他们虽然口中也讲马克思主义，心中却有抵牾。学业传授言不由衷，的确是一件痛苦之事。实际上只要调整心态，转换视角，此痛不难消除。试想西方之主流价值传播者，绝对希望中国既民主又自由，但有几人希望中国既富裕又强大？认清这一国际形势基本格局，立意于中华民族复兴之伟业，以古代文化精华来丰富当今文化建设，近代史纲要的教学与研究真是大有用武之地。因此，晓娜工作上虽然转了行，学理上却一脉相承。"士志于道"，应该弘扬黄榦的治学精神和处世态度，自觉维护中国数千年的本体文化，引导学生树立为国为民的人生观，开出近代史纲要教学研究的一片新天地。如此传道授业，不亦乐乎！此意不足为外人道，书之文末，亦勖而已。

周国林

2013 年 7 月 10 日于武昌桂子山

目　　录

导　言

一　黄榦与"朱子学"

　　黄榦（1152—1221），字直卿[①]，号勉斋，福州闽县人[②]。是朱熹四大弟子[③]之一，深得朱熹（1130—1200）嘉许。朱熹弟子众多，黄榦是跟随朱熹时间最长的弟子，又因是其女婿，故和朱子"最为亲密"[④]，朱子编《礼书》时曾将《丧》《祭》二礼交给黄榦编写，讲学时请黄榦代讲。叙述朱子一生事迹的《朱子行状》，也是由黄榦撰写，他亦是最有资格撰写的人。

　　黄榦一生，可以分为求学阶段和从政阶段。求学时（25—50 岁）

---

　　① （宋）郑元肃录，陈义和编：《勉斋先生黄文肃公年谱》，收入《北京图书馆古籍珍本丛刊》第 90 册《勉斋先生黄文肃公文集》后，书目文献出版社于 1988 年出版，北京图书馆影印元刻延祐二年重修本。本书主要使用这个版本，参以其他版本。高宗绍兴二十二年壬申（1152）条曰："先生讳榦，字季直"，据此，黄榦字亦季直。

　　② 《勉斋先生黄文肃公年谱》高宗绍兴二十二年壬申（1152）条曰："其先世居福州长乐县青山后，后乃徙家郡城之东，为闽县人六世矣。"又参见《朝散黄公墓志铭》，《朱熹集》卷 93，墓志铭。

　　③ 一般来讲，朱熹的四大弟子指：蔡沉、黄榦、陈淳、辅广。

　　④ 清人张伯行在编纂《黄勉斋先生文集》序文时说："晦翁朱夫子倡道东南，士之游其门者无虑数百人，独勉斋先生从游最久，于师门最为亲密。"上海商务印书馆 1935 年版，《丛书集成初编》之《正谊觉全书》。

好学深思，"志坚思苦"①，最得朱子真意，为朱子最得意的弟子；从政后（51—70岁）勤政爱民，有志事功，不畏辛劳，鞠躬尽瘁，赢得了当地百姓的一致爱戴。他一生都致力于朱子学的实践与传播，是朱学被接受的最重要的传承者，除了在思想上继承朱子外，在政治、讲学、日常行事上更是勇于实践和传播朱子学，在朱门弟子中是非常务实的。黄榦的经世情怀和实践的普遍性，使他成为南宋道学士大夫理念与行止相结合的一个典型代表。

黄榦的研究是与朱子学紧密联系的。讲到"朱子学"，这里有必要厘清几个概念即"道学""理学""宋学""新儒学"（Neo-Confucianism）"程朱学"和"朱子学"。关于这些名词概念的表述，可谓仁者见仁，智者见智。由宋人程颐开始，到朱熹集大成，至明代王阳明不断完善的这个学术体系，被不同的人冠以不同的名称，部分学者在这个基础上或扩展或缩小它的含义，在当代的研究中，国内外对这些词语的准确性问题进行了一些有益的探讨，兹举一些有代表性的观点。

冯友兰在其早期的哲学著作中喜欢使用"新儒学"一词，他的用法包含了"朱子学"与"阳明学"。但他后来改变观点，认为在历史原有意义上使用"道学"这一概念，就像它在11和12世纪被使用的那样，还强调学者应该放弃将道学和理学混淆起来的做法。他专门撰文发表这一意见。② 侯外庐、葛兆光等学者在其哲学著述中一般使用"理学"一词，他们的用法一般是指从程颐开始，由朱熹、王阳明完成的哲学综合。陈荣捷对"朱子学"的范围界定是以与朱子本人相关的一切，以朱子为中心进行的研究，而他在文章中用到"新儒学"这个概念时，含义基本上等同于从程颐开始的最后由朱熹完成的哲学

---

① 《勉斋先生黄文肃公年谱》，宁宗嘉定七年甲戌（1214）条。

② 冯友兰：《略论道学的特点、名称和形式》，载中国哲学史学会编《宋明理学》，浙江人民出版社1983年版，第37—56页。

综合。① 邓广铭专门撰文《宋学和理学》和《略谈宋学》，对宋学和理学进行了区别，纠正以前在书写理学史时对宋代学术的定义错误，认为宋学的范围更广阔，它包括理学，同时又包括了理学之外的其他学说，比如包括王安石的新学，苏轼的苏学，陈亮、叶适的浙东学派等。② 余英时认为理学和道学本质上是一样的，在他的《朱熹的历史世界：宋代士大夫政治文化的研究》中，他专门讨论了他对理学和道学的看法，他认为理学今天已被用得最广，且以为理学更显客观，因此他觉得没必要争辩其用法，在文中他时而使用道学，时而又使用理学。他在著作中所界定的道学家或理学家的范围十分广泛，除了朱熹等人外，还包括陆九渊、吕祖谦、陈亮等这些朱熹的对立派。③ 高令印在其著作中称"朱子学"为"闽学"，他认为这两者是同义的，可以互相替代的。他所指的闽学是指南宋朱熹在福建建阳考亭所创立的，当时与濂、洛、关等并称的地域性学派之一。同时，高令印也注意到闽学后来发生的转变，它由福建蔓延及全国，在后期封建社会意识形态的各个领域起了主导作用。

美国学者对这几个概念进行了很好的探讨。田浩认为"Neo - Confucianism"即"新儒学"一词含糊不清，这个词每个研究者所指不一，说法很多。他更倾向于使用"道学"这个词，认为这个词是原始文献中对宋代学术思潮的一种称呼，比其他的词语更加准确。对此，狄百瑞专门撰文反驳，认为"Neo - Confucianism"这个词更准确地表示了宋代的新思想运动。同时，狄百瑞认为程朱学派属于"正统新儒学"，而其他宋代以来的儒学则属于一般的"新儒学"。包弼德则指出狄百瑞所下的定义不确切，在历史上是没有意义的。田浩也对

① 参见陈荣捷《朱学论集》，华东师范大学出版社 2007 年版。
② 邓广铭：《宋学和理学》，载武夷山朱熹研究中心编《朱熹与中国文化》，学林出版社 1989 年版；《略谈宋学》，载邓广铭《宋史十讲》，中华书局 2008 年版。
③ 余英时：《朱熹的历史世界：宋代士大夫政治文化的研究》，生活·读书·新知三联书店 2004 年版，第 8 页。

此作出回应，认为狄百瑞的定义是含混又多歧。① 田浩进一步对宋学和道学的意义进行了探讨，在他的著作《功利主义儒家：陈亮对朱熹的挑战》一书中指出，宋学（包括欧阳修、苏轼、王安石和司马光等人的学说）较宽泛的意义被保留下来用以指称宋代的儒学复兴。而"道学"这一概念则在12世纪时被用来指代宋学中特定的一支。田浩认为将"道学"看做一个群体的做法是更加合理的。日本学者吾妻重二在《美国的宋代思想研究》中对"Neo – Confucianism"一词的视角进行了探讨。他更同意田浩的看法，认为"道学"这个词比较"Neo – Confucianism"一词，意义范围更加广泛和准确，他认为如果使用"Neo – Confucianism"一词的话，朱子学范围之外的不少重要思想家可能被置于次要地位甚至被忽视不理。他对"Neo – Confucianism"一词进行了专文考证，认为"Neo – Confucianism"这一概念，其起源比一般的说法更早，而且其所指的范围从开始至今都专指朱子学，有时包括扬弃朱子学的阳明学在内。他认为这些"正名"的争论反映出研究视角上的重大分歧。②

　　本书所谓的"朱子学"，是指以朱子本人的著作、思想和行为为主，以朱子门人和后学对朱子著作、思想和行为的阐释、研究和传播为辅的专门学问。它是由朱子集大成，包括以朱子思想的形成、研究（或称为阐释）和传播等为研究对象的一系列学术体系。朱子的空前成就对以后的学者有很大的示范和启发作用，在这一学术体系内，他留下了无数的工作让后人接着做下去，这样便逐渐形成了一个新的研究传统、一个新的学术体系即朱子学体系，或称为"学术典范"。这一体系，是一个有机整体，即相互独立又互相关联。也正因为朱子学足以成为一种新的学术典范，所以，它已不仅仅是一种与当时濂

---

① ［美］田浩：《新儒学与道学之间差异的检讨》，载田浩主编《宋代思想史论》，社会科学文献出版社2003年版，第78页。

② ［日］吾妻重二：《美国的宋代思想研究》，载田浩主编《宋代思想史论》，社会科学文献出版社2003年版，第8—15页。

学、洛学、关学等并称的地域性学派，而是成为一种全国性的学派。从属性上讲，朱子学不仅是中国学术史研究的内容，也是东亚乃至世界学术史上的重要部分。

本书所讲主要是"朱子学"，但也会用到"道学"和理学。而在本书中，所谓道学，笔者认同田浩和冯友兰的说法，"道学"这一概念在 12 世纪时被用来指代宋学中特定的一支，将道学成员看做一个群体的做法是更加合理的，而这个群体，主要是指由程颐开始，由朱熹集大成，由王阳明完成的学术体系。在历史原有意义上使用"道学"这一概念，就像它在 11 和 12 世纪被使用的那样。而所谓的宋学，本书将会注意到清代"宋学"、"汉学"之争中宋学的意义（程朱义理之学）和现代使用的宋学（有宋一代的学术，包括新学、洛学、苏学等），以及被狭义化的宋学意义（朱子学或程朱义理之学），本书使用宋学时，会谨慎使用，选择现代使用的宋学意义，即有宋一代的学术，包括新学、洛学、苏学等。而书中将会用到"闽学"，主要指福建的一种地域性学派，在朱子学发生过程中，"闽学"基本上等同于"朱子学"，若用到"理学"，一般指程朱哲学体系，若有他指，会做出相应的说明。本书认为"程朱学"的表述大致等同于"朱子学"，若此，基本用"朱子学"代替。由于本书所描述的一般指南宋道学发生初期的道学情况，所以以上概念区别不是很大，有时甚至可以互换，可根据语境使用。①

在宋以后，朱子学在我国古代社会里影响重大，除了学术领域上

① 田浩指出：余先生有意回避了道学的争辩，正如他自己所说，他的研究只关心宋代道学与政治文化是如何互动的（卷1，22 页）。他也时而表示，道学与理学本质上是一样的；而且与多数学者一样，他时而使用道学，时而又交替使用理学。在有些地方（例如卷2，26 页），他注意到宋代已给我们所谓"理学"贴上的"道学"或"道学群"的标签（卷2，26 页），而且在宋代史料中，道学（而不是理学）是更常见的术语（卷2，101页）。尽管如此，他仍指出，理学今天已被用得最广，且以为理学更显客观，因此他觉得没必要争辩其用法。参见田浩《评余英时的〈朱熹的历史世界〉》，《世界哲学》2004 年第 4期，第103—107 页。本书同意余英时先生的观点。

的影响外，大到治国、教育、科举、国家政治，小到修身、婚嫁、丧葬、市民生活等，无一不受到朱子学浸染。朱子学在不同朝代的主要境遇和功能的不同，尤其在朱子殁后几百年间，其学说由民间学说转变为官方学说，由地域性学说转变为全国性学说，其学说的性质也发生了相应的变化，成为元、明、清、三代的显学，受到学者们的高度重视，本书的研究将更多偏重朱子学发生期南宋的情况。

在朱子学研究方面，前辈学人对朱子学的研究很多[①]，大多都从思想、哲学、政治和学术的角度进行考察研究，取得了许多丰硕的成果。关于朱门弟子，作为朱子学本身的研究，也大多是从上述角度进行的。本书以黄榦为中心进行研究，因此，一方面本书应该属于朱子学的研究范围，另一方面，本书也希望有所拓展，视角注重考察以黄榦为代表的南宋道学士大夫的理念与行止的互动。

二　研究缘起及文献综述

孟子曾说过：“颂其诗，读其书，不知其人可乎？是以论其世也。”[②] 了解一个人的思想，如果不了解他在实际生活中的行止，很难说是圆满的。余英时曾说过：

> 理学家和职业官僚同是士大夫，在仕宦经历方面完全相同，都是科举出身，然后由县主簿或县尉之类的地方小吏起家。朱熹如此，陆九渊如此，刘清之也是如此。他们之所以自别于职业官僚而自成一政治团体者，分析到最后，还是由于他们继承了北宋

---

① 参见林庆彰编《朱子学研究书目（1990—1991）》，台北，文津出版社1992年版；杨儒宾《战后台湾的朱子学研究》、陈荣捷《欧美之朱子学》，载《朱学论集》，华东师范大学出版社2007年版；[日] 吾妻重二《美国的宋代思想研究》，载田浩主编《宋代思想史论》，社会科学文献出版社2003年版，第7—29页。
② 《孟子·万章下》，中华书局2004年版，第120页。

以来儒家关于重建"治道"的关怀。所以理学家在朝廷则念念不忘"得君行道"，在地方则往往强调"泽及细民"。①

余英时在此论及理学家有以下观点：（1）自成一政治团体者；（2）继承了北宋以来儒家关于重建"治道"的关怀；（3）在朝廷则念念不忘"得君行道"；（4）在地方则往往强调"泽及细民"。以余英时为代表的以往的研究，对前三点都有较详细的论述，但对于第四点，余先生论述较少，而对于大部分道学士大夫来讲，他们并不是都有机会在朝廷上"得君行道"的，他们中的大部分是在地方为官，其"泽及细民"的情况如何，他们在地方上是如何结成"政治团体"的，相关的问题还有很多有待研究。如：南宋的道学家们，以道学思想而闻名于世，他们的理念不仅仅表现在宏观的政治领域，在他们当时生活的社会中是如何体现的？体现了多少？理学思想对社会风俗的改变有多少？对当代社会和后世社会有何影响？它们又是如何互动的？朱子作为大思想家和大学问家，后人能达到朱子那样成就的微乎其微。相对而言，朱子学实践问题的研究，其弟子更具有代表性。其弟子的一切理学实践活动更能作为大部分理学家的代表。

　　本书选择黄榦作为主要的考察对象和基点，从历史学的角度，通过揭示黄榦的道学实践等，试图揭开作为道学家的宋代士大夫的思想生活与现实生活的关联的一角，道学思想和实践行为是如何互动的，探讨这个群体的社会实践，希望以原始文献为基础，通过对黄榦道学实践等的研究，尽量重现南宋道学家道学实践的历史现场，补充南宋道学实践、传承等方面的研究。

　　自南宋至清，古人对黄榦的认识和评价，与朱子学的广泛普及是分不开的。学者对黄榦其人和其文均给予了较高评价：

―――――――――

　　① 余英时：《朱熹的历史世界：宋代士大夫政治文化的研究》，生活·读书·新知三联书店 2004 年版，第 482 页。

第一，肯定黄榦对传播朱子学的贡献。与黄榦大约同时代的南宋王逐认为黄榦为朱门后进领袖，朱子学在东南一带的传播，黄榦居功至首，出力最多。①南宋真德秀与黄榦有过书信来往，认为黄榦犹"颜曾之在洙泗"，"有补于学者"，"有功于师门"②，高度赞扬黄榦的贡献。南宋黄震也曾高度评价黄榦，认为正是由于黄榦，朱子的学问才得以明天下，并为黄榦的文集作跋。③《宋元学案》专列《勉斋学案》，对其生平、学术、思想等进行了高度概括。全祖望认为嘉定以后，足以光其师门为"有体有用"④的儒者，只有黄榦一人而已。黄百家认为黄榦得朱子之正统。⑤另外，在许多传记性资料中，学者也大多对黄榦对朱子学的贡献给予高度评价。同时，黄榦因为对朱子学所做的贡献巨大，也屡次被后人请进先贤祠中。

第二，学术方面，黄榦有大量作品传世，在古代影响最大的学术著作有三：（1）黄榦最主要的、最被重视的、被引用和参考最多的著作是《朱子行状》。《朱子行状》作为朱子事迹的原始资料，和由李方子编写的《朱子年谱》相辅相成，是研究朱子事迹等的最基本资料，黄榦编写的《朱子行状》受到了学者们的推崇和重视，得到学者们的广泛赞誉。（2）黄榦《仪礼经传通解续》的编写是其经典之作，这部著作被后世历代学者所推崇，是在仪礼方面研究的重要著作。（3）黄榦的《圣贤道统传授总叙说》对后世产生了重要影响。自黄榦道统说产生之后，后世的道统论大多沿袭黄榦之说，提到道统

① （宋）黄榦：《勉斋先生黄文肃公文集》后《附集·覆谥》，《北京图书馆古籍珍本丛刊》第90册，书目文献出版社1988年版，北京图书馆影印元刻延祐二年重修本。
② 真德秀（1178—1235），字景元，建阳《敕建潭溪书院黄氏族谱》（文渊阁四库本）中有真德秀《勉斋先生祝文》。真德秀和黄榦为同时代人，二人曾有书信往来，他对黄榦的著作十分熟悉。
③ 黄震（1213—1281），字东发，他在《黄氏日抄》（又称《东发日抄》）中评价黄榦，抄录了黄榦的许多著作，卷93有《跋勉斋先生黄文肃公文集》。黄氏与黄榦为同时代人，小黄榦61岁，其评价堪有代表性。
④ （清）黄宗羲，全祖望修补，陈金生、梁运华点校，《勉斋学案》《序录》，《宋元学案》卷63，中华书局1986年版，第2020页。
⑤ 《文元饶双峰先生鲁》，《双峰学案》，《宋元学案》卷83，第2812页。

论，若追根溯源，必以黄榦的"道统说"为参考。这些评价大都偏重于思想和哲学的概括。

第三，政事方面，因政绩显著，黄榦受到后世的敬重。黄榦在地方为官期间，为民请命，致力于"泽及细民"，改善民生，取得了很大的成绩。他当过地方官的一些地方，后人为了纪念他，专门立祠堂进行表彰，人们世世代代祭祀黄榦，当地也流传着黄榦的故事，最著名的就是民间流传的"知府黄榦"的戏曲故事，把黄榦在安庆做官断案的事迹编成戏曲。在许多传记性资料中，学者除了对黄榦作为朱子学传人的事实高度评价外，也对黄榦的行政能力及成绩给予高度评价。学者对黄榦为政的务实能力都有概括，但缺少进一步探讨作为道学家的黄榦为什么要这么做，即在背后支持其行动的理念。

另外，黄榦的思想体系，在古代也受到了相当的重视，他在朱学中的地位被反复提及，他的关于朱子学思想，理气太极等说反复被学者所讨论。如宋代的胡方平编的《周易启蒙通释》、明代官方编纂的《性理大全》、明代宋端仪《考亭渊源录》、清代朱彝尊《经义考》、清代李清馥《闽中理学渊源考》、清代赵顺纂疏的《四书纂疏》等著述中都有关于黄榦的理、气、太极等学说的讨论与研究。另外，有关黄榦传记方面的资料也很多，在很多学案、诗钞、县志、理学渊源类等书目中都有黄榦的传记资料。如清代张伯行主持编纂的《正谊堂文集》，其中《勉斋集》是其中的一部，对黄榦一部分著作重新选编，前有编者张伯行撰写的《原序》和《本传》，对黄榦一生进行了高度评价；《四库》馆臣等都有对黄榦其人和其著述版本略有评价，并整理编纂《勉斋先生黄文肃公文集》。以上这些关于黄榦的哲学思想、生平传记资料的整理工作，在某种程度上，是从文献学方面对黄榦进行的基本研究。

20世纪初至70年代末，大陆关于黄榦的研究较少。直至最近几十年，因为朱子学研究的深入和细化，黄榦受到越来越多的关注。关于"黄榦"的研究，主要是在"理学"范围内进行的，黄榦生前虽

是朱熹弟子中的领袖人物,但在他身后几百年,并不算引人瞩目。今人关于黄榦的研究,兹述如下:

(一)关于黄榦哲学思想的研究

孙明章《略论黄干及其哲学思想》一文,论及黄榦的哲学思想,他从本体论、发展观、认识论和道德论几个方面阐述黄榦的哲学思想,他认为理学分化的根源是朱子理学的内部矛盾,分化的端倪始于黄榦。① 谭柏华在硕士论文《黄干思想研究》中,对黄榦的哲学思想进行了系统的研究,阐述了黄榦的本体论、认识论、道德论、道统论等方面的哲学思想。在结论中,他论述了黄榦对朱子学的贡献,主要表现在:推广朱子学、致朱学北传、确立朱子的道统地位、调和各学派。② 蔡文达的硕士论文《黄榦生平及理学研究》叙述了黄榦的讲学与从政,并主要从哲学层面探讨了黄榦的理学思想,值得注意的是,蔡文试图探讨黄榦的理学实践,但只是列举了黄榦从政的成绩,似并未做更深入的探讨。③ 张加才《诠释与建构——陈淳与朱子学》一文第四章有陈淳与黄榦思想的比较,从陈淳与黄榦的学术交往入手,分析比较了黄榦与陈淳在圣贤道统与性理体系及对朱陆之争的不同态度,他认为陈淳和黄榦对朱子学的阐发和传播都做出过重要贡献,其思想和努力又各具特色;认为陈淳对朱子学性理体系所做的工作,与黄榦比较而言,在一定程度上更有成效,影响也更为深远;而在道统论方面,认为因为黄榦的门人传衍较盛,尤其是金华一系非常注重道统,故黄榦的道统论略胜一筹,产生了更大的影响。张加才博士的比较研究,视角独特,值得关注。

论述黄榦哲学思想,颇具分量的是韩国池俊镐的博士论文《黄榦哲学思想研究》。该论文对黄榦哲学思想的概括更加系统和全面,论文主要阐释了黄榦的理学思想及其对朱子学的理论贡献。该论文首先

① 孙明章:《略论黄干及其哲学思想》,《福建论坛》1985 年第 1 期。
② 谭柏华:《黄干思想研究》,硕士学位论文,湘潭大学,2003 年。
③ 蔡文达:《黄榦生平及理学研究》,硕士学位论文,华梵大学,2009 年。

概述了黄榦一生主要的学术活动，探讨了他从师朱子的过程、朱子对他的训教、两人之间的思想交流等方面。考述《勉斋集》版本与其存亡，作为其研究最基本的资料和立论的基础。论文对黄榦经解文献进行了细致的辑佚与分析，阐释了他的理学思想及其对朱子学的理论贡献。论文从体用论、太极论、心性论、格物穷理论等几个方面，阐释了他的理学思想。并强调他提出的"体用论"，是贯通其全部哲学的思想方法。论文最后指出，黄榦自任朱子学的传道人，对朱子学的阐发和传播都做出过重要贡献。他晚年广收生徒，传授朱子学，对元代朱子学有着重要的影响。①

另外，许多研究思想史、哲学史、理学史的学者也关注到黄榦的理学思想，在他们的学术著作中，都对黄榦的哲学思想进行了总结和概括。②

（二）关于黄榦综合方面的研究

黄保万《黄榦在朱子学中的地位与贡献》一文，认为黄榦对朱子学的贡献主要有以下四方面：弘扬朱熹爱国思想，阐发朱熹的理学体系，确立朱熹在道统中的正统地位，传播朱子学的特殊贡献。③ 黄保万的另一篇文章《朱熹对黄榦的影响》中讲了朱子对黄榦的影响，与前文不同，他论述了朱子对黄榦在学术和做人上的全面影响。方彦寿的《黄榦著作版本考述》一文主要从版本、卷数、存佚等方面考证了黄榦著作。④ 方彦寿在另一篇文章中认为黄榦对朱子学发展的贡献主要体现在：黄榦继承了朱熹书院讲学的优良传统；论定了朱熹的

---

① ［韩］池俊镐：《黄榦哲学思想研究》，博士学位论文，北京大学，2000 年。
② 如：钱穆《宋明理学史》，九州出版社 2010 年版；侯外庐、邱汉生、张岂之主编《宋明理学史》，人民出版社 1984 年版；何俊、范立舟：《南宋思想史》，上海古籍出版社 2008 年版。
③ 黄保万：《黄榦在朱子学中的地位与贡献》，载《武夷文化研究——武夷学术文化研讨会论文集》，2002 年，第 154—162 页。
④ 方彦寿：《黄榦著作版本考述》，载《历史文献研究》第 25 辑，华中师范大学出版社 2006 年版。

道统地位；促进了理学北传。① 高令印《福建朱子学》一书，其中第二章专列黄榦一节，从黄榦的生平事迹谈起，对黄榦进行了较全面的研究和评价，除了论及黄榦的哲学思想外，他还就黄榦在朱子学的传播方面所做的贡献进行了高度评价，认为黄榦是朱子学通向元代的桥梁，另外，对黄榦著作作了提要式简介。高令印在其他著作里也有介绍黄榦，其观点大多与上文类似。② 陈荣捷先生是二战以来领导美国宋代儒学研究的重要学者，他一生致力于介绍东方哲学文化至西方，他通过著书与翻译工作，致力于提高相对落后的朱子学研究体系，推广朱子学方面的研究。他的研究成果，在东西方都产生了重要的影响，他将朱熹的研究扩大至朱子门人，为朱子学的研究指引了一条重要的研究方向。他认为朱子学之所以能在元、明、清大树旗帜，不是因为幸运而实有其因素。因素不一，而门人乃其极重要者。历来谈朱子学系者，大都以地域言，或以籍贯再分。陈先生认为，地域和籍贯都不是思想分野与传授的线索，在学术史上意义不大。而关于朱子学系的传承，陈先生认为最有意义的为清代黄百家的说法。黄百家云："黄勉斋榦得朱子之正统。其门人一传于金华何北山基（1188—1268），以递传于王鲁斋柏（1197—1274）、金仁山履祥（1232—1303）、许白云谦（1270—1337），又于江右传饶双峰鲁（壮年—1256）。其后遂有吴草庐澄（1249—1333），上接朱子之经学。可谓盛矣。"陈先生认为黄百家之言叙朱学之由宋而元，路线分明。陈先生肯定黄百家的观点，认为以黄榦为中心而形成的几个学派在思想的分野上是有意义的，在传授的线索上是有据可查的。另外，他认为在朱子学传向元代的过程中，以黄榦为中心的这一传授线索起着最重要

---

① 方彦寿：《朱门颜、曾——黄榦》，载《朱子学与21世纪国际学术研讨会论文集》，2000年，第434—449页。

② 参见高令印、陈其芳《福建朱子学》，福建人民出版社1986年版；高令印、高秀华《朱子学通论》，厦门大学出版社2007年版；高令印：《朱熹事迹考》，上海人民出版社1987年版。

的作用。① 王锟的《朱学正传——北山四先生理学》一书，围绕着继承和创新两方面，除了对黄榦的理学观进行分析外，对北山四先生何基、王柏、金履祥、许谦的理学体系也进行了细致的研究。主要讨论了四先生道统论、太极阴阳论、天地生物之心、理气关系、理一分殊、修养工夫等理学上的核心问题，同时还探讨了他们与其他学派的互动、文学观、历史观，作者最后得出结论认为北山四先生一方面能坚守朱学正统，另一方面对朱学又有创新。②

黄榦作为相关朱子学研究的一部分，在研究朱子学的专著中也多有涉及。③ 关于黄榦历史学方面的综合研究，学者有两个共识：1. 认为是黄榦点明了朱子作为道统传人的正统地位。2. 认为虽然朱子学的传播是朱子所有弟子共同努力的结果，但黄榦对朱子学的传播做出了非常重要的、无可替代的贡献。④

（三）关于黄榦或朱子学理念与行止方面的研究

较早对黄榦进行理念和行止方面的研究的是台湾学者王德毅，他的《黄榦的学术与政事》一文把黄榦放进历史学的视野下观察，从学术和政事两方面看黄榦，在学术方面，认为黄榦著述颇丰，崇尚学术研究自由，无门户之见；在政事方面，王德毅从黄榦振兴文教、建先贤祠、推行德政、善于决狱、平息讼风、整修边备、抗御外侮四个方面，说明黄榦是一个讲求吏治，以经世济民为职志的理学家，但关于黄榦的学术和政事是如何结合的，提及的并不多。⑤ 何俊在《南宋

---

① 参见陈荣捷《朱门之特色及其意义》、《元代朱子学》，载《朱学论集》，华东师范大学出版社 2007 年版，第 191—193、198—211 页。

② 王锟：《朱学正传——北山四先生理学》，上海三联书店出版社 2010 年版。

③ 其他综论黄榦其人、著作和对朱子学的贡献主要有：陈荣捷《朱子新探索》，华东师范大学出版社 2007 年版；陈荣捷《朱学论集》，华东师范大学出版社 2007 年版；孙先英《真德秀学术思想研究》，上海人民出版社 2008 年版；[美] 田浩《朱熹的思维世界》，陕西师范大学出版社 2002 年版。

④ 具体来讲：以高令印为代表的学者认为黄榦是朱子学传播到元代的桥梁。以池俊镐为代表的学者认为黄榦是朱子学通向北方的桥梁，而且在朱子学传向朝鲜的过程中也发挥了重要的作用。

⑤ 王德毅：《黄榦的学术与政事》，《汉学研究》1991 年第 9 卷第 2 期。

儒学建构》一书中，专有一小节《思想的形态化及其向生活落实：杨简、黄榦、陈淳》，讨论"后朱熹时代"的儒学，认为黄榦一生的主要精力是在朱熹思想的建设与传播上，为朱学的建设及传播作出了重要的努力。作者认为，黄榦晚年执意做《通释》的文本建设，与当年朱子整理二程的著作，具有相似的性质，是希望将思想呈以形态化以便于传播，同时防止误读。作者认为由黄榦完成的"丧礼"，对于朱学而言，绝不仅仅有文本建设的意义，作者同意钱穆先生的看法，认为朱子治礼以社会风教实际应用为主，而其中由黄榦主持编写的"丧、祭"二礼是在家庭与一般社群的仪式化活动中最为显著的礼仪，他认为黄榦致力于在生活中推广朱子学所确认的礼仪。另外，作者认为黄榦在组织化建设层面上，也做了踏实的工作。综上，作者认为黄榦使朱学成功地由思想向文化转型。同时，作者认为黄榦在努力推进思想向文化转型的同时，对于朱熹思想也同样是作了进一步的展开，这一点主要表现在向"心"里作内省的功夫。另外，黄榦少有门户之见，虽然固守师说，深得朱学思想的精髓，致力于把思想转化为文化，但在某种程度上，也禁锢了思想的发展。作者最后得出结论说，在南宋晚期儒学的最后发展阶段，一方面是以朱学为代表的儒家思想向文化转型，思想获得了落实，实现其社会功能，同时也失去了活力；另一方面曾与朱学相论争的思想，呈现出与朱学的合流的趋势。何俊把黄榦放在整个南宋儒学的大背景下，站在这个大背景的高度观察黄榦的思想和行止及其互动，是非常有意义的研究。①

　　关于朱子学理念与行止互动方面的相关研究，兹举一些有代表性的、较突出的成果：余英时先生《朱熹的历史世界：宋代士大夫政治文化的研究》是关于宋代文化史与政治史的综合研究。余先生认为宋代新儒学为中心的文化发展和以改革为基本取向的政治动态背后的最大动力来自当时新兴的"士"阶层，所以该书的副题是"宋代士大

---

① 何俊：《南宋儒学建构》，上海人民出版社 2004 年版，第 309—322 页。

夫的政治文化"。余先生认为宋代的"士"不但以文化主体自居，而且也发展了政治主体意识；"以天下为己任"便是其最显著的标志。余先生对"士"有较多研究，在这部著作里，他十分重视"士"的身份，重视"士"实际上是对"士"所拥有的理念的重视，因此，这本书实际上是讲理学士大夫理念与政治的互动，结构上包括了相互关联而又彼此相对独立的三个部分：上篇的《绪说》则自成一格，从政治文化的角度，系统而全面地检讨了道学的起源、形成、演变及性质，通论宋代政治文化的构造与形态；下篇专论朱熹时代士大夫集团与权力世界的复杂关系。①

台湾学者刘仪秀的硕士论文《南宋陆门学者的教化理念与实践》是一篇对陆门学者这一群体的理念和实践进行考察的研究。该论文以南宋陆门学者作为主要的考察对象，探讨陆门学者这个学术群体的思想与其社会实践的关联性。从思想史的角度，作者认为南宋的陆门学者并不像一般对于陆学本心之说的批评的那样说其流于空谈、流于禅学，作者认为陆门与朱门或其他南宋的士人一样，都有着浓厚的经世致用的理想，并且也试图将他们的学术理想落实于社会教化当中。论文首先介绍陆门学者对于当代社会的看法以及其教化思想与方式的介绍；陆门学者的教化实践，即包括他们在个人教化与群体教化上的努力，各有重要的实践。他们的教化理念是着眼于"本心"说、"道在庸常间"说的思想。论文讨论了陆门学者个人的教化、群体的教化和平民教化方面，他们以书信的往来、堂室的记铭、乡贤祠的示范等作为教化个人的重要途径；在群体的教化上，他们借由学校、书院教育以及平民教化等方面予以发挥；在平民教化方面，他们借由日常生活的琐事、民间所奉祀的人物，告诉百姓"道"的具体形象。最后在家乡关怀方面，无论是家乡伦理

---

①　余英时：《朱熹的历史世界：宋代士大夫政治文化的研究》，生活·读书·新知三联书店 2004 年版。

的建立或是地方政治的改革，陆门学者们仍是以本心说为主轴。另外陆门学者积极参加救荒、乡曲义田等活动。最后作者得出结论说，南宋陆门学者的心学思想是具有积极的落实性，讲求经世致用的作为的。①

另一位台湾学者孟淑慧在其博士论文《朱熹及其门人的教化理念与实践》中，对朱子学的教化理念与实践进行了十分有益的探讨。论文认为朱子的《四书章句集注》为其教化理念的成熟著作，其最重要的教化理念是明德新民，而教化实践为三：正君心、正纲纪，兴学校明教化，养民与新民三个层次。论文从这三个方面详细展开，论述了朱子的教化理念与实践。同时，作者认为朱子门人在教化理论上有持续发展，如真德秀著的《大学衍义》，是正君心的著作。作者认为真德秀虽然强调正君心，内容上却偏重巩固王权，空有明德新民的外壳。另外，门人在儿童教育的教材与理论方面也有发展，发展出易于记诵，又加入心性义理的童蒙教材。在推广礼教方面，许多门人都以身作则，致力于推广礼教于民间，移风易俗。孟淑慧女士在朱子学宏大又复杂的体系里理出一条线索，总结出朱子的教化理念，并在其传记资料和其他相关著作里找到教化实践的线索，是一个虽然困难却也很有新意的尝试。②

三　写作构想和研究方法

本书梳理现存的黄榦文集，以此为最基本资料。具体来讲，《勉斋先生黄文肃公年谱》是记录其行事的主要文献，《勉斋先生黄文肃公文集》所收录的大量诗文是反映其交游、生活、政事等情况的基本资料。同时，本书以相关研究成果为参考，从历史学的角度，采用社

---

① 刘仪秀：《南宋陆门学者的教化理念与实践》，硕士学位论文，台湾清华大学，2006 年。

② 孟淑慧：《朱熹及其门人的教化理念与实践》，博士学位论文，台湾大学，2003 年。

会史、文献学、思想史等研究方法，从基本文献资料入手，在文本分析的基础上展开考察，探讨黄榦在理念和行止方面的互动及黄榦与朱子学的关系。

先秦以来，"内圣外王"是我国传统儒家的理想，随着时代的发展，"内圣外王"被注入新的思想成分。道学的形成在我国儒学发展史中有着重要的地位。而朱子学作为道学中突出的一支，不仅集北宋以来儒学之大成，也集孔子以下学术思想之大成。① 因此，本书研究黄榦的道学理念，注意到个体的共性和差异，认为只有这样才能更加深刻地理解黄榦主要的道学理念，但如何将宏观论述与微观分析相结合，如何处理共性和个性的关系，要找到特定的视角，其驾驭需要较强的学术功力。

黄榦对朱子学的传播，也是贯穿全文的主要线索，可以说是包含在理念和行止的互动之中，黄榦以传播和实践朱子学为己任，他的一切行为都在这一思想的指导下，在某种程度上，传播朱子学也是行止的一部分。

讨论黄榦重要道学理念的形成，首先要考虑的是对黄榦一生有最重要影响的人物朱子，对黄榦来讲，朱子既是黄榦的老师，又是黄榦的岳父。但以古人对伦理惯常看法，更重师弟子之传承。故在大多情况下，黄榦更被看作朱门得意弟子，而黄榦也总是以师弟子自命。因此，讨论道学发生初期，朱子与黄榦的交往，以及因此而对黄榦的影响是必要的。故本书介绍了黄榦的学术背景、渊源及与朱子的交往，另外，介绍了黄榦的学术实践，学术实践最能体现其学术思想，学术思想又最能体现其理念，因此，这一部分可以说是对上下章的过渡。这是考察黄榦行止的基础。接着，讨论黄榦的道学理念与行止，这一部分也是本书的重点。大体来讲，黄榦的道学理念一部分是继承了朱子的理念，一部分是个人新的发展，有其个人特色。探讨道学实践部

---

① 参见钱穆《朱子学提纲》，《朱子新学案》第1册，巴蜀书社1986年版。

分，这一部分的展开是以笔者所见到的材料为依据而拟定的，在黄榦的文集中，有大量信札、题跋、记、序、疏、策问、公札等体现了黄榦对道学的实践，通过梳理黄榦的行止方面，黄榦的理念也逐渐清晰，本书希望尽可能通过黄榦的行动展示他的理学人生的理念。最后讲黄榦对朱子学的传播，这也是黄榦道学实践的一部分，这一部分从黄榦传播朱子学的具体做法、传播的成效及对后世的影响等方面进行论述。

第一章
黄榦的学术背景与学术实践

主张学术与政事并举，是宋代士大夫尤其是道学中人表现出来的较为突出的时代风格。① 黄榦是宋代朱子后学典型代表，士大夫生活是他生活的一部分。其选择道学作为终身追求，原因较多，但最主要的还是由于黄榦所处的时代背景和际遇决定的。

有宋一代学术文化，近现代学者给予了高度评价。王国维曾说："天水一朝人智之活动及文化之方面，前之汉唐，后之元明，皆所不逮也。"② 陈寅恪先生认为，宋代学术文化成就是历史上文化的最高峰，他说道："宋代学术之复兴，或新宋学之建立而已。华夏民族之文化，历数千载之演进，造极于赵宋之世，后渐衰微，终必复振。"③又说："天水一朝之文化，竟为我民族遗留之瑰宝。孰谓空文于治道学术无裨益耶？"④

① 余英时说："政与学兼容并蓄不仅朱熹为然，两宋士大夫几无不如是。"参见余英时《朱熹的历史世界：宋代士大夫政治文化的研究》自序，生活·读书·新知三联书店2004年版。

② 《王国维遗书》第5集，《静安文集续编》，上海书店1983年版，第70页。

③ 陈寅恪：《邓广铭宋史职官志考证序》，见《金明馆丛稿二编》，上海古籍出版社1980年版，第245页。

④ 陈寅恪：《赠蒋秉南序》，收在《寒柳堂集》，生活·读书·新知三联书店2001年版，第182页。

北宋王朝自建立以来，将最大的注意力放在如何消除割据势力，如何防范文武大臣篡夺之祸，如何抵御侵略等现实的问题，使得北宋最高统治者没有余力对文化事业实行专制主义，尽管他们不是有意识的，但是在客观上对士大夫思想解放起了极大的作用。宋代在文化上没有实行专制主义在客观上促进了宋代文化的兴盛，在主观上，宋代对应的制度方面——科举制度也促进了文化的繁荣。宋初，科举扩大了取士名额，在防止权贵人物对科举的把持方面都做过积极的努力。读书求取科名的动力，使士人群体大大地扩大。士族地主势力的消逝，庶族地主势力的兴起，使农业生产有了较大的发展，交通、商品经济的繁荣促进了文化的繁荣。刻板印刷业和造纸术的广泛普及，使得书籍能大量刻印和流通，这使一般小康之家或稍有经济能力的人家，其子弟读书的机会大增。宋代政治经济的发展促进了学术文化的繁荣，不同的社会际遇促使宋儒传承精义，治学气象广大，开创新义理，产生了不同于前代汉唐诸儒的诸多学术门派，也不同于春秋战国时期的先秦儒家学术。①

第一节　自由开放的南宋学术环境

宋学的产生

自汉唐个别学者（如韩愈等）开疑古风气以来，到了北宋，在一些先行学者的带领下，学者们疑古之风大盛，对于前代儒生们拘守师法，局限于章句训诂之学的学风，大都深感不满，他们对儒家经典所蕴含的义理重新进行阐发，遂形成了一种新的与汉学对立的所谓宋学。② 但它一定是属于儒学的一部分的，也就是近现代研究哲学的学

① 参见邓广铭《宋代文化的高度发展与宋王朝的文化政策》，载《宋史十讲》，中华书局 2008 年版，第 177—194 页。

② 参见邓广铭《谈谈有关宋史研究的几个问题》、《宋代文化的高度发展与宋王朝的文化政策》，载《宋史十讲》，中华书局 2008 年版，第 5、180 页。

者们所谓的"新儒学"。它包括北宋的几大学派和南宋的几大学派。

针对章句训诂之学，道学界的开山祖师之一程颐就曾经说过："今之学者有三弊，一溺于文章，二牵于训诂，三惑于异端，苟无此三者，则将何归？必趋于道矣。"① 黄榦沿袭这一思路，更具体地指出当时学术界士人的弊端，他说：

> 秦汉以来，一世之士不骛于词章，则溺于训诂；不陷于功利，则惑于异端，是固不足以语圣贤之学矣！至于我朝，周程夫子出，继斯道不传之绪，二三大儒又从而相与推明之，于是古先圣贤教人为学之道，至是而复明。②

黄榦的话代表了当时大部分道学家对前代学术的认识和看法。看得出，他们对汉唐诸儒的学术和文化的不满，认为只有道学才是真正古先圣贤"教人为学之道"。

诚如上所言，宋学更加着重于经典义理的阐发，是由于他们对汉唐学者的章句训诂烦琐学术的不满和厌恶，这是宋学兴起的内在原因，而一种学术风气的形成，不仅是内部的要求，在外部也要有动力，而外部动力，或者说宋学兴起的外部原因，一般认为它是由韩愈、李翱的"孤先发明"；另外，它是和释道两教在长时间的互相排斥、互相斗争、互相渗透之后的产物。这包含了宋代儒家学者的觉醒，他们都想重振儒学，使其能凌驾于佛道两家之上。要达到这一目的之前，首先就需要将儒学的学说加以丰富充实，使其真正具有"内圣外王"的内涵，使之可以与佛教的那些学问僧讲说的心性之学一较高低。③

---

① （宋）朱熹编：《二程遗书》卷18，中华书局1981年版，第187页。

② 《新淦县学》，《勉斋先生黄文肃公文集》卷24。

③ 参见邓广铭《邓广铭自选集第一版自序》，首都师范大学出版社2008年版，第4页；邓广铭《谈谈有关宋史研究的几个问题》，载《宋史十讲》，第6页；余英时《朱熹的历史世界：宋代士大夫政治文化的研究》，生活·读书·新知三联书店2004年版，第64页。

清人全祖望等曾总结朱子学时谓其"致广大，尽精微，综罗百代"①。"致广大，尽精微"，其实这不仅是对朱子学，对宋学也很适用。邓广铭先生在经过大量的论证后对宋学总结说："唯其要致广大，故都有其治国平天下的抱负；唯其要尽精微，故都要把儒家学说的义理进行深入的探索。"② 可以说，宋学的发展在中国学术史上是空前绝后的，它是 11 世纪儒学整体动向的归宿，③ 是学术发展的自然趋势。

二 道学的繁荣

学术界已基本形成共识，认为宋代学术的发展，包括理学（道学）而不应太突出理学（道学）。正如宋史专家邓广铭先生所说，把理学作为两宋儒学最有代表性的学术流派是完全错误的。他纠正了自己曾对两宋学术的这一偏见。在北宋时期，洛阳的二程与关中的张载之以理学名家，都是在王安石罢相以后的事。当时的洛党，与蜀党、朔党并立，也还只是以程颐为首的政治小集团。终北宋之世，洛党即理学并未形成一个较大的学术流派。宋南迁后，经过张栻、朱熹等理学大师的努力，理学才成为一个声望较高的学派。然而在同时，也有一群士大夫不肯依归理学门户，如陈亮更强调事功的重要性，与叶适、陈傅良、郑伯熊等更向往经世致用之学，而陆九渊的心学也与朱子的道学有所不同，他们都曾与朱子就学术思想展开争论。④ 可以说，道学是属于宋学的一部分，宋学的兴起和繁荣也是其发展与兴起的必要条件。

宋史《道学传》曰：

---

① 《晦翁学案·序录》，《宋元学案》卷 48，第 1495 页。
② 邓广铭：《谈谈有关宋史研究的几个问题》，载《宋史十讲》，第 8 页。
③ 参见余英时《朱熹的历史世界：宋代士大夫政治文化的研究》，第 116 页。
④ 参见邓广铭《邓广铭自选集第一版自序》，首都师范大学出版社 2008 年版。

道学之名，古无是也。三代盛时，天子以是道为政教，大臣百官有司以是道为职业，党、庠、术、序师弟子以是道为讲习，四方百姓日用是道而不知。是故盈覆载之间，无一民一物不被是道之泽，以遂其性。于斯时也，道学之名，何自而立哉。①

宋史《道学传》中所论人物并不多，元代程朱之学已经成为官方学说，"道学"这里已经是富含褒义与敬义的一个词。经过严格甄选，程朱学派思想家少部分具有代表性的人物入选，像真德秀、魏了翁典型的朱门弟子被列入《儒林传》，而二陆、陈亮这些朱门之外的当时可以与朱学相抗衡的学派代表人物也被列入《儒林传》中，而叶适、陈傅良等这些当时在党禁时上名单的人物同样被列入《儒林传》。

《宋史》别道学于儒林，专立"道学"一目，为后世所议。清人钱谦益、黄宗羲、毛奇龄、朱彝尊、钱大昕诸家及《四库题要》的作者都曾加以批评，独章学诚、阮元等人认为这样的安排有合理之处。章学诚认为《宋史》立《道学传》合于史法，他认为《宋史》道学传中的人物，与儒林诸公迥然不同，所以据事直书是合情合理的；阮元也认为《宋史》立道学、儒林二传，似《周礼》师儒之异，是合于理的。当代历史学家张舜徽先生考察这一现象，认为批评者是从正名的角度而言的。张先生认为，因"人事有迁移，学术有升降"，北宋有"党人之争"，南宋有"伪学之禁"，故《宋史》列"道学传"以统之，以"纪实"。② 这一看法是公正的。其实称驰心于朱子学派的学者为道学家似乎也不够准确，因为道学更确切的也可指陈亮一派的事功学派，陆九渊一派的心性学派，他们在当时书信或文集里也自称为"吾道"。如陈亮在《与应仲实》书中说："苟无儒先

①　（元）脱脱：《道学传》，《宋史》卷427，中华书局1985年版，第12710页。
②　参见张舜徽《广校雠略》，华中师范大学出版社2004年版，第94—95页。

生驾说以辟之，则中崩外溃之势遂成，吾道之不绝如缕耳。"① 但也正如今人田浩所说，道学是当时 12 世纪历史情境下的称呼，是时人对这一学派的普遍称呼。他说：

> 12 世纪使用道学概念，其范围包括那些与二程有基本相同的伦理、学术观念的人。在 12 世纪 80、90 年代达到白热化的政治学术论争中，一些朝廷官员用这一术语攻击朱熹等许多学者，其中包括像叶适这样与陈亮的倾向、思想相当近似的人。14 世纪纂修的《宋史》用"道学"表彰经过严格甄选的程朱学派思想家。这一术语从此就在这狭窄意义上使用。本书对"道学"采取 12 世纪的广义用法，以求显示出浙江学者对程朱学派的关系及陈亮与程朱学派的分离。②

诚如上文所说，道学的繁荣也就是在 12 世纪的八九十年代，道学在大师朱熹、张栻的努力弘扬下，成为声望较高的学派，当时的声望到底有多高呢，或许我们可以从他们思想的反对者但同时又是他们的朋友的浙东功利派学者陈亮的描述中找到答案，陈亮在宋光宗绍熙元年（1190）送友人的《序》里说：

> 往三十年时，亮初有识知，犹记为士者必以文章行义自名，居官者必以政事书判自显。各务其实而极其所至，人各有能有不能，卒亦不敢强也。自道德性命之说一兴，而寻常烂熟无所能解之人自托于其间，以端悫静深为体，以徐行缓语为用，务为不可穷测以盖其所无，一艺一能皆以为不足自通于圣人之道也。于是天下之士始丧其所有而知适从矣。为士者耻言文章行义，而曰

---

① （宋）陈亮：《与应仲实》，《龙川集》卷 19，文渊阁四库全书本。
② ［美］田浩：《功利主义儒家——陈亮对朱熹的挑战》，江苏人民出版社 1997 年版，第 12 页。

"尽心知性"，居官者耻言政事书判，而日"学道爱人"，相蒙相欺，以尽废天下之实，则亦终于百事不理而已。①

在给另一个友人的《序》里，陈亮也有类似的话语："二十年之间，道德性命之说一兴，叠相唱和，不知其所从来。后生小子读书未成句读，执笔未免手颤者，已能拾遗其说，高自誉道，非议前辈，以为不足学矣。"② 陈亮这里所斥责的道学士人，是崇尚道学的士人，他们不一定是真正的道学家，大概也是后世据为"伪学"的理由之一，但从侧面反映了当时道学的繁荣至盛的情形。

宋末周密在《齐东野语》中也写道："伊洛之学行于世，至乾道、淳熙间盛矣。其能发明先贤旨意，溯流徂源，论著讲解，卓然自为一家者，惟广汉张敬夫、东莱吕伯恭、新安朱元晦而已。"③ 在 12 世纪八九十年代的隆兴、乾道、淳熙年间，陈亮所批判的"道德性命"之学，也就是道学，已经在当时部分学士大夫中间形成一种时尚与风气。学者士人言必谈修养，说性命，耻于言文章诗词。

道学在北宋末年创始，声望并不高。南迁后，经过张栻、朱熹等代表性大师的努力，道学成为一个声望较高的学派，对当时尤其是南方一带产生了较大影响。更因为朱子后半生大部分时间在福建度过，福建更成了道学传播的重要地域，因此，接受道学的人在福建为最多，因此，这一学说也可以称为闽学。在福建地区，因地域优势，士人大都驰心于朱子学，黄榦便也是在这样的大氛围中自然地开始接受朱子学，并成为其最忠诚的弟子，他的名字也位列于经过严格甄选的《道学传》内。

---

① 《送吴允成运干序》，《龙川集》卷15。
② 《送王仲德序》，《龙川集》卷15。
③ 《庆元党案》附《晚宋诋晋诸儒者》，《宋元学案》卷97，第3234页。

三 南宋追求道德的士风

南宋时代，国家民族遭受空前灾难，内忧外患极其深重，帝王苟安，"求和"是国家的基本政策①。自古至今，对宋代政制，史家和学者多有很严厉的指责，但对于宋人在道德上的追求，却给予了高度评价。《宋史》曰："三代以降，考论声明文物之治，道德仁义之风，宋于汉、唐，盖无让焉。"② 这句话不是空言。南宋的士大夫，受到北宋士人的道德倡导的影响，范仲淹的"先天下之忧而忧，后天下之乐而乐"在士大夫心中有着重要的影响。也正是在"苟安"这个大背景下，人们对道德风气的向往比以往更甚。

而理学标榜的"道""圣贤"等这些命题正高度符合了苟安的南宋人心目中的道德向往，理学兴起于这个时代并非偶然，在整个南宋时代，理学没有被定为官方学说，在科举考试中，也和后代八股文作风不同，南宋士人大部分可以按照自己的意愿和喜好学习，并参加考试。当然，也有一些因为自己的喜好，虽为士人，但并不参与科举，不做官，仅凭自己的喜好进行学习，隐居乡村，授徒讲学，终老一生，像朱子的著名弟子陈淳就是这样的人。

黄榦在入朱子门前，曾师从两位师长学习词赋文章，虽然他能够"尽得其妙"，但却不能引起他的兴趣，词赋文章"终非所好"，直到后来师从朱子学习"道德性命之学"，"圣贤之学"才成为黄榦的终身追求。黄榦的这种追求和志向在那个时代是有风气导向的，并不是他一个人的追求，而是时代的追求。

辛弃疾是南宋著名的词人和抗金志士，一生以恢复中原为志，在南宋以"和"为"国是"的政治环境中，辛弃疾的政治理想得不到实现，在不断被贬谪的政治道路上，辛弃疾写下了许多诗词，都是反

---

① 余英时：《朱熹的历史世界：宋代士大夫政治文化的研究》，生活·读书·新知三联书店 2004 年版。余先生认为："求和"是南宋的"国是"。

② 《太祖本纪3》，《宋史》卷3，第52页。

映了这种现实与理想的矛盾。① 而辛弃疾的抗金热情被时人所熟知并得到黄榦的推重，他认为辛弃疾果毅、刚大，对其以国事为怀，不计个人得失的风采，十分敬重，字里行间，敬佩之情溢于言表。

在给辛弃疾的一封信里，黄榦谈及他对时政及士风的看法，他说：

> 古之立大功于外者，内不可以无所主，非张仲则吉甫不能成其功，非魏相则充国无以行其计，今之所以主明公者，何如哉？黑白杂糅，贤不肖混淆，佞谀满前，横恩四出，国且自伐，何以伐人？此仆所以深虑夫！用明公者尤不可以不审，夫自治之策也。国家以仁厚操驯天下士大夫之气，士大夫之论素以宽大长者为风俗。江左人物，素号怯懦，秦氏和议，又从而销靡之，士大夫至是奄奄然不复有生气矣，语文章者多虚浮，谈道德者多拘滞，求一人焉足以持一道之印，寄百里之命，已不复可得，况敢望其相与冒霜露、犯锋镝，以立不世之大功乎？此仆所以又虑夫为明公用者，无其人也，内之所以用我与外之所以为我用者，皆有未满吾意者焉。②

黄榦提出自己对时政的看法和分析：朝廷内部一定要有明主贤臣才可以真正实现"大功"。而现在的朝廷上的状况是"黑白杂糅，贤不肖混淆，佞谀满前，横恩四出，国且自伐，何以伐人"，故他忧虑辛弃疾抗金杀敌的政治抱负难以实现。他一面指出国家对人才培养的理想是："国家以仁厚操驯天下士大夫之气，士大夫之论素以宽大长者为

---

① 详参刘原池《论辛弃疾消解进退出处冲突之道》，台湾屏东科技大学通识教育中心。该文主要论述辛弃疾一方面渴望积极用世，却得不到施展才能的机会，而想要退隐归田，却又无法忘怀恢复中原的大业，因此辛弃疾是进亦忧，退亦忧，只好以儒家进退取适思想、道家顺物自然观念，抒写与梦境有关的诗词来消解他所面对的进退出处的冲突。

② 《与辛稼轩侍郎书》，《勉斋先生黄文肃公文集》卷2。

风俗"，这样才可以"自治"；另一面又指出国家的人才的现状是："江左人物，素号怯懦，秦氏和议，又从而销靡之，士大夫至是奄奄然不复有生气矣，语文章者多虚浮，谈道德者多拘滞，求一人焉足以持一道之印，寄百里之命，已不复可得，况敢望其相与冒霜露、犯锋镝，以立不世之大功乎？"这些怯懦、虚浮、拘滞、奄奄然不复有生气的士大夫，怎么希望和他们一起"冒霜露、犯锋镝，以立不世之大功乎"？黄榦认为士风委靡，士大夫中少有人才，不堪大用。

刘甲（字师文），为黄榦上司，曾推荐黄榦为官，对黄榦有知遇之恩，其为人正直，为官清明，黄榦对其品格名节十分推重，对其十分"仰慕"，在给刘师文的信中首先表达了对其为人为官的敬佩之情，然后叙其为官的基本准则。

> 于左右臣子之于君父，与生俱生而不可解于心者也，食人之禄者，当任其事，此亦不待智者而后知也！①

信中，黄榦表示不言"无谓之寒暄，不情之称颂"②，而是直叙其最实在的感受。接着黄榦说到当时士大夫官场风俗：

> 数十年来，风俗日异，谋身之意多于谋国，为私之心急于为公，上之人既不能明示好恶，以力变之。或反推波助澜，使人安之以为当然。所谓廉耻节义，至是扫地矣！国将何恃而能自立耶！此无他！义理不明，而人心不正也！阁下其何道以革之耶！中夜以思，心焉如割，尚异台慈，痛为当路者言！③

---

① 《复刘师文实学》，《勉斋先生黄文肃公文集》卷4。
② 黄榦在信中首先表达了对其的"乡慕"之情，曰：望阁下而不得见，榦之衰老又如此，则所恃以见其区区之情，素者一纸之书耳！又何敢以无谓之寒暄，不情之称颂而仰渎执事者之听耶！故敢并述其愚，以求教诲！
③ 《复刘师文实学》，《勉斋先生黄文肃公文集》卷4。

当时的士大夫"谋身之意多于谋国，为私之心急于为公"，国君或者当权者不辨好恶，儒家推崇为至高无上的"廉耻节义"，在大多数士大夫那里荡然无存，面对这种现状，像黄榦这种有心无力的地方小官员只能"中夜以思，心焉如割"，同时尽自己的力量上书言警。

黄榦在《拟应诏封事》的奏疏中讲述了关于儒家"礼义廉耻"的理想对士大夫思想和行为的影响。

> 管子曰："礼义廉耻，是谓四维，四维不张，国乃灭亡。"夫礼义廉耻，行于士大夫之间而足以维国祚于长久者，何也？使士大夫而知礼义廉耻，则必知君之当尊，民之当爱，禄之不可苟食，而职事之不可苟废也！①

继而他痛叙当时士大夫风气：

> 今也不然，士大夫之处心者，不复知有君，不复知有民。知有细书迭幅，华言丽语以取知而已，知有擎跽曲拳、卑词下气以取容而已。知有苞苴贿赂，请托奔竞以求进而已！②

在黄榦看来，当时的士大夫多数是不合古时管子提出的"礼义廉耻"的"四维"的，士大夫用"细书迭幅，华言丽语"以取知；用"擎跽曲拳、卑词下气"以取容；用"苞苴贿赂，请托奔竞"以求进，这又是如前所叙"谋身之意多于谋国，为私之心急于为公"的典型体现。关于当时士风，黄榦的书信和奏疏中随处可见诸如此类的描述，在给朱子的一封信中，黄榦讲述几个朋友居乡者，因无仆隶就为县吏所辱的事情，感慨世风凉薄。但更让黄榦体会到世态炎凉的是庆

---

① 《拟应诏封事》，《勉斋先生黄文肃公文集》卷23。
② 《拟应诏封事》，《勉斋先生黄文肃公文集》卷23，这是一篇著名的奏疏，后来被收入《历代名臣奏疏》中。

元党禁这一困难时期。

宁宗继位后十月，朱熹任宁宗侍讲。朱熹用侍讲之便，向皇帝状告韩侂胄。时韩侂胄为太皇太后的亲属，以扶持皇帝有功而当政，为排除异己，打击政敌，他指示其党羽猛烈攻击朱熹及其学派。朱熹仅做了四十多日的侍讲，就被解职回乡。不久，韩侂胄的势力益张，宁宗庆元二年（1196），其党羽监察御史胡纮创伪学之名，诬朱熹为"伪学罪首"，十二月朱子以"伪学罪首"罪落职罢祠。① 至此，朱熹结束了他的政治生涯。② 在这一事件中，凡和韩侂胄意见不合的都称为"道学"之人，后又斥道学为"伪学"。禁毁理学家的"语录"等一切书籍，科举考试稍涉义理之学者，一律不予录取。庆元三年，将赵汝愚、朱熹一派等定为"逆党"，开列出"伪学逆党"党籍，共五十九人，包括周必大、陈傅良、叶适、彭龟年、章颖、项安世等。名列党籍者受到程度不等的处罚，凡与他们有关系的人，也都不许担任官职或参加科举考试。

这一事件，史称"庆元党禁"，自此至嘉泰二年（1202）二月，始弛党禁。"庆元党禁"事件，对当时的士人风气的影响也十分大，事件后，朱熹的许多弟子不敢承认自己是朱熹弟子，黄榦在《袁州萍乡县西社仓洁矩堂记》里记叙他亲历的这件事及感受：

> 庆元开禧间，抵排道之说，指士之洁廉好礼，诵先王之言、行其道者，一切以为伪。目之贪得嗜利之流，习为苟贱无耻，以自别于道学，阿权奸、窃威福、志气盈溢。③

---

① 胡纮上疏列朱熹6罪，又丑行4项，疏交沈继祖，沈疏奏。参见宋史《朱熹》本传。

② 参见朱熹著、朱杰人等编，《朱子全书》之《晦庵先生朱文公文集》卷85，《落职罢宫祠谢表》，上海古籍出版社、安徽教育出版社，第4014页。

③ 《谢史丞相启》，《勉斋先生黄文肃公文集》卷21。

当时士风良莠不齐，一方面有"意广才疏，但谋高爵以肥身，不恤虚名以误国，有亏忠义"①，"阿权奸、窃威福"② 的士大夫；另一方面，又有"洁廉好礼，诵先王之言、行其道者"的坚持追求"道"的理想的士大夫。"洁廉好礼，诵先王之言、行其道"，这些其实是以朱熹、黄榦等为代表道学士大夫的做法。虽然被以韩侂胄等当权者定性为"伪学"，但这也恰是他们明显区别于官僚型士大夫的特点，而党争使得这两类人分化更为明显。

庆元党禁后，社会上便出现了两大明显的派别：官僚型士大夫和理学型士大夫③。而庆元党禁成了理学型士大夫和官僚型士大夫集团的冲突的集中表现。朱熹位列"伪党"之首，是"理学型士大夫集团"的领袖和代表，因为当时最著名的理学型士大夫大多以学问为事，被官僚型士大夫排斥为"伪徒"，在朝廷庙堂为官的人不多，他们中的大多数只是在地方为官，而黄榦和同侪作为地方官，成为"理学士大夫集团"的主力军，这些理学士大夫高扬"道学"的旗帜，以居敬、修身等修炼道德，党禁后，也划清了真正的道学士人和假道学士人的界限，真正的道学家更加注重个人修养，他们更加注重名声，更加注重追求道德方面的建设，并尽力在生活和政治中实践着道学所提倡的道德风气。

第二节 黄榦与朱熹的交往

朱熹是中国历史上最伟大的思想家之一，其道学思想对后世产生巨大影响。朱熹思想影响宋以后传统社会深远，并确立为官学思想，从学术发展的内在理路而言，一方面是朱子道学思想本身的魅力，另

---

① 《谢史丞相启》，《勉斋先生黄文肃公文集》卷21。
② 《吉州永新县学记》，《勉斋先生黄文肃公文集》卷17。
③ 关于官僚型士大夫和理学型士大夫的论述，可参见余英时《朱熹的历史世界：宋代士大夫政治文化的研究》。

一方面与其弟子不懈的努力传播与普及是分不开的。黄榦的思想和成长受朱子影响最深，吴昌裔称"而先生有助于师门，千载师友之劻，真所谓颜曾之于洙泗矣"①。

　　黄榦的父亲黄瑀②，官至朝散郎监察御史，"以笃行直道、清名高节著闻"③，"以刚方廉洁、慈爱惠利著闻当世"④。黄榦上有三兄、下有一弟，长兄黄杲、仲兄黄东皆任地方官，第三兄黄香，不仕。弟黄枘，早逝。在黄榦十七岁时，父亲就过世了，父亲的做人、处事、性格却在很大程度上影响了黄榦兄弟。⑤黄榦家法甚严，早年无师承，所习得自家传，"自少年勇于有力，即有任重道远之意"⑥父亲殁后，"遂从学于淡斋李公深卿"，学习词赋和古文，当时黄榦又尝从学于林之奇⑦，同时跟随两位先生学习词赋和古文，黄榦虽然"尽得其妙"，但所学终"非其好也"。⑧淳熙二年（1175），长兄黄杲任湖北地方官，黄榦陪侍母亲至湖北，应当地漕举⑨。次年，黄杲任职吉州，黄榦从行，往清江拜见刘清之⑩。清之见之奇之，曰："子乃远器，时学非所以处子也"，遂以"书进之晦庵朱文公先生"。⑪由此，黄榦成为朱子的弟子。朱子选择黄榦托道托孤；而黄榦又终其一生，

---

　　① 《勉斋先生黄文肃公年谱》理宗端平三年（1236）条。

　　② 黄瑀（1109—1168）：朱熹和真德秀都曾为其作铭。朱熹《朝散黄公墓志铭》，《朱熹集》卷93；真德秀《永春大夫御史黄公祠记》，《西山文集》卷24。

　　③ 参见《族叔处士墓志铭》，《勉斋先生黄文肃公文集》卷35。

　　④ 参见《勉斋先生黄文肃公年谱》高宗绍兴二十二年壬申（1152）条。

　　⑤ 《族叔处士墓志铭》，《勉斋先生黄文肃公文集》卷35，中黄榦自述其亲属说："绍兴间，察院公始以笃行直道、清名高节著闻当世，子宣教君杲通直君东皆孝友廉洁，挺挺有父风。"又同卷《仲兄知县墓表》中黄榦又说："惟吾家，自御史公以刚方、洁廉、慈爱、惠利著闻当世，号称名卿。伯兄杲亦以才气超逸，克世其家。今君所自植立又如此。"

　　⑥ 《勉斋先生黄文肃公年谱》孝宗淳熙二年乙未（1175）条。

　　⑦ 林之奇（1112—1176）：字少颖，号拙斋，福州侯官人。

　　⑧ 弟子杨复曰："先生庐墓侵久，私以失学为忧，遂从淡斋学词赋。既成，又学古文，尽得其妙，非其好也。"参见《勉斋先生黄文肃公年谱》，孝宗乾道四年戊子（1168）条。

　　⑨ 黄榦时年23岁。

　　⑩ 刘清之（1139—1189）：字子澄，自号静春，江西临江人。

　　⑪ 参见《勉斋先生黄文肃公年谱》孝宗淳熙二年乙未（1175）条。

忠贞不贰地传播朱子的道学思想，实践着朱子的思想。

一　师从朱子：志坚思苦

黄榦师从朱子是他人生转折的开始。黄榦受到刘清之的书信推荐，和刘清之相约，告别母亲，马上去拜见朱子，黄榦门人陈伦[①]《师训》记叙了事情的详细经过：

> 一日岁晚，刘公叩门，约同拜朱夫子。入禀母夫人，即日命行。出门，雪大作，既抵屏山，朱夫子适他出。先生留客邸，坚苦思索，盖卧起一榻，不解衣者两月，而后夫子归，遂终身焉，其得道之传自此始。先生每从容与伦言及此事曰："此事母之明且决也。"盖先生得斯道之传，虽天资绝人，亦察院刚明风烈，叶夫人懿行远识之所助云。[②]

两个月后，也就是孝宗淳熙三年丙申（1176），春，黄榦25岁，朱熹远行[③]归来，黄榦始见朱子于五夫。朱子把黄榦安排在屏山潭溪之侧。黄榦谈当时初入师门时的感受曰："丙申之春，师门初登。诲言谆谆，情犹父兄。"[④] 朱子也谈到当时初见后对黄榦的印象，"始余试吏泉之同安，闻旁邑有贤令尹曰黄公。后十余年，屏居里中，有书生来请受业，学精思苦，久而益笃。问其出，则公之季子也"[⑤]。

黄榦见过朱熹后，便定下心来，觉得朱熹的学问才是真学问，才是自己所向往之学，他曾自述初时苦学的情形：

---

① 陈伦：字泰之，长溪人。

② 《勉斋先生黄文肃公年谱》孝宗淳熙二年乙未（1175）条。

③ 当时朱熹回婺源祭扫祖墓。

④ 《勉斋先生黄文肃公年谱》孝宗淳熙三年丙申（1176）条。又见《祭晦庵朱先生》，《勉斋先生黄文肃公文集》卷36。

⑤ 《勉斋先生黄文肃公年谱》孝宗淳熙三年丙申（1176）条。又可参见《朝散黄公墓志铭》，《朱熹集》卷93，文字叙述略有不同。

初见文公，年二十五岁。文公令人邀去一所在看文字，乃是临溪一小屋，在大樟树下，四顾全无人声，屋中旧只有一村老翁，日间寄他做三顿饭，村翁出去作息，则做了一日饭而后去，夜间村翁往田中，其寥寥可知。某自拜先生后，夜不设床，记得旧有大椅子，倦时跳上去坐，略睡一瞌，又起看文字，如是者三两月。或夜间只坐到天晓，孤灯独坐，听屋顶风声，令人耸然。然那时岂有如今这样书册，都是去寻，麋费多少力。而今人讨得见成好书读，更不去读。①

这一年，黄榦还从建安到金华，从学于东莱吕先生②，与之论学，以"所闻与朱熹相质证"。第二年黄榦便又回到朱子身边继续学习。

多年后，黄榦回忆初入朱门时朱子授受的情形，"春山朝荣，秋堂夜清，或执经于坐隅，或散策于林坰，或谈笑布春容，或切至而叮咛"③。黄榦的弟子潘瓜山曾交代这一时期黄榦的心路历程，"文公语公以道德性命之旨，言下领悟，遂厌科举之业，慨然有志于道"④。黄榦学诗词和古文，虽然"尽得其妙"，但这些诗词和古文终"非其所好"，见到朱子后，黄榦才觉得"道德性命"之学乃其所好，从此，黄榦不应科举，"深观默养，殆几十年"⑤。在朱子有生之年，大部分时间陪侍在朱子身边，成为朱子最得力的助手和最得意的学生。

---

① 《勉斋先生黄文肃公年谱》孝宗淳熙三年丙申（1176）条。

② 吕祖谦（1137—1181）：字伯恭，号东莱。《祭林丕颢文》，《勉斋先生黄文肃公文集》卷36，曰"东莱先生，君之故友……丙申金华，师席连侍"。宋史本传曰："以所闻于熹者相质正"。

③ 《勉斋先生黄文肃公年谱》孝宗淳熙三年丙申（1176）条。又见《祭晦庵朱先生》，《勉斋先生黄文肃公文集》卷36。

④ 《勉斋先生黄文肃公年谱》孝宗淳熙九年壬寅（1182）条。

⑤ 《勉斋先生黄文肃公年谱》孝宗淳熙九年壬寅（1182）条。

二 深交朱子：情犹父兄

黄榦师从朱子后，深得朱子的赏识。黄榦25岁师从朱子，除去从学吕东莱一年外，其余时间一直在朱子身边，28岁时因伯兄卒，奔丧还家，没有在朱子身边，朱子已经表现出不适应，朱子在给吕祖谦的信中说：

> 此两月只看得两篇《论语》，亦是直卿先为看过，参考异同，方为折中，尚且如此。渠昨日又闻兄丧归去，此事又难就绪矣。①

次年，黄榦仍在福州家乡，朱子写信给黄榦曰："南轩云亡，事道益孤，朋友难得十分可指拟者，所望于贤者不轻，千万勉旃！"② 又云："老病无聊，益厌俯仰，但思归卧山林，与如直卿者一二人相与讲论，以终素业耳。"③ 这时朱子与黄榦分开不过一年，其书"拳拳如此"④，可见朱子对黄榦的愈来愈赏识和喜爱，对黄榦的期望也越来越高。

孝宗淳熙九年壬寅（1182），黄榦时年31岁，跟随朱子已经八年，朱子深喜黄榦"用意清苦"⑤，将仲女朱兑许配黄榦为妻，让其居住于紫阳书堂。

弟子潘瓜山记载当时的情形：

> 文公喜其用意清苦，遂妻以女。时文公声名已盛，公卿名家莫不攀慕，争欲以子弟求婚。公家清贫，门户衰冷，文公独属于

① 《勉斋先生黄文肃公年谱》孝宗淳熙六年己亥（1179）条，又参见《答吕伯恭书十九》，《朱熹集》卷34。
② 《勉斋先生黄文肃公年谱》孝宗淳熙七年庚子（1180）条，又参见《答黄直卿第二书》，《朱熹续集》卷1。
③ 同上。
④ 《勉斋先生黄文肃公年谱》孝宗淳熙七年庚子（1180）条。
⑤ 《勉斋先生黄文肃公年谱》孝宗淳熙九年壬寅（1182）条。

公者，以吾道所在，欲有托也。①

此后 30 年，黄榦大多数时间都陪侍在朱子身边。朱子的学生有 460 人②，在所有弟子中，"独勉斋先生从游最久"③。

淳熙十一年甲辰（1184），黄榦陪侍在朱子身边，帮助朱子处理事务讨论学问，弟子潘瓜山记载曰：

> 文公退居山谷者三十年，专讨论经典，训释诸书，以惠后学。时从游者独公侍左右，纂集考订之功居多。④

朱子作为大思想家，其对待文献态度之严谨，也是后世少有及之。而在朱子取得的成绩中，黄榦"纂集考订之功居多"，其功不可没。同年，朱子在《答刘子澄书九》中也说道："旧书且得直卿在此商量，逐日改得些，少比旧觉精密。"⑤

黄榦因侍母一度离开朱子一段时间，朱子命其季子前往从学。黄榦侍母两年，朱子便十分想念黄榦，希望他早点过来，他说：

> 喻及读书次弟意思，甚善甚善。且更勉力，以俟后会。但未知几时能复来？此间少人讲论，殊愦愦也。⑥

朱子急欲见到黄榦，故书之，其意切切如此。又与黄榦书曰：

> 此女得归德门，事贤者，固为甚幸。但早年失母，阙于礼

---

① 《勉斋先生黄文肃公年谱》孝宗淳熙九年壬寅（1182）条。
② 该数字是据陈荣捷先生的统计。
③ （清）张伯行：《黄勉斋先生文集》之《原序》影印本。
④ 《勉斋先生黄文肃公年谱》孝宗淳熙九年甲辰（1184）条。
⑤ 《答刘子澄书》，《朱熹全书》卷35，第1542页。
⑥ 《答黄直卿》，《朱子全书》之《晦庵先生朱文公续集》卷1，第4667页。

教，而贫家资遣不能丰备，深用愧恨。想太夫人慈念，必能阔略。然妇礼不可缺者，亦更赖直卿早晚详细与说，使不至于旷败为善……辂孙骨相精神，长当有立。辅①亦渐觉长进，可好看之。②

这封信完全是岳父写给女婿的语气，言辞恳切，情真意切，时黄榦的妻儿留在黄母身边。

朱子曾藏陆探微的画，黄榦长子辂看到这幅朱子壁间狮子画，很是喜欢，朱子就把它送给小外孙。有书给黄榦曰：

> 辂孙不知记得外翁否？渠爱壁间狮子。今画一本与之。可背起与看，勿令揉坏却也。此是陆探微画，《东坡集》中有赞。愿他似此狮子，奋迅哮吼，令百兽脑裂也。③

时辂尚年幼，朱子把名画给他后，勉励他有像狮子一样的壮志。又怕小孩子不知珍惜名画，故书嘱黄榦。后朱子生病，黄榦带着妻子、儿子一起到朱子身边。朱子有书曰：

> 病中得直卿携女子、辂孙归来，甚慰。④

作为黄榦的岳父，朱子十分关心女儿及外孙，又因黄榦生活甚为清苦，故朱子尤为挂念，关于黄榦生活的清苦，朱子弟子梅坞林羽曰：

> 初见先生于新河，家徒四壁，日特蔬食以对宾客，端坐议

---

① 辂：指黄榦长子；辅：黄榦仲子。
② 《答黄直卿》，《朱子全书》之《晦庵先生朱文公续集》卷1，第4656页。
③ 《答黄直卿》，《朱子全书》之《晦庵先生朱文公续集》卷1，第4658页。
④ 《朱子全书》之《朱子佚文辑录》，第653页。

论，至达旦不寐。书前辈诗于壁曰："愚夫饱欲死，志士常苦饥，但能守箪瓢，何事不可为。"识者见之，已凛然有廉顽立懦之风矣。"①

朱子答友人书，亦谓黄榦"食贫"②。黄榦跟随朱子几十年后，朱子对之期望也越来越大，其情谊也愈来愈深厚，可以讲是"恩义深重"③。

绍熙五年（1194 年）七月，宋宁宗赵扩即位，朱熹命黄榦捧表上贺。时赵汝愚当政，乃朱熹知交。宋宁宗任命朱熹为焕章阁待制兼侍讲，黄榦从朱子到京。

林梅坞记录当时情景：

> 赵公与文公厚善，闻先生抵中都，每对客念其贫，且意其必来见也。先生闻之，曰："丈夫岂可为人怜。"卒不见之。④

黄榦虽贫，但在朱子的影响下，并不以贫为苦，黄榦得到朱子推荐，以捧表恩奏补为将仕郎。朱子在朝 40 多天⑤，因韩侂胄用事，赵汝愚和朱熹俱罢，黄榦从行出京。

这时朱子问黄榦"所以自处之计"，黄榦答曰："已办一杖双履，欲从先生度岭过海矣。"⑥《勉斋先生黄文肃公年谱》记载曰：

> 盖先生于文公恩深义重，以死相从，已决于心。其后尝举

---

① 光宗绍熙二年辛亥（1191）条。

② 《答巩仲至》，《朱子全书》，《晦庵先生朱文公文集》卷 64，书中曰："亦其食贫，不得不为此耳"，第 3108 页。

③ 《勉斋先生黄文肃公年谱》光宗绍熙五年甲寅（1194）。

④ 同上。

⑤ 据余英时考证，朱子在朝 46 天，与黄榦所撰朱子《行状》略有差异，余先生认为黄榦《行状》中所说朱子在朝 40 天为约数，笔者认为余先生的说法是合理的。

⑥ 《勉斋先生黄文肃公年谱》宁宗庆元二年丙辰（1196）条。

"子畏于匡，颜渊后，吾以汝为死矣"等语以励学者，皆有深
意云。①

黄榦举例是把自己比作孔子弟子颜渊，表示要永远跟随朱子，一方面
朱子对黄榦"恩深义重"，另一方面黄榦自比颜渊，也表示对朱子做
人及做事敬佩与欣赏，愿意以死相从。

黄榦以宁宗庆元元年（1195）十一月，赵丞相被贬永州，朱子奉
祠在家，黄榦留文公侧。

黄榦弟子杨复记载了当时朱子和黄榦之间发生的一件事，可见其
在日常事务中的交流：

> 丞相之逐也，文公不胜愤抑，草封事欲上，直指奸邪，以明
> 丞相之冤。先生力疏，劝以筮决定，遂止。②

宁宗庆元二年（1196）三月，朝廷禁止道学，发生了历史上著名的
"庆元党禁"，朱子的"道学"被朝廷指为"伪学"，时朱熹"披旨
落旨、罢祠闲居"，朱子自建安归三山，时一部分弟子怕受党禁的牵
连，就改门换庭，别投他学了，也有少数弟子坚持从学朱子。

朱子罢祠还乡后居住在建阳考亭，分配门人编辑《礼书》，黄榦
主要职责是"分经类传"，朱子"删修笔削条例"③，常常与黄榦讨
论，又以丧、祭二礼交给黄榦编写。

黄义刚在《勉斋先生黄文肃公年谱》里记录曰：

> 文公云："直卿与某相聚多年，看文字甚仔细。在三山亦甚
> 有益于学者。今日可为某说。"直卿起辞，先生曰："不必多

---

① 《勉斋先生黄文肃公年谱》光宗绍熙五年甲寅（1194）条。
② 《勉斋先生黄文肃公年谱》宁宗庆元元年乙卯（1196）条。
③ 《勉斋先生黄文肃公年谱》宁宗庆元二年丙辰（1197）条。

逊。"包显道请申言《论语》"有子"一章，于是直卿略言此章之旨得，历述圣贤相传之心法。①

宁宗庆元三年（1196），朱子为黄榦筑室于考亭新居之旁。朱子两年前迁居于此，便谋划为黄榦筑一小屋，因经济困难一直到这一年才修好。② 黄榦祭朱子文有云："复问舍于星亭"③，指的就是考亭新居。

这一年，黄榦因母丧回闽，在庐墓旁筑室讲学，从学者甚众。

宁宗庆元四年，黄榦在家守丧，朱子得疾，"贻书先生为诀，因以深衣及平生所著书授之"④。宁宗庆元五年，朱子遣其诸孙跟随黄榦学习，与黄榦书曰：

> 书社想亦渐成次第，更宜勉力交相磨切，使有成就，非细事也。⑤

又曰：

> 彼中学者，今年有几人，可更精切自做工夫，勤于接引为佳。⑥

又曰：

---

① 《勉斋先生黄文肃公年谱》宁宗庆元二年丙辰（1196）条。又参见《勉斋先生黄文肃公文集》经说。

② 《朱子全书》之《晦庵先生朱文公续集》卷1，《与黄直卿》，朱子有书曰："见谋屋于后园中，作精舍，规模甚盛。他时归来，便宜可请直卿挂牌秉拂也。作此之后，并为直卿作一小屋，亦不难矣。"又说："五夫不可居，不如此相聚。为谋一屋，不就别计屋基了，相去又十数步，若作小屋三间，尽可居也。"第4667—4668页。

③ 《祭晦庵朱先生》，《勉斋先生黄文肃公文集》卷36。

④ 《勉斋先生黄文肃公年谱》宁宗庆元四年己未（1198）条。

⑤ 《勉斋先生黄文肃公年谱》宁宗庆元四年己未（1198）条。

⑥ 同上。

　　斋馆既开幕，从者众，尤以为喜。规绳既定，更又耐烦勉力，使后生辈稍知以读书修已为务，少变前日浅陋环浮之习，非细事也。①

这时，朱子鼓励黄榦以传播、切磨学问为事，殷切地问"彼中学者，今年有几人"，更是交代黄榦要"精切自做工夫，勤于接引为佳"，听到"从者众"后，"尤以为喜"，大概听说斋馆的"规绳既定"后，又嘱咐黄榦"更又耐烦勉力，使后生辈稍知以读书修已为务，少变前日浅陋环浮之习，非细事也"。

　　宁宗庆元六年三月，朱子病重，八日，手书以遗黄榦，曰：

　　人还和书，知已到三山，一行安乐。又知授书次弟，人益信。向所示告文规约皆佳，深以为慰。今想愈成伦理，凡百更宜勉力。吾道之托在此者，吾无憾矣。异时诸子诸孙，切望一一推诚，力赐教诲，使不为门户之羞，至祝至祝。礼书今为用之，履之不来，亦不济事，无人商量了。可便报之，直就直卿处折衷，如向来《丧礼》，详略皆已得中矣。《臣礼》一篇并旧本，今先附寄，可一面整理。其他并望参考条例，以次修成。就诸处借来分写，教作两样本，行道大小，并附去，纸各千番，可收也。谦之、公度各烦致意。不意遂成永诀，各希珍重。仁卿未行，亦可致意。病昏且倦，作字不成，所怀徒切凄黯。

三月甲子，朱子殁，前一日，手书与黄榦为诀，以勉学及修正遗书为言。讣闻，黄榦日行百里，丙子至考亭，为朱子护丧事，持心丧三年，不调官。

---

① 《勉斋先生黄文肃公年谱》宁宗庆元四年己未（1198）条。

三　传承朱子：衍述师说

朱熹去世后，黄榦成为朱子学的领袖人物。他一方面在地方上做官，另一方面办县学、修书院、祠堂等，传播朱子学。

朱子以"吾道之托在此者，吾无憾矣"书黄榦，可以说是朱子对黄榦的信任不断加深的结果。从初时"情犹父兄"，到后来的女婿，到后来"吾道之托"，朱子和黄榦的关系日渐亲密，从最初的情感上的交往，到后来品格上的信任，到最后思想、"道"和儿孙的托付。

作为朱子赏识和给予厚爱的学生和家人，黄榦对朱子感情非常深厚，他说：

> 父兄之于子弟，不是过也。先生不以是为有德于榦，榦亦不敢以是而归德焉。颜曾之于洙泗，尹谢之于伊洛，皆一世大贤也，而后有闻下焉。榦独何人，而在抠趋之列耶？[1]

黄榦在一封与友人的信中总结了一生与朱子的交往过程：

> 榦少不自量，好从当世名胜游。既冠而执经于晦庵先生。一见便有相教诲之意。未数年而授之以室，又数年而授之以官，又数年而为之筑室庐，相约终老相从之计。其嘱托之意，则曰微言易坠，汝其保之。[2]

又说：

> 榦又何足以辱其知遇之厚哉！[3]

---

① 《辞晦庵先生墓》，《勉斋先生黄文肃公文集》卷36。
② 《与郑□□》，《勉斋先生黄文肃公文集》卷36。
③ 《与郑□□》，《勉斋先生黄文肃公文集》卷36。

几十年的相从相随，朱子对黄榦的影响，除了学术的成就外，日常生活也极大地影响了黄榦，黄榦专门记叙朱子日常生活片段，以启发后学：

> 先师之用意于《集注》一书，愚尝亲睹之，一字未安，一语未顺，覃思静虑，更易不置。或一二日而不已，夜坐或至三四更，如此章乃亲见其更改之劳。坐对至四鼓，先师曰："此心已孤，且休矣。"退而就寝，目未交睫，复见一小史持牌以见示，刚是退而犹未寐也，未几而天明矣，用心之苦如此，而学者顾以易心读之，安能得圣贤之意哉！追念往事，著之于此，以为世戒。①

当时朱子生活中除了学术外，其他事都很少关注。这一人生态度也极大地影响了黄榦，养成了黄榦在学问和做事做人方面严谨、敬畏之心，在黄榦后来的生活中，依稀可见当年朱熹的影子。

朱子对黄榦的影响极大极深，多年后黄榦自述朱子"警教"，与朋友互相勉励：

> 学者之患，在于志卑气弱、度量浅狭、规模褊陋，则虽与之细讲，恐终无任道之意。故须是在大规模，又有细工夫，方成个人物。故常以此提撕之，恐《中庸》所谓"高明中庸，广大精微"，亦此意也。榦自治未至，何以教人。顾诵先生之言，与朋友共讲之，亦赖以自警耳。幸先生之道益尊，而人心之理未易泯也。

---

① 《勉斋先生黄文肃公年谱》孝宗淳熙十一年甲辰（1184）条，原文见于黄榦《论语通释》卫灵公篇，谁毁谁誉章记。该书今已佚。

黄榦"诵先生之言"，除了与朋友共同讨论揣摩之外，更是用朱子的话赖以"自警"，黄榦对朱子的缅怀更是对朱子人格和精神的一种认同。朱子殁后十二年，因朱子诀别之书有"勉学"之语，故黄榦自号勉斋。在朱子认为黄榦"志坚思苦，与之处甚至有益"；初见之就"受室于潭溪，复问舍于星亭，庶依归以终老，指河山以为盟胡，暌离之未几"①；对之十分器重和赏识，不嫌其清贫，把女儿也嫁给他，授以深衣，认为黄榦可以托付其"道"。对黄榦来讲，朱子对他是恩深义重，有"知遇"②之恩。黄榦愿意以死相从③，他评价朱子是"得道统之传，为万世师"④，无论在日常生活和学问上，朱子都是黄榦的榜样。

因党禁事件，朱子殁后没有行状，朱子的后人认为黄榦对朱子的思想行事最为了解，故请黄榦述其行状，黄榦对此事十分认真，草其行状后，未欲传布，而是同友人及门生反复商榷，反复修改，直到去世前才把行状传布于世，表现了其一贯严谨的学风，更表现了其对朱子的敬爱之情。行状中，黄榦更是高度评价和推崇朱子的学问道德人格，认为"公平正大者先生之心，刚毅勇决者先生之气，严威俨恪者先生之容，精深博广者先生之学"，朱子是"得道统之传，为万世师"⑤。钱穆先生曾说："如讲朱子生平及其学问，则必讲黄勉斋《朱子行状》，为第一最可信的资料。"⑥

朱子门人多达467人，《宋元学案》称："黄勉斋榦得朱子之正统"⑦。黄榦同时代的学者黄震曾说：

---

① 《祭晦庵朱先生》，《勉斋先生黄文肃公文集》卷36。
② 《勉斋先生黄文肃公文集》卷书《辞知潮州复郑知院》。
③ 《勉斋先生黄文肃公年谱》光宗绍熙五年甲寅（1194）。
④ 《朱子行状》，《勉斋先生黄文肃公文集》卷34。
⑤ 《朱子行状》，《勉斋先生黄文肃公文集》卷34。
⑥ 钱穆：《中国史学名著》，三联书店2000年版，第247页。
⑦ 《宋元学案》，卷83，《双峰学案》，《文元饶双峰先生鲁》，第2812页。

　　然则晦庵于门人弟子中独授之屋，妻之女，奏之官，亲倚独切夫，岂无见而然哉！勉斋之文宏肆畅达，髣髴晦翁，晦翁不为讲义，而勉斋讲义三十二章，皆足发明斯道！①

今人陈荣捷先生说：

　　自朱子梦奠后，其门徒遍及闽、赣、浙、苏各省。向日从游之士，于师门之学议论纷陈。惟咸认黄榦最得朱子之学髓，而递传其后之门人……门人之中，榦最为朱子所爱戴与信赖。榦为朱子婿。朱子造一室与之居，促其服官，饬其代为部分讲授。及朱子编家礼，独以丧祭二篇属榦。此在朱子，无疑以为最重要之两篇。朱子易箦前手书与诀曰："吾道之托在此，吾无憾矣。"当榦之存，门人莫敢纷传其所之朱子语录，盖恐其未足以确切的衍述其师说也。②

由此陈先生得出结论认为黄榦"可作为朱子与元代新儒学之桥梁"③。

　　总之，黄榦和朱子互相欣赏：黄榦个性踏实，行事严谨，做学问刻苦自励，其人深得朱子嘉许，除了授之以女、以道外，更是托孤于黄榦；而朱子学问精深，一生致力于道学的研究与传播，对黄榦有知遇之恩，其思想和人格的魅力更使得黄榦愿意终生相随，其为人、行事深深地感染了黄榦，所以黄榦在朱子去世后，全力致力于道学的普及和传播，成为道学史上最重要的一员大将之一。

---

　　① （宋）黄震：《黄氏日抄》卷40，文渊阁四库全书本。
　　② 陈荣捷：《朱学论集》，《元代朱子学》，万法先译，华东师范大学出版社2007年版，第197页。
　　③ 《朱学论集》，《元代朱子学》，第197页。

第三节 黄榦传承朱子学的著述

黄榦一生著作很多，除了《勉斋集》之外，黄榦继承朱子遗志，发挥朱子未发之意，关于朱子学的重要著作"礼有《续编》，《语》有通释，《大学》有经解，《中庸》《孟子》有讲义"①。黄榦别有单行本著作："先生所著之书，如《书传》《易解》《论语通释》《仪礼通解》《孝经本旨》之类，皆已成书。其尚未有终篇者，有未脱稿者，有一时因笔所记者，有与朋友讲贯所及者，今集为《经说》附于集中。"② 黄榦关于发挥补充朱子学的重要著作，在当时已经作为较成熟的著作单刊，故在编辑文集《勉斋集》时未收入。除此外，《讲义》《语录》单行本也有存疑，故下文先对《勉斋集》版本等沿革问题作一简单介绍，然后重点介绍黄榦著作的成书过程。

一 《勉斋集》

（一）《勉斋大全集》

咸淳九年（1273）二月，黄震在《跋勉斋集》里叙其最早的版本源流曰：

> 某淳祐丙午春得《勉斋文集》于山阴施侯德懋，衡阳本也。后二十七年来，抚州推官李君龙金，衡阳人，复以其本见遗，则字之磨灭不存者已十二三，因思翻刊于江西仓司。而丙午所得本留故山，欲借别本证磨灭不存字，阖郡咸无之，方以书不复全为忧。未几临汝书堂江君克明，招临江董君云章偕来其家，收勉斋文最备。谓初得衡阳本十卷，次得严溪赵氏所刊本二十四卷，次

---

① 《勉斋先生黄文肃公年谱》理宗端平三年丙申（1236）条。
② 《勉斋先生黄文肃公文集》卷26《经说》下注语。

得双峰饶氏录本书问一卷，次得徽庵程氏录本书问一卷，次得北
山何氏①录本答问十卷。近又得三山黄氏友进②刊本四十卷，凡
衡阳、严溪、双峰、徽庵本皆在焉。而又多三之一，独无答问。
某因馆致董君，尽求其书，属干办常平司公事赵君必矍，相与裒
类，为勉斋大全集。董君云："衡阳本最初刊，有妨时，有不尽
刊，故为最略；严溪所刊，虽略增，其板已毁于火；三山所刊分
类多未尝闻，亦颇散失。"此集真成大全矣。并记其说如此。勉
斋尝宰临川，仓司既祠晦翁，并祠勉斋，勉斋祠堂记峨峰黄氏所
作能发明晦翁、勉斋相传之正，并刻附卷末。③

黄震最初和李龙金欲翻刻衡阳本十卷，因所得本文字有不少磨灭不存
者，故寻其版本，不意竟得到多个版本，共有衡阳本 10 卷，严溪赵
氏本刊本 24 卷，双峰饶氏④录本书问 1 卷，徽庵程氏录本书问 1 卷，
北山何氏录本答问 1 卷，三山黄氏刊本 40 卷。故刻成《勉斋大全
集》。后世刊本大多在此基础上再刊。比较 10 卷本、24 卷本、40 卷
本而言，衡阳 10 卷本为"最初刊，有妨时，有不尽刊，故为最略"，
严溪赵氏 24 卷本"略增"，三山黄氏本为最全，包括了衡阳、严溪、
双峰、徽庵本里的内容，且比之又多了三分之一，且"分类多未尝
闻"，它的缺点是"独无答问"，且"亦颇散失"。黄震在跋文里讲当
时刊刻的《勉斋大全集》除三山黄氏本外，又加上了北山何氏录本
答问 10 卷，此大全集为临川仓司本，但未知多少卷，其内容据引文
所言，可推测其包括除了较全的三山本 40 卷外，又有何氏录本答问
10 卷。《勉斋大全集》已佚。《宋史·艺文志七》著录《黄榦文集》
10 卷，据上引文可知，此 10 卷本为衡阳本，为最初刊本也为最略刊

---

① 北山何氏指何基（字），为黄榦弟子。
② 三山黄氏友进指黄友进（字），为黄榦弟子。
③ 《黄氏日抄》卷91，《跋勉斋集》，文渊阁四库全书本。
④ 双峰饶氏指饶鲁（字），为黄榦弟子。

本。该《大全集》今已佚。

(二)《勉斋先生黄文肃公文集》

40卷，包括：诗1卷，书15卷，铭、记2卷，序、跋、启各1卷，婚书、表词、祝文1卷，奏状、代奏1卷，讲义2卷，经说1卷，策问、公牍3卷，公状3卷，行状2卷，志铭、祭文各1卷，杂著1卷，判语3卷。另有友人、弟子记录和书写的《勉斋先生黄文肃公语录》1卷、《勉斋先生黄文肃公年谱》1卷、《附集》1卷，《附集》录《宋史》黄榦本传、告词、谥议、行实、祠记、祭文等。

这一刊本最初为宋刊本，后元代有翻刻本，现存版本就是翻刻宋刊本的元刊本，虽有个别缺文，但比较而言，是现存黄榦文集卷帙最全，内容最多，刊刻最善本。此书见于清瞿镛《铁琴铜剑楼藏书目录》卷21著录。明代诸书如《文渊阁书目》，《内阁藏书目录》等著录有宋刻40卷本多本及元翻刻40卷本，《天禄琳琅书目》，《皕宋楼藏书志》各著录1部为宋刊元修本。清康熙四十三年有黄若金刻本，康熙十一年黄钺刻本，然两本论脱窜易不少，且黄若金刻本编次又多异旧帙。其他清钞本都有缺脱，如《四库》本亦朱自元刻，而脱页缺文愈甚，据此，可知是集宋本虽多，而今皆不全。另有《勉斋集》8卷本，清人张伯行所编《正谊堂文集》收集，为此本40卷本中节选的一小部分。另外，四川大学曾枣庄主编的《全宋文》一书收有该集，有现代标点和校勘记，但该书收录了一大部分，并没有全部收录。以上著录诸书的内容都没有超出元刻宋本的内容。①

现存最全之《勉斋先生黄文肃公文集》的元刊本，是《文集》中的最善本。收藏于北京国家图书馆，宋集珍刊本全文收录，该集虽有坏版、缺文多处，然文集中字画清劲、体惟颜、柳，大有宋刻貌，卷中有"铁琴铜剑楼"等印记。②

---

① 参见《宋集珍本丛书》之《勉斋先生黄文肃公文集》王智勇序，另参见方彦寿《黄榦著作版本考述》，《历史文献研究》，总第25辑，第220—230页。

② 《宋集珍本丛书》之《勉斋先生黄肃公文集》王智勇所书书前。

二　《论语通释》

《论语》作为《四书》之一，是道学人士研读的重要经典。《朱子语类》中记载朱子与黄榦讨论读《论语》的方法，朱子曾问黄榦说："《论语》近读得如何？昨日所读底，今日再读，见得如何？"黄榦回答说："尚看未熟。"朱子回答说："这也使急不得，也不可慢。所谓急不得者，功效不可急；所谓不可慢者，工夫不可慢。"①朱子给吕祖谦写信时说道，"以此两月间只看得两篇《论语》，亦是黄直卿先为看过，参考异同了，方为折中，尚且如此。渠昨日又闻兄丧归去，此事益难就绪矣。"②可见黄榦对《论语》理解得到朱子的认同，朱子曾让黄榦给学生讲解《论语》"有子"一章③。而黄榦平时在教与学中也十分重视《论语》的研读，如在书院教学和与朋友往复信件中都有讨论，甚至黄榦在临终前六日，与杨复的书信中仍说："《论语》读得一过，益见圣人之道。"④

黄榦于宁宗嘉定十二年退闲归乡，开始着手作《论语通释》。陈宓在《题叙通释》叙述了黄榦作此书的原因，曰：

> 先生合文公《集注》、《集义》、《或问》三书而通释之。盖《集注》之辞简而严，学者未能遽晓，于是作《或问》一书，设为问答，以尽其详，且明去取诸家之意。先生恐学者不暇旁究，故直取解《集注》之辞而列之于后，以便观览。然《集注》、《或问》，有去取之不同，发挥之未尽，先生追忆向日亲炙之语，

---

① 《朱子语类》卷19，论语《语孟纲领》。

② 《勉斋先生黄文肃公年谱》孝宗淳熙六年（1179）条。

③ 《勉斋先生黄文肃公年谱》宁宗二年（1196）秋条录云：文公云："直卿与某相聚多年，看文字的甚仔细。在三山亦甚有益于淀粉者。今日可为某说。"直卿起辞，先生曰："不必多逊。"包显道请申言《论语》"有子"一章，于是直卿略言此章之指，复历述圣贤相传之心法。

④ 《勉斋先生黄文肃公年谱》宁宗嘉定十四年（1221）条。

附以己意，名曰《通释》，于是始无遗憾矣。呜呼！文公年七十一，自弱冠至易箦，未尝一日不用力于此书。先生弱冠从文公游者三十余年，未尝不执经在左右，其去取之论，无不与闻。先生年亦七十，从事是书亦五十年。晚岁得闲归三山，生徒云集，讲论余暇，率夜坐至四鼓，未晨而兴。手释二十篇，比成而逝。其用心坚苦如此，学者其可以易观哉。①

朱熹关于《论语》的著作有六部：《论语要义》《论语训蒙口义》《论孟精义》《论孟集义》②《论语或问》《论语集注》。其中《论语集注》是理学经典之作《四书章句集注》③ 的一部分，其中《集注》终朱子一生一直在修订。黄榦亲历朱熹对《集注》一书之用心，他作《论语通释》，合《集注》《集义》《或问》三书通释之，追忆往日朱子亲炙之语，他担心学者以"易心读之"④，不能了解本意，故他发挥朱子未尽或更定⑤之意，附以己意，作成《论语通释》，他本意欲合《集注》《集义》《或问》《语录》四书而通释之，但《语录》未入。

宋人魏了翁在叙述《论语通释》时说：

勉斋黄直卿合朱文公二书为《论语通释》，吾友复斋陈宓叙

---

① 《勉斋先生黄文肃公年谱》宁宗嘉定十二年（1219）条。

② 该书前身是《论语集义》和《孟子集义》。

③ 《四书章句集注》包括：《论语集注》和《孟子集注》《大学章句》《中庸章句》。

④ 年谱记载《论语通释》卫灵公篇，谁毁谁誉章记云：先师之用意于《集注》一书，愚尝亲睹之，一字未安，一语未顺，更易不置。或一二日而不已，夜坐或至三四更。如此章乃亲见其更改之劳。坐对至四鼓，先师曰："此心已孤，且休矣"。退而就寝，目未交睫，复见小吏持版牌以见示，则是退而犹未寐也，未几而天明矣。用心之苦如此，而学者顾以易心读之，安能得圣贤之意哉！追念往事，著之于此，以为世戒。参见《勉斋先生黄文肃公年谱》孝宗淳熙十一年甲辰（1184）条。

⑤ （宋）赵汝腾《庸斋集》卷5曰：文公殁二十余年，其门人高弟皆不敢有所发明，厥后勉斋文肃黄公授学者于华峰之上，始著为《通释》……勉斋亲炙文公之久，教学相长，《集注》因之而更定多矣，《通释》大抵发明文公更定之意也。

所以作，张敏则刻之潭之湘乡之涟溪，予首从萧定夫得善本以归，里人赵心传请刻诸梓，以幸惠学士，而属予申其义。呜呼！是书之有传，士得之以增益知虑，而益劢所学，士之幸也！论说之益广，士窃之以给取利禄，而罔闻于行，予之忧也，呜呼，学者其亦知所择哉！①

《论语通释》最初由张敏则刻，陈宓题序，后由赵心传刻，魏了翁序。《通释》共10卷，现已佚。② 《通释》写成刊刻后，陈淳就予以高度评价："勉斋《论语》增释，果蒙肯来发药，尤千万幸也。"③ 黄榦的再传弟子王柏（字会之、号鲁斋）在《跋勉斋北溪文粹》曰：

昔乾淳之士，登考亭之门而亲传面授权者不知其几人矣。穷乡孤陋未能遍求高第邻子遗书而尽观之，但见端的固守其师说而接引后进，敷畅演绎而不失其本意者，惟二先生之为可敬。勉斋先生辞严任重、充拓光明，而《通释》尤为渊奥；北溪先生辞畅义密，剖析精微，而《字义》实为阶梯；皆所以为后学之津梁以达于紫阳之室者也。④

王柏把黄榦的《勉斋黄先生文粹》30篇，《北溪陈先生文粹》31篇，《经说》15篇编集，⑤ 据引文所言，黄榦《论语通释》和陈淳的《北

---

① （宋）魏了翁《鹤山集》卷55《论语通释序》。
② 参见《宋史》卷202，《艺文志1》，第5069页，黄榦对《四书》之注释，可从《四书纂疏》《四书大全》《勉斋先生黄文肃公文集》《勉斋先生黄文肃公语录》《朱子语类》《性理大全》等资料中可见。参见［韩］池俊镐《黄榦哲学思想研究》博士论文第49页。
③ （宋）陈淳：《答陈寺丞师复》，《北溪大全集》卷23，文渊阁四库全书本。
④ （宋）王柏：《鲁斋集》卷11，《跋勉斋北溪文粹》。
⑤ 二先生文粹之后又附以杂著四十余章，北山何基曾经增定之。参见（宋）王柏撰《鲁斋集》卷11。

溪字义》① 应该在其内，他认为陈淳的《字义》是了解朱子学的阶梯，而黄榦的《通释》是进一步深入学习朱子学的著作。王柏是朱子后学中较著名的一个，他曾著《通旨》② 补充黄榦《通释》，他的看法有一定的代表性。但可惜的是，该书也已佚。元代方回曰："黄直卿《通释》，陈安卿《字义》之外，各有文集，羽翼文公"③，吴澄曰："谈朱门惟勉斋黄直卿识道理本原，其次北溪陈安卿于细碎字义亦不差。"④ 黄榦的《通释》在宋元时很有影响。另外，黄榦关于论语的著作还有《论语原》1 卷，也已佚。⑤

三 《孝经本旨》

黄榦于宁宗嘉定十三年（1220）作成《孝经本旨》1 卷，共 24 篇，《勉斋先生黄文肃公年谱》记载曰："初，文公尝欲掇次他书之言，可发明《孝经》之旨，别为外传，而未暇为。今先生之为此书，盖成其志也。门人陈宓刊于延平。"⑥ 朱子曾作过《孝经刊误》，黄榦作《孝经本旨》是为了成"文公之志"，《孝经本旨》是按照朱子的最初设想，"掇次他书之言，可发明《孝经》之旨"。"他书之言"是指六经及《论语》《孟子》言孝者。⑦ 黄榦的《孝经本旨》由门人陈宓刊行几年后，史绳祖合黄榦的《孝经本旨》及所辑儒家论孝之书，以朱子《孝经刊误》为参考，合为《孝经》解，

---

① 陈淳的《北溪字义》是陈淳所著朱子学的代表作之一。详见《陈淳的〈北溪字义〉》。

② 他认为黄榦《通释》尚缺答问，乃约语录精要为《通旨》。

③ （元）方回：《桐江续集》卷 31。

④ （元）吴澄：《吴文正集》卷 3。

⑤ 《宋史》卷 202，《艺文志 1》，第 5069 页。

⑥ 《勉斋先生黄文肃公年谱》宁宗嘉定十三年（1220）庚辰。

⑦ （清）朱彝尊：《经义考》，卷 226 曰：《宋志》1 卷（案：见《宋史》卷 202《艺文志 1》，第 50671 页），未见，中兴《艺文志》：榦继熹之志，辑六经、《论》、《孟》之言孝者为一书，厘为 24 篇，名为《孝经本旨》。

魏了翁为之作序曰：

> 朱文公尝著《孝经刊误》，公之子在尝举元稿以遗余，余既锓梓，与学士共之。史庆长又以告予曰："昔者绳祖尝集先正名贤《孝经》注解，今愿得《刊误》，为之章指。"余举以畀之，俾得汇次成编，则又以黄直卿《孝经本旨》及其所辑洙泗论《孝》，合为一书，呜呼，此民生日用之常，后王隆德之本，而由之不知，观是书者，其亦知所发哉。①

黄榦的《孝经本旨》已佚，引文可见史氏《孝经解》包含了黄榦的《孝经本旨》，但可惜的是，史氏《孝经解》也已佚。

四　《勉斋先生讲义》

黄震曰："晦翁不为讲义，而勉斋讲义三十二章，皆足发明斯道。"② 说明黄榦讲义共32章，这些讲义足以发明朱子斯道。《袁稼学重刊勉斋讲义序》说：

> 勉斋黄文肃公讲义二十余卷，大抵本朱子提纲挈领，不为伎辞，而简要严切，深中学者陷溺沉痼之病，世不可无此书。旧板久废，良足叹。稼学袁君守儒笃学，乃裒散帙为一编，朝夕玩味，精加雠计，辍衣食合众助重刻之，以贻无穷。意甚奇而工甚伙，其子德远衔训嗣事绪成之，自今家有其书，因勉斋所讲以求朱子之言，其为发明弘益多矣……③

---

① （宋）魏了翁：《鹤山集》卷55。《史绳祖孝经》据（清）朱彝尊撰《经义考》卷226，已佚。
② （宋）黄震：《黄氏日抄》，卷40，文渊阁四库全书本。
③ （元）牟巘撰：《陵阳集》，《袁稼学重刊勉斋讲义序》，卷13，文渊阁四库全书本，袁稼学为黄榦弟子。

据序文所讲，讲义有二十余卷①，而讲义的内容"大抵本朱子提纲挈领，不为伎辞，而简要严切，深中学者陷溺沉痼之病"，这是黄榦讲义的重刊，引文中讲"自今家有其书"，是因为"勉斋所讲以求朱子之言，其为发明弘益多矣"。可见黄榦讲义发明朱子未尽之意是当时共识。

《勉斋讲义》单刊本今已不见，据今《勉斋集》里见到的《勉斋讲义》有两卷，卷 24 讲义有《临川郡学》《隆兴东湖书院》《新淦县学》《竹林精舍祠堂》《安庆郡学》《南康白鹿书院》；卷 25 有《汉阳军学孟子二十章》。这些大概是前文黄震所讲的讲义 32 章。黄榦在《竹林精舍祠堂》讲义中曰：

> 嘉定丙子仲秋上丁之翌日，同舍诸贤会于先师之祠下，祀事毕，俾榦讲明先师教人之意。②

黄榦明确说明作讲义是"讲明先师教人之意"。

五 《孟子讲义》

黄榦于嘉定乙亥年（1215）写定《孟子讲义》，他在《汉阳军学孟子二十章》后书曰：

> 榦疏缪不才，蒙恩假守，每念此郡士风简质浑厚，可与适道，辄诵所闻以与士友讲说，为《孟子讲义》二十章，衰晚愚昧，废学日久，不足以发明圣贤之蕴奥。然《孟子》之明白切至，育其本文亦足以使人兴起。于此二十章之中，玩味而有得焉。则七篇之旨可以类推圣贤之道，可以驯致，惟诸友勉之。庶

① 关于黄榦讲义的"章"或"卷"数目等，笔者以为黄震较黄榦略晚出，大概为同时代人，黄震之述最为可信，认为此处所讲可能有参以不同分法或参以不同版本或有误。

② 《竹林精舍祠堂》，《勉斋先生黄文肃公文集》卷 24。

几异日汉水之滨，将有以圣道为诸儒倡者矣。①

《孟子》全书共分 261 章，黄榦截取《孟子》的部分章节，分为 20 讲。"七篇"指的是《孟子》全书共为 7 篇，② 他希望通过他 20 章的讲解，大家可以类推圣贤之道。而他做讲义的主要目的，希望将来汉阳可以"有以圣道为诸儒倡者矣"，朱子学可以在这里推广。

六 《朱子语录》

《朱子语录》最初是由黄榦的好友李道传（字贯之）刊于其所任职的池阳仓司。

嘉定八年乙亥（1215）年，黄榦曾为池阳本《语录》作序曰：

> 晦庵朱先生所与门人问答，门人退而私窃记之。先生没，其书始出。记录之语，未必尽得师传之本旨，而更相传写，又多失其本真；甚或辄自删改，杂乱讹舛，几不可读。李君道传贯之，自蜀来仕于朝，博求先生之遗书。与之游者亦乐为之搜访，多得记录者之初本。其后出守仪真，持庚节于池阳，又与潘时举、叶贺孙尝从游于先生之门者，互相雠校，重复者削之，讹谬者正之，有别录者，有不必录者，随其所得为卷帙次第，凡三十有三家。继此有得者，又将以附于后，特以备散失，广其传耳。
>
> 先生之著书多矣，教人求道入德之方备矣。师生函丈间往复诘难，其辨愈详，其义愈精，读之竦然，如侍燕闲，承謦欬也！历千载而如会一堂，合从闻而悉归一己，是书之传，岂小补哉！贯之既以锓诸木，以榦与闻次辑而俾述其意云。③

---

① 《汉阳军学孟子二十章》，《勉斋先生黄文肃公文集》卷 25。
② 七篇为《梁惠王》《公孙丑》《滕文公》《离娄》《万章》《告子》《尽心》。
③ 《书晦庵先生语录》，《勉斋先生黄文肃公文集》卷 20。

黄榦十分明确此编写语录的意义，他以传播朱子学为己任。对于所收集的语录初本，黄榦认为未必尽得朱子之本旨，再加上"更相传写"，又多失其本真，或擅自删改。对此，他提出了很多很好的意见。据年谱记载，最初的《语录》是黄榦参与编次的，年谱曰：

> 《语录》今刊于池阳仓司，凡四十三家，实先生之所编次，而蜀人李公道传贯之取以刊之。①

黄榦在与友人的书信中，讨论《语录》编次，如与叶味道（初字贺孙，更字知道）讨论曰：

> 《语录》事承见谕，然亦有一说，且如《语录》中所载与《四书》不同者，便径削去，则朱先生所集程先生语录，胡为两说不同而亦皆采之耶！天下义理正未可如此看也，虽朱先生不敢以自安，而学者乃率然如此，何耶？朱先生一部《论语》直解到死，今亦有未安处……此一段乃近见一朋友语录中所载。又岂可以其与《四书》不合而削之乎？义理无穷，正可忧正可惧，不可执一说而遂以为安也。似此数处皆是近日见诸子读《论语》而得之，今既刊削如此，亦无可奈何，但乞存留抵本见示，并求新改本更一观耳。②

黄榦提出编写《语录》，其标准当以朱子当年编写《二程语录》为准，"程先生语录胡为两说不同而亦皆采之耶"，所以他认为《朱子语录》应该谨慎删除，多多采纳，他举《语录》时说到《论语》的例子，反对因与朱子《四书》不合就删除。而叶味道也就是黄榦在

---

① 《勉斋先生黄文肃公年谱》嘉定六年癸酉（1213）条，四十三家实指四十三卷。
② 《复叶味道》，《勉斋先生黄文肃公文集》卷6。

为池阳本语录所作《序》中提到的曾参与编定《语录》的叶贺孙。
可见在《语录》编写原则上，黄榦提了很多建设性意见，故黄榦的
弟子说《语录》实黄榦编次。李性传在序文中曰：

> 文肃黄公直卿既为之序，其后书与伯兄，乃殊不满意，且谓
> 不可以随时应答之语易平生著述之书……直卿之云真是也。①

黄榦在与李道传的信中更明确提出编《语录》的原则说：

> 语录事承见谕曲折。初亦深恐削之太甚耳，若只如此亦无
> 害，又得味道兄整过，可以无憾矣。大抵鄙意以为此等文字，宁
> 过于详，则刊之为易，若先求其精，则一削之后，不可复求。此
> 为可虑耳。②

关于《朱子语录》的编写，黄榦参与很多，在编次中，他担心删之
过多，而"则一削之后，不可复求"。朱子去世后，他作为朱门后学
的领军人物，主持编写《朱子语录》及其他相关的朱子学的书籍，
包括《行状》等书的撰写，他都指出"宁繁勿简"的原则。袭梦锡
也参与编撰《朱子语录》，嘉定六年癸酉，黄榦为袭梦锡所编《朱子
语录》作序曰：

> 袭兄梦锡所编朱先生语录，字字皆格言也。学者所当留意
> 焉。虽然，言之于口不若会之于心者，其旨深；玩之于书不若体
> 之于身者，其理实。熟味衣锦尚绒之章，与夫默而识之之语，则
> 于是书也，庶乎其有得矣。③

---

① （宋）李性传：《朱子语类原序》，文渊阁四库全书本。
② 《与李贯之兵部》，《勉斋先生黄文肃公文集》卷14。
③ 《书袭梦锡所编晦庵先生语录》，《勉斋先生黄文肃公文集》卷20。

可见黄榦对龚梦锡所编《语录》是满意的。又有说黄榦录《晦庵先生语续录》四十六卷，此书系补充李方子《朱子语录》之作，书中多记录其亲闻朱熹之言论。但未见相关记载，详情不可考。① 后人重编《朱子语录》，序曰：

> 黄公榦既序之矣，后乃不满意，盖亦惧夫读者之不得其方也。二公②之心，其亦韩子所谓"尧舜之利民也大，而禹之虑民也深"者乎！是以黄公不自出其所录……语录之难读如此，黄公之虑岂为过哉？③

引文讲黄榦没有"自出其所录"，在年谱和《勉斋集》里都难以找到黄榦出语录的详细资料。

除了上述著作外，黄榦著作单刊本另有《周易系辞传解》1 卷（内 3 篇，其中 1 篇为其安庆郡学讲义）。《续仪礼经传通解》④ 29 卷。另有《朱侍讲行状》1 卷，《勉斋诗钞》1 卷，也都包含在《勉斋先生黄文肃公文集》里。⑤

第四节　朱子学经典化的努力

一　确立朱子儒家道统地位的《圣贤道统传授总叙说》

"道统"这一说法，从某种程度上是儒家叙述"师承渊源"的

---

① 参见高令印、陈其芳《福建朱子学》，福建人民出版社 1986 年版，第 86—87 页。另据（宋）黎靖德编、王星贤点校《朱子语录》之《朱子语录姓氏》录曰：黄榦字直卿，三山人。饶录一。饶后录二。

② 二公指朱熹和黄榦。

③ （宋）黎靖德编、王星贤点校：《朱子语录》，中华书局 1983 年版，第 24—25 页。

④ 其版本沿革详见下节《仪礼经传通解的编撰》。

⑤ 参见高令印、陈其芳《福建朱子学》，福建人民出版社 1986 年版，第 86—87 页。

另一种提法。孟子最早提出类似的"道"之圣贤传授。① 唐代韩愈在《原道》中提出儒家之"道"传授谱系，② 不过孟子的"道"和韩愈的"道"，与后世所提起的"道统"之"道"并不是一个概念，两家提出的传授谱系，在后世也没有引起足够的重视，引起后世重视的"道统"之"道"指的是南宋二程和朱熹一门提出的"道统"传授。

考其源流，程朱一门提出道之"传承"可以追溯到到北宋程颐，他在《明道先生墓表》中最先提出"道学"之说：

> 周公殁，圣人之道不行；孟轲死，圣人之学不传。道不行，百世无善治；学不传，千载无真儒。无善治，士犹得以明夫善治之道，以淑诸人，以传诸后；无真儒，天下贸贸焉莫知所之，人欲肆而天理灭矣。③

这里所讲的"圣人之道"的"道"指的是尧舜文武周公一派的"善治之道"，而"圣人之学"的"学"指的是孔子、孟子的解释"善治之道"的"真儒"之学。二程在这里明确地分尧舜文武周公一派为"道"，而孔子孟子一派为彰明前者"道"的"学"。

朱子在（淳熙十六年即1189年）《中庸章句序》最为明确地提

---

① 《孟子·滕文公下》："天下之生久矣，一治一乱……尧舜既没，圣人之道衰，暴君代作……周公相武王诛纣……天下大悦……世衰道微，邪说暴行有作……孔子惧，作春秋……杨、墨之道不息，孔子之道不著……"可以说，孟子提出的"道"的圣贤传授是模糊的。

② 《昌黎先生集》卷11，《杂著·原道》曰：尧以是传之舜，舜以是传之禹，禹以是传之汤，汤以是传之文、武、周公，文、武、周公传之孔子，孔子传之孟轲。轲之死，不得其传焉。《四库备要》第70册，集部，中华书局。[韩] 池俊镐在其博士论文《黄榦哲学思想研究》中有论说"儒家圣贤之道统"一节，其中讲到孟子和韩愈的"道统论"。笔者认为把他们两个人的议论称为孟子和韩愈的"道统"论说法不妥，他们并没有明确提出"道统"这一概念，至多只能如笔者文中所讲的他们提出了"道"的"传授渊源"。

③ 《伊川先生文》，《二程集》卷11，第640页。

出"道统"一词①，他说：

> 《中庸》何为而作也？子思子忧道学之失其传而作也！盖自上古圣神继天立极，而道统之传有自来矣，其见于经。则允执厥中者，尧之所以授舜也，人心惟危，道心惟微，惟精惟一，允执厥中者，舜之所以授禹也……自是以来，圣圣相承，若成汤、文、武之为君，皋陶、伊、傅、周、召之为臣，既皆以此而接夫道统之传。若吾夫子，则虽不得其位，而所以继往圣、开来学，其功反有贤于尧、舜者……见而知之者，惟颜氏、曾氏之传，得其宗，及曾氏之再传，而复得夫子之孙子思……得孟氏，为能推明是书，以承先圣之统，及其没而遂失其传焉！则吾道之所寄不越乎言语文字之间，而异端之说，日新月盛，以至于老佛之徒出则弥近理而大乱真矣！然而尚幸此书之不泯，故程夫子兄弟者出，得有所考以续夫千载不传之绪，得有所据以斥夫二家似是之非……虽于道统之传不敢妄议，然初学之士，或有取焉，则亦庶乎行远升高之一助云尔！②

朱熹在这篇序说中明确地提出"道统"说，这里包含了以下几个方面的内容：1. 道统传授的顺序是：汤、文、武、皋陶、伊、傅、周、召这几个在位者是得"道统"之传，然后到孔子、颜氏、曾氏，曰"得其宗"，及子思，孟子"以承先圣之统"。到二程，说是"续千载不传之绪"。2. 点明了"道统"传授的内容，尧授舜为"允执厥

① 余英时《朱熹的历史世界》也讨论"道统"这一词的最早起源时论证"道统"这一观念的最早建立者，他说：同时现在我们必须追问：宋以后所流行的"道统"观念究竟是在谁的手上成立的？钱大昕首先提出此问题，他的答案是："道统"二字，始见李元纲《圣门事业图》。其第一图曰：传道正统，以明道、伊川承孟子。其书成于乾道壬辰（按：八年，1172），与朱文公同时。（《十驾斋养新录》卷一八《道统》条）但钱说虽得其意，未得其言，李元纲的原文是"传道正统"，而不是"道统"，第15—16页。

② 《朱子全书》之《四书章句集注》之《中庸章句序》，第29—31页。

中"，舜授禹"人心惟危，道心惟微，惟精惟一，允执厥中者"，而子思作《中庸》，孟子"推明是书"，二程用《中庸》"得有所据以斥二家似是之非"。3. 点明了孔子"不在其位"，"其功反贤于尧、舜"。颜、曾是得其"宗"，子思作《中庸》，讲到二程用词是"程夫子兄弟者出"，用词谨慎。4. 点明"道统"之作是与"二家似与之非"相抗衡而作，这里的二家指的是道家和佛家。

五年后，朱熹在（绍熙五年即1194年）《沧州精舍告先圣文》中又说：

> 恭惟道统，远自羲、轩。集厥大成，允属元圣。述古垂训，万世作程。……维颜、曾氏，传得其宗。逮思及舆，益以光大。……千有余年，乃有继。周、程授受，万理一原。曰邵、曰张，爰及司马，学虽殊辙，道则同归。①

这时朱子对道统的思考较前几年更加成熟。他把以前从尧讲起的道统传授又推及伏羲，讲到颜、曾也仍然是"得其宗"，讲到子思和孟子用词是"益以光大"，比之前说，在传授谱系中，他增加了周敦颐等配祀，曰周程是"授受"。增加了邵雍、张载及司马光，用"学虽殊辙，道则同归"来讲增加这几人的原因。

在中国儒家发展的历史长河中，宋代的理学家晚出而显，与他们重视师承传授有一定的关系，鼓吹道统说，使得人们更加相信他们的学说的正统性与唯一性，从二程到朱子，道统说一直是备受关注的重要问题。然而，得到后世认可并推行的实际上是黄榦加以完善的道统说。

黄榦作为朱子最忠实的弟子，朱子临终前给他写信曰"吾道有托"，他自述其之所以得到朱子眷爱的原因和以传"道"自任的

---

① 《沧州精舍先圣文》，《朱子全集》卷86，第4446页。

心愿：

> 榦年方及冠，从游于朱文公之间，其所以抚存而卵翼之者，不啻己子，其所以然者，非有他故也，以榦从学之久，庶几粗得其立言垂世之大意，可以与后进之有志者相与订正，以垂之将来，庶不至微言之绝，而大意之乖。是则文公相与之大意如是耳！榦又何足以辱其知遇之厚哉？二十年来，历宦为贫，旧学日废，每一念之，如负芒刺，奉祠以来，方得与朋友数人，日夜讨论，渐成保社，方深恨向者告归之不早，若复既归而又出，则安得面目复见文公于地下耶？此则人心之事所至痛者，而不敢以告人也。①

黄榦得到朱子分外赏识的主要原因就是他可以"得其立言垂世之大意，可以与后进之有志者相与订正，以垂之将来，庶不至微言之绝，而大意之乖"。所以面对朱子的"知遇之厚"，黄榦无一日不以朱子对他的"传道"期望为念，朱子的知名弟子中，蔡沉早逝，其他弟子如陈淳等虽然有传道意识，但总归不如黄榦来得强烈，或许正因为朱子的"吾道之托在此，吾无憾也"的嘱托，黄榦更加重视道统的传承。

　　黄榦的道统思想是不断成熟和完善的。黄榦一开始并没有直接讲朱子的道统，他在嘉定五年（1212）年撰写《台州州学四先生祠堂记》说"先生之学实得濂溪周先生、伊洛二程先生之正传，故并祠之……推原其学之所自出"，这里，黄榦没有提及"道统"二字。随着黄榦传道思想的成熟，在嘉定七年（1214）所撰的《徽州朱文公祠堂记》提出了"道统"传授的谱系，他说：

---

① 《辞知潮州复郑知院》，《勉斋先生黄文肃公文集》卷10。

道原于天，具于人心，著于事物，载于方策。明而行之，存乎其人，圣贤迭兴，体道经世，三纲既正，九畴既叙，则安且治，圣贤不作，道术分裂，邪说诬民充塞，仁义则危，且乱世之有圣贤，其所关系者甚大，生而荣、死而哀，秉彝好德之良心所不能自已也，尧、舜、禹、汤、文、武、周公生，而道始行，孔子、孟子生而道始明，孔孟之道，周程、张子继之，周程、张子之道，文公朱先生又继之，此道统之传，历万世而可考也。①

又专门表彰朱子说：

文公禀高明之姿，奋强毅之学，潜心密察，笃信力行，精粗不遗，毫厘必辨，至其德盛仁熟，理明义精，历代相传之道，粲然昭著！②

引文中黄榦用"道始行"和"道始明"，这和朱子讲到"在其位"和"不在其位"之分，和二程讲的"道"和"学"相比，都表明了黄榦注意到"道统"谱系以孔子为分，前者是"行道"的在位者，后者是明道的"不在其位"者。在嘉定八年（1215）春二月，黄榦写下《鄂州州学四贤堂记》：

濂溪周先生不由师传，洞见道体，推无极太极以明阴阳五行之本，人物化生，万事纷扰，则定之以中正仁义，而人极立焉。盖与河图洛书相为表里，周子以授伊洛二程子，程子所言道德性命，皆自此出，而微词奥义，学者未之达也。新安朱先生禀资高明，厉志刚毅，深潜默识，笃信力行，体用一源，显微无间之

---

① 《徽州朱文公祠堂记》，《勉斋先生黄文肃公文集》卷17。
② 同上。

旨，超然独悟而又条画演绎，以示后学，周程之道至是而始著矣。穷理尽性以至命，存心养性以事天，非四先生孰发之？道之不明，以学者无所见，而异端祸之也。四先生之道，本诸人心之所固有，天理之不可易，则邪说不得肆，而皆趋于至正之途，止于至善之地矣！天下学者，尊信崇尚，以为孔孟之徒复生斯世，祠之学官，以起学者敬慕之心，是则师儒之职。会稽石君继喻之意也！①

引文主要表彰周子二程和朱子的传"道"之"道体"，也就是传道的内容，周敦颐传授的内容为："推无极、太极以明阴阳五行之本，人物化生，万事纷扰，则定之以中正仁义，而人极立焉"，"与河图、洛书相为表里"，程子传授的内容为"道德性命"之说，而朱子领悟程子之说，体会"体用一源"之说，演绎为"穷理尽性以至命，存心养性以事天"，传之后学。这里，他沿袭师说，提出道之不明，故"异端"祸起，讲明师门立"道统"说是因为道统传承不明，才无法与佛教抗衡。这段文字里，黄榦已经把师门传道的内容具体化，比之朱子《中庸章句序》里增加了"道体"，即传道的内容。

为了得到更多人的承认，黄榦在汉阳军学也建立了祠堂，面向更多士人宣讲道统之传，他说：

即师生以原学之所自传，则濂溪周先生，实倡其始，又即周程之学，以究其所以光明盛大，则新安朱先生实成其终，此五先生之祠所以立，而学之文物始备矣！夫道统之传，自尧、舜、禹、汤、文、武、周公，躬是道以化天下，周之衰，斯道不行，孔子、孟子及其门人相与推明之，秦汉以来，且千有余岁，洙泗之遗绪已坠而复振，非五先生之力欤！则五先生者自当与孔孟之

---

① 《鄂州州学四贤党记》，《勉斋先生黄文肃公文集》卷18。

徒通祀于学校，况又其遗迹之可考，则合而祀之，使此邦之士，知道统之有传，圣贤之可慕，顾不伟欤！①

在为五先生祠堂写记时，黄榦不厌其烦地又提及"道统之传"，并直接讲出他这样做的目的是"使此邦之士，知道统之有传，圣贤之可慕"，这较之他前次提出道统之传间隔了一年时间，此时，他的"道统"思想及推广"道统"观念的思想一定更加成熟。

或者是因为之前为祠堂写记时经过反复的考虑，黄榦关于道统的思想在他写《圣贤道统传授总叙说》时已经十分完善且成熟，他写出最详细最有系统的最完整的《圣贤道统传授总叙说》，文章篇幅虽然不长，但结构内容及主旨都十分丰富，使得它成为后世"道统论"者无法穿越的历程，这篇文章的写作时间不详，在这篇文章中，他首先说：

有太极而阴阳分，有阴阳而五行具，太极二五妙合而人物生，赋于人者，秀而灵，精气凝而为形，魂魄交而为神，五常具而为性，感于物而为情，措诸用而为事物之生也，虽偏且塞，而亦莫非太极二五之所为，此道原之出于天者，然也。圣人者，又得人中之秀而最灵者焉，于是继天立极而得道统之传，故能参天地，赞化育，而统理人伦，使人各遂其生，各全其性者，其所以发明道统，以示天下后世者，皆可考也。②

引文首先讲明"道"出于"天"的原因，然后讲明圣人得"道统"之传，发明道统示后世，能够"参天地，赞化育，而统理人伦，使人各遂其生，各全其性"。这在黄榦之前包括朱子都没有这样系统而具

① 《汉阳军学五先生祠堂记》，《勉斋先生黄文肃公文集》卷18。
② 《圣贤道统总叙说》，《勉斋先生黄文肃公文集》卷26。

体地论述。他接着具体地讲明道统传授的谱系及内容，他说：

> 尧之命舜则曰：允执厥中者，无所偏倚，无过不及之名也。存诸心而无偏倚，措之事而无过不及，则合乎太极矣。此尧之得于天者，舜之得统于尧也。舜之命禹则曰：人心惟危，道心惟微，惟精惟一，允执厥中。舜因尧之命而推其所以执中之由，以为人心形气之私也，道心性命之正也。精以察之，一以守之，则道心为主，而人心听命焉。则存之心，措之事，信能执其中。曰精曰一，此又舜之得统于尧，禹之得统于舜者也。其在成汤，则曰以义制事，以礼制心，此又因尧之中、舜之精一而推其制之之法，制心以礼，制事以义，则道心常存，而中可执矣，曰礼曰义，此又汤之得统于禹者也。其在文王则曰不显，亦临无射，亦保此，汤之以礼制心也。不闻亦式，不谏亦入，此汤之以义制事也。此文王之得统于汤者，其在武王受丹书之戒，则曰敬胜怠者吉，义胜欲者从，周公系易爻之辞，曰敬以直内，义以方外，曰敬者，文王之所制心也，曰义者，文王之所以制事也，此武王之所以得统于文王也。至于夫子，则以博学于文，约之以礼，又曰：文行忠信，又曰：克己复礼，其著之《大学》曰格物致知、诚意正心，修身、治国、平天下，亦无非数圣人制心制事之意焉。此又孔子得统于周公者也。颜子得于博文约礼克己复礼之言，曾子得之大学之义，故其亲受道统之传者，如此，至于子思，则先之以戒惧、谨独，次之以知、仁、勇，而终之以诚，至于孟子，则先之以求放心，而次之以集义，终之以扩充，此又孟子得统于子思者，然也，及至周子，则以诚为本，以敬为戒，此又周子继孔孟不传之绪者也，至二程子则曰：涵养须用敬，进学则在致知，又曰：非明，则动无所之，非动，则明无所用，而为四箴，以著克己之义焉，此二程得于周子者也，先师文公之学，见之四书，而其要则尤以大学为入道之序，盖持敬也，诚意正心

修身，而见于齐家治国平天下，外有以极其规模之大，而内有以
尽其节目之详，此又先师之得其统于二程者也。①

引文中讲了以下几方面。1. 提出的道统传承谱系依次是：尧—舜—汤
—文王—武王—周公—孔子—颜回、曾参—子思—孟子—周子—二程—
朱子，较之朱子的传承谱系，增加了朱子；2. 详细系统地讲解了每一
代道统传授的内容，在此之前并没有人讲解得如他这样系统而详尽；3.
他直接用"道统"二字来描述传承谱系，没有像二程分"为道"和
"为学"之类；② 4. 他所讲的传承道统的内容带有浓厚的理学家哲学色
彩。③ 又曰：

> 圣贤相传，垂世立教，灿然明白，若天之垂象，昭昭然而不
> 可易也。虽其详略之不同，愈讲而愈明也，学者之所当遵承而固
> 守也，违乎是则差也，故尝撮其要旨而明之：居敬以立其本，穷
> 理以致其知，克己以灭其私，存诚以致其实，以是四者而存诸
> 心，则千圣万贤所以传道而教人者，不越乎此矣！④

"居敬以立其本，穷理以致其知，克己以灭其私，存诚以致其实"正
是道学家建立其思想体系的方法，类于二程得之以周子的"涵养须用
敬，进学在致知"，而"非明，则动无所之，非动，则明无所用"，
也是朱子为学的宗旨，黄榦把道统观的"要旨"完全变成了理学家

---

① 《圣贤道统总叙说》，《勉斋先生黄文肃公文集》卷26。
② 余英时在《朱熹的历史世界：宋代士大夫政治文化的研究》中认为：黄榦的《圣
贤道统传授总叙说》一方面发挥《中庸序》的主旨，另一方面则径以"道统"两字统合原
《序》"道统"与"道学"两阶段之分，上起尧、舜，下迄朱熹，一贯而下。这样一来，
"道统"的含义改变了，它不再专指朱熹构想中的内圣外王合一之"统"或陈淳"道学体
统"。这正是后世通行之义。第16页。
③ 池俊镐《黄榦哲学思想研究》提及黄榦的道统论内容时说：黄榦在道统论中标出
的儒家传授之内容，为儒家哲学之核心。
④ 《圣贤道统总叙说》，《勉斋先生黄文肃公文集》卷26。

的格言。

关于道统论陈淳也曾写过一篇文章，他甚至没有使用"道统"这一词，用的是"宗统之传""师友渊源"，不过，陈淳的《师友渊源》一文中叙述"师友渊源"的传承谱系与黄榦的道统论的传授谱系基本一样，可见他或许已经知道黄榦的道统论。值得一提的是，陈淳《师友渊源》中讲到被排除在师友"谱系"外而又有争议的几个人物没有进入谱系的原因，可以作为黄榦"道统论"的有益补充。他说：

> 轲之后，失其传，荀与扬既不识大本，董子又见道不分明，间有文中子粗知明德新民之为务矣，而又不知至善之所出，韩子知道之大用流行于天下矣，而又不知全体具于吾身，盖千四百余年昏昏冥冥，醉生梦死，直至我宋之兴明，圣相承太平日久，天地真元之气，复会于是。①

他讲述荀子、扬子、董仲舒、韩愈之所以没有入选的原因，可以代表当时理学家一致看法。

他批评"求道过高者"易"荡学者于空无之境"，"立论过卑者"易"陷学者于功利之域"，而"师友渊源"则是学者的"迷途指南"。②

与陈淳的《师友渊源》相比，黄榦的道统论不仅提出了道统谱系，而且具体而微地点明"道统"起源、内容、要旨，非常全面，而且点明"道统传承"，比较陈淳的"宗统之传"或"师友渊源"更具有典

---

① 《北溪大全集》卷15，杂著《师友渊源》。
② 《北溪大全集》卷15，杂著《师友渊源》，他说：有如求道过高者，宗师佛学凌蔑经典，以为明心见性，不必读书而荡学于空无之境，立论过卑者，又崇奖汉唐，比附三代，以为经世济物，不必修德，而陷学者于功利之域，至是一一抵排辨正之，皆表里暴白，无得以乱吾道惑人心，学者欲学圣人而考论师友渊源，必当以是为迷涂之指南，庶乎有所取正，而不差矣，苟或舍是，而他求，则茫无定准，终不可得其门而入，既不由是门而入，而曰吾能真有得乎圣人心传之正，万万无是理也！

型性。

黄榦的"道统"说更加系统，更加完善，他沿袭了朱子《中庸章句序》里"道统说"的传承谱系，没有按照朱子《沧州精舍告先圣文》一文中的谱系，以他了解朱子的情况，可见他认为朱子的主流说法还是《中庸章句序》里的说法。黄榦的道统说里还增加了朱子，增加了道统的起源。朱子道统说以 16 字释道统内容，而黄榦除此外又增加了孔子以后道统传授的内容，明确了道统的要旨。合以前朱子的"统"和"学"为"道统"，不再区别谱系中周公及其以前的在位者为"统"，孔子及其以后的不在位者为"学"。故余英时在《朱熹的历史世界》中说："遍检南宋文献，朱熹的大弟子黄榦才是后世'道统'观念的正式建立者。"后世关于道统观的说法，经过考证和推理，余先生得出结论说，"宋以后所流行的道统论是由朱熹正式提出，而在黄榦手上完成的"①。笔者认为这种说法是有据而合理的。

以上种种，黄榦道统说体系十分完整，他本身又是朱子门人后进的领袖人物，最主要的是，他的道统说确立了集大成者的朱子在道统上的正统地位，而后世对朱子学的尊重也正需要这些证据，所以黄榦的道统说对后世道统观产生了深远的影响。

宋史《道学传》就沿袭了黄榦的道统说，曰：

> 道学之名何自而立哉？
>
> 文王、周公既没，孔子有德无位。既不能使是道之用渐被斯世，退而与其徒定礼乐、明宪章、删《诗》、修《春秋》，赞《易》象，讨论贲、典，期使三五圣人之道昭明于无穷。故曰：夫子贤于尧、舜远矣。
>
> 孔子没，曾子独得其传，传之子思以及孟子。孟子没而无传，两汉而下，儒者之论大道，察焉而弗精，语焉而弗详，异端

① 余英时：《朱熹的历史世界》，第 11—36 页。

邪说起而乘之，几至大坏。千有余载。至宋中叶，周敦颐出于舂陵，乃得圣贤不传之学。作《太极图说》《通书》，推明阴阳五行之理，命于天而性于人者，了若指掌。张载作《西铭》，又极言"理一分殊"之情，然后道之大原出于天者，灼然而无疑焉。仁宗明道初年，程颢及弟颐是生，及长，受业周氏，已乃扩大其所闻，表章《大学》《中庸》二篇，与《语》《孟》并行，于是上自帝王传心之奥，下至初学入德之门，融会贯通，无复余蕴。

迄宋南渡，新安朱熹得程氏正传，其学加亲切焉。大抵以格物致知为先，明善诚身为要，凡读、书、六艺之文，与夫孔孟之遗言，颠错于秦火，支离于汉儒，幽沉于魏晋六朝者，至是皆焕然而大明，秩然而各得其所。此宋儒之学所以度越诸子，而上接孟氏者与？其于世代之污隆，气化之荣悴，有所关系也甚大。道学盛于宋，宋弗究于用，甚至有厉禁焉，后之时君世主，欲复天德王道之治，必来此取法矣。①

宋史《道学传》继承了黄榦的道统论，讲到道学传道的顺序为文王、周公、孔子、曾子、孟子、子思、周敦颐、张载、二程、朱子。比较黄榦的道统论，只增加了张载。

不同于陆九渊一门所讲的道统，白孟子直传为陆氏，以陆九渊为正统。黄榦的道统论一方面确立了以朱子为中心的儒家正统地位，使朱子的地位上升到与先圣先贤同等，使朱子近乎被神化，维护了师门的正统地位。道统论从某一方面讲也是"正统论"，即为了争取正统地位而确立的一个体系。"会产生一种具有坚强信念的思想史观，即便在一定视野下的道统系谱，也会使具有强烈宗教信仰之团体得以形成。特别是朱子学，在其逝世以后，得以与国家权力相结合，获得了社会上的优越地位，其时道统论便为了维护体制

---

① 《宋史》卷，《道学1》，第12709—12710页。

的正统论，并拥有治统与道统一体化的权威性以及强制力……随着朱子学系的著作被作为科举选举的文本而被采纳，道统论愈益发挥其威力，开始左右知识人的思考方向。"① "道统论"在开始时团结了大批学者加入道学团体，扩大了道学的影响力，形成一定的凝聚力，对传承儒家文化尤其是理学文化发挥了很大作用。

正如狄百瑞所指出的："狭隘的正统观念具有排他性，只认为自己是正统的，其态度是保守的而且是权威主义的。"② 道统这种争取正统地位的行为，在以黄榦为代表的学者那里是极富积极意义的，但随着道学的发展，道统观中蕴涵的一些狭隘的权威主义的因素慢慢发展，人们只阅读被限定的书籍，谨守被规定的礼节，跟随着先贤的行为去做，这些固定化、形式化的东西束缚了人的全面发展，禁锢了人的思想。③

二　叙述朱子生平学问与政事的《朱子行状》

黄榦所作《朱子行状》是朱子生平事迹传记的主要著作，介绍了朱子的资禀、学问、道德、地位等。不同于一般的行状书写，《行状》除了像一般行状一样介绍了朱子姓氏籍贯、世系身份、生活经历等，讲述其为学、为道、著书、讲学活动及子嗣等外，还介绍了朱子重要的奏劄、疏议，描述了朱子日常生活的细节和印象，给人留下了朱子"深衣、幅巾、方履"，"瞑目端坐"，规行矩步的儒者形象，在评述性的语言上，给朱子以极高的评价，强调朱子得道统正统之传，尊朱子为"万世宗师"，集诸儒之大成，确立了朱子大儒的地位。

---

① 日本学者荒木见悟在其《道统论的衰退与新儒林的展开》中详细叙述了这道统论这一现象在朱子之后衰落和发展的境遇。（参见吴震、吾妻重二主编的《思想与文献：日本学者宋明儒学研究》，华东师范大学出版社 2010 年版，第 1—43 页）

② 转引自上注荒木见悟在其《道统论的衰退与新儒林的展开》的注释。

③ 参见［日］荒木见悟《道统论的衰退与新儒林的展开》，载吴震、吾妻重二主编《思想与文献：日本学者宋明儒学研究》，华东师范大学出版社 2010 年版，第 1—43 页。

正如黄榦在行状后所说："百年论定，然后知愚言之为可信！"①
《朱子行状》出后几百年间，成为研究朱子的重要资料，也成为朱子
学的重要著作，《宋史》朱熹传大半据《行状》，而后代几百年间对
《行状》的评价也验证着黄榦的"百年论定"之言。明代胡居仁高度
评价《朱子行状》，他说：

> 《朱子行状》学问、道理、本末，精粗详尽，吾每令初学读
> 之，《明道行状》形容明道，广大详密，然浑化纯全，非工夫积
> 累久，地位高者，领会不得，吾每欲学者先读《朱子行状》，有
> 规模格局，方好读《明道行状》。②

在朱子学变成官方学说后，随着朱子学影响力的提高，行状和朱子的
文集、语录一样被"家传人诵"，朱子行状也被人专门挑出发行单行
本传世。③ 著名的理学人士陆陇其更是把《朱子行状》看作朱子的思
想成就，他说："一篇《朱子行状》即是一篇《太极图说》，一篇
《太极图说》即是一篇《朱子行状》。"④ 他又说："太极图纯是画一
理字，《朱子行状》是画一当理样子。"⑤
　　同样记录朱子生平事迹的还有《朱子年谱》，最早版的《朱子年
谱》的作者是朱子的弟子李方子（字公晦），但该《朱子年谱》久已
失传，后清代王懋竑《朱子年谱》沿之，其外孙全辙说：

---

① 《朱子行状》，《勉斋先生黄文肃公文集》卷36。
② （明）胡居仁撰《居业录》卷3，文渊阁四库全书本。
③ 《明辨斋》曰：国家尊儒重道，功令一以朱子宗，凡经义之有悖朱子者，概置弗
录，以故朱子之书薄海内外罔不家传人诵其文集、语录，复经榕村李文贞公纂为朱子全书
颁行于各直省矣，独勉斋先生所修朱子行状附见于考亭渊源录，伊洛渊源续录及晦庵大全
文集，后别无单本即宝应王氏所订朱子年谱亦未纂录全文，兹故据善本付梓以寓读书论
世之思焉。
④ 陆陇其：《三鱼堂胜言》卷8，文渊阁四库全书本。
⑤ 陆陇其：《松阳钞存》卷8，文渊阁四库全书本。

《朱子行状》为门人勉斋黄氏作，最可征信。《宋史》本传不无舛误，先生考正李洪两本，悉以行状为主，而本传有可采者亦参附之。①

明代人汪仲鲁在为《朱子年谱》作《序》时说：

然在当时，《勉斋先生黄文肃公年谱》与《行状》二文并传，故《勉斋先生黄文肃公年谱》所载，求师取友，注述本末，出处进退，居官莅政，前后次第，悉详年月书之。而《行状》则惟以发明求端用力之精义微旨，造道成德之渊奥要归。所以承先圣，道统之传，信有在也。②

当代学者钱穆先生认为《朱子行状》是讲朱子生平及学问"为第一最可考信的资料"③。日本著名学者浅见绚斋年轻时，曾问阉斋道："对《朱子行状》是否应认真阅读？望赐教。"阉斋非常高兴地回答说："至今对此无人问津，实为好主意。不读《朱子行状》，就不知朱子之不愧为朱子之处。要在此书中领会时事世态，行为方式，道之行法。正因此，朱子在论事孟子之序里，载入了孔子世家、孟子列传。按朱子的学力，何种序文都可以写。他不写序是由于上述理由。不懂圣贤之意图，气质，亲切之处，便学而无用。"④ 阉斋认为，切身理解和体认圣贤之心及整个人格，至关重要，那种只是抽象地在书本上一味倾心于探究道理的人，是一辈子都不会明白圣贤之道的。⑤ 日本崎门学者以《行状》为初学家塾教科书，又举行《行状》讲会，

① 《朱子年谱》，《义例》孙仝辙，文渊阁四库全书本。
② （宋）朱熹撰，朱杰人等编《朱子全书》第 27 册，第 723 页。
③ 钱穆：《中国史学名著》，三联书店 2000 年版，第 247 页。
④ 近藤氏油印本：《绚斋先生杂语笔记》。
⑤ 黄心川等编：《东方著名哲学家评论：日本卷》，第 93 页。

印行讲义。若林强斋（1679—1732）之教科课程，由《小学》而《四书》，而《近思录》，而《六经》，而宋之五子，而《朱子行状》，则等《行状》于儒家经典与理学名著矣。①

对《行状》的创作，黄榦曾说："行状之作，非得已也，惧先生之道不明，而后世传之者讹也！追思平日之闻见，参以叙述奠诔之文！定为草稿，以谂同志！"② 黄榦跟随朱子学习二十多年，对朱子十分熟悉，感情非常深厚，受朱子的儿子朱在委托，担心人们对朱子资禀、学问、道德失传无所考订，义不容辞承担此任务，他说：

> 榦窃惟先生之道，高明广大，非后学所可摹写，榦之鄙陋愚暗，尤不足以仰窥万一，固不当冒昧执笔，以为先生之玷，伏念先生资禀、学问、道德，行业学焉，而知之者盖少，知而能尽其蕴者又加少，老成前辈凋零殆尽，既无所考订，而岁月浸久，传讹袭舛，则上无以明先生之道，下反以启后学之疑，此其获罪，又岂但不揣分量而已哉！③

黄榦自任其责，以此确立朱子的道统地位，他充分表彰朱子在道统中地位，极力维护师门之正统。他在写作行状时已经认为朱子的功业十分突出。

> 窃闻道之正统，待人而后传，自周以来，任传道之责，得统之正者，不过数人，而能使斯道章章较著者，一二人而止耳！由孔子而后，周程张子继其绝，至先生而始著。盖千有余年之间，孔孟之徒所以推明是道者，既已煨烬、残阙、离析、穿凿，而微言几绝矣！周、程、张子崛起于斯文湮塞之余、人心蠹坏之后，

---

① 陈荣捷：《黄榦的朱子行状》，《孔子研究》1986 年第 2 期。
② 《朱子行状》，《勉斋先生黄文肃公文集》卷 34。
③ 《晦庵朱先生行状成告家庙文》，《勉斋先生黄文肃公文集》卷 36。

扶持植立，厥功伟然，未及百年，踳驳尤甚。先生出，而自周以来圣贤相传之道一旦豁然，如大明中天，昭晰呈露，则撮其言行，又可略与辄采同志之议，敬述世系，爵里、出处、言论，与夫学问、道德、行业，人之所共知者，而又私窃以道统之著者，终之以俟知德者考焉！①

行状的写作，黄榦的态度十分严谨，他在告家庙文里说：

于是追思平日闻见，定为草稿，以求正于四方之朋友，如是者十有余年，一言之善则必从，一字之非则必改，迁就曲从者，间或有之，褊愎自任者，则不敢也。盖合朋友之见，止于如此，则亦稍足以自信，至其甚不可从者，隐之于心而不安，质之于理而或悖，则尤足以见知德者鲜。而行状之作，不容以自己也，行状成于丁丑之夏，然犹藏之箧笥，以为未死之前，或有可以更定者，如是者又四年，今气血愈衰，疾病愈甚，度不能有所增损矣！谨缮写一通，遣男辂白之家庙，而并布其僭妄不得已之愚。②

黄榦将草稿寄给众朋友求正，定稿在丁丑之夏（1217），仍然希望可以更定，如是又经过4年，至辛巳年（1221）③，行状才正式公布，并正式在家庙祷告。"一言之善则必从，一字之非则必改"，此言并非虚言，在陈淳的文集里，保存了一段文字记录：

继得潮阳郭之从（名叔云，朱子门人）寄示先生《行状》。后段印本不书姓名，想是直卿之笔，铺叙得大意境出，甚稳贴。

① 《朱子行状》，《勉斋先生黄文肃公文集》卷34。
② 《晦庵朱先生行状成告家庙文》，《勉斋先生黄文肃公文集》卷36。
③ 据《晦庵朱先生行状成告家庙文》，《勉斋先生黄文肃公文集》卷36。

然亦有小小造语立字未安处。不知前段如何？又不得本子。如云
"正统有归"，恐亦只宜作"全体有在"。又如"秋霜"处，恐尚
欠温和一节。又如"有功天下后世"处，恐欠集诸儒大成底意。
又如天文、地理、乐律、兵械等类，皆吾道中之事，自己本分，
着实工夫，所以明明德体用之全，止至善精微之极底意思所系，
不可得而精粗者，今乃结上文以"道德光明俊伟"，如此却分析
此节离为二截，似出道德之外，不相管属。大抵先生之教所吃紧
为人至切至要处，最是就下学上极着工夫，凡上达底妙道精义，
须从人事千条万绪中串过来，极是着实，更无一点悬空底意，极
是缜密，亦无一点疏阔底意，恐不必如此分开了，失其旨矣！又
如碑记等文多亦只是发明此理，不可与骚赋等文别作一等看，盖
理明义精，诣极造到自无所往而不通，无所发而不当，非可拘拘
以常迹分别也。凡此类文当修刮纯粹，无病方为尽善尽美。①

　　针对陈淳的意见，可以在行状中看到，黄榦已经作过修改。"正统有
归"，虽然没有依陈意改为"全体有在"，但改为"而道之正统在是
矣"。"秋霜"处已删除，"有功天下后世处"也已经删除，天文、地
理、乐律、兵械等处，陈淳认为结上文为"道德光明俊伟"不妥，
今行状已删除，并依陈淳的修改意见改为"学修而道立，德成而行
尊"。② 诸如此类的讨论、更正，共用了十多年。

　　实际上，黄榦写作《朱子行状》大约经历约十几年，《朱子行
状》约16000 字，后附有黄榦复写的600 余言文字，言其行状写作始
末，讲得十分明白，他在行状后重点讲了《行状》的取舍，针对不
同的意见他的处理办法。他说：

----

① （宋）陈淳：《与朱寺正敬之二》，《北溪大全集》卷23，文渊阁四库全书本。
② 参见陈荣捷《黄榦的朱子行状》，笔者经过一一查证，陈先生说多有不确处，改正
依上。

反覆诘难，一言之善，不敢不从，然亦有参之鄙意，而不敢尽从者！不可以无辨也！有谓言贵含蓄不可太露，文贵简古不可太繁者，夫工于为文者，固能使之隐而显，简而明，是非愚陋所能及也！顾恐名曰含蓄而未免于晦昧，名曰简古而未免于艰涩，反不若详书其事之为明白也！又有谓年月不必尽记，辞受不必尽书者，先生之用舍去就，实关世道之隆替，后学之楷式！年月必记，所以著世变，辞受必书，所以明世教！状先生之行，又岂可以常人比常体论哉？又有谓：告上之语，失之太直，记人之过，失之太吁者。责难陈善，事君之大义，人主能容于前，而臣子反欲隐于后，先生敢陈于当世，而学者反欲讳于将来乎？人之有过或具之狱案，或见之章奏，天下后世所共知，而欲没之，可乎？又有谓奏疏之文，纪述太繁，申请之事，细微必录，似非行状之体者。古人得君行道，有事实可纪，则奏疏可以不述，先生进不得用于世，其所可见者，特其言论之间，乃其规模之素，则言与行岂有异耶？事虽微细，处得其道，则人受其利，一失其道，则人受其害，先生理明义精，故虽细故区处条画，无不当于人心者，则巨与细亦岂有异耶？其可辨者如此！则其尤浅陋者，不必辨也。至于流俗之论，则又以为前辈不必深抑，异学不必力排，称述之辞似失之过者，孔门诸贤至谓孔子贤于尧舜，岂以抑尧舜为嫌乎？孟子辟杨墨，而比之禽兽，卫道岂可以不严乎？夫子尝曰：莫我知也，夫又曰：知德者鲜矣。甚矣！圣贤之难知也！知不知不足为先生损益，然使圣贤之道不明，异端之说滋炽，是则愚之所惧，而不容于不辨也！①

黄榦以"孔门诸贤至谓孔子贤于尧舜，岂以抑尧舜为嫌乎？孟子辟杨墨，而比之禽兽，卫道岂可以不严乎"作比，表明自己卫道的决心，

---

① 《朱子行状》，《勉斋先生黄文肃公文集》卷34。

表明他写作此行状的一个重要目的是"卫道"。引文黄榦详述其编写行状时遇到的种种质疑,虽然接受了一部分同门的意见,但黄榦还是坚持了自己一些原则:如有人提出"文贵简古不可太繁",黄榦认为简古之文反显晦涩,反不若详述其事更为明白;有人提出年月不必记,黄榦认为"辞受必书,所以明世教",认为朱子的行状和常人行状不能相比,不能依照给常人写行状的规矩去写;有人提出要为朱子讳,黄榦认为朱子敢于将自己的想法公布于世,行事光明磊落,后学者就不应该讳之;有人提出奏疏太繁,黄榦认为朱子一生不得志于世,其所能见到的,也只是其言论奏疏,这是最能反映朱子的政治行事思想,而朱子理明义精,做事言行一致,故可从言论看其行事。类似的质疑非常多,但黄榦坚持了自己的原则,正是因为黄榦坚持了自己的原则,后世才可以看到现在全面反映朱子学问、行事、思想、为人的《朱子行状》。

三 寄托师门厚望的《仪礼经传通解》之《丧》《祭》之礼

《仪礼》体现的是礼的法度制数,和讲经义的《礼记》角度不同,《仪礼》更注重礼的形式仪式,而《礼记》更重视礼的意义。白寿彝先生曾作过《仪礼经传通解》考证,他是从整体上考证这本书,也有涉及黄榦的部分,有很多借鉴之外,本书主要是考证黄榦参与《仪礼经传通解》过程,了解黄榦如何在礼仪上实践其理念。

(一)《仪礼经传通解》的编撰

《仪礼经传通解》成于众人之手①,不过朱子和黄榦从中起了最

---

① 关于《通解》的成书及定名,朱子的季子朱在曾在跋《通解》中说:先君所著《家礼》五卷,《乡礼》三卷,《学礼》十一卷,《邦国礼》四卷,《王朝礼》十四卷,今刊于南康道院。其曰:《经传通解》者,凡二十三卷,盖先君晚年之所亲定,是为绝笔之书。次弟具见于目录。惟《书数》一篇,阙而未补。而《大射礼》《聘礼》《公食大夫礼》《诸侯相朝礼》八篇,则犹未脱稿也。其曰《集传集注》者,此书之旧名也,凡十四卷,为《王朝礼》,而《卜筮》篇亦缺,余则先君所草定而未暇删改者也。今皆不敢有所增益,悉从其稿。至于丧祭二礼,则尝以规模次第属之门人黄榦,俾之类次。

大的作用，正如黄榦的弟子所说："条理经传，写成定本，文公当之，而分经类传，则归其功于先生焉。"①虽然黄榦主要负责《丧》《祭》二礼的编撰，但实际上，整个礼书的编撰过程黄榦是全程参与并作了相当多的工作。② 黄榦的弟子说："初文公虽以丧、祭二礼分界先生，其实全帙，自冠、昏、家乡、邦国、王朝等类，皆与先生平章之。"③

庆元二年（1196）党禁中，朱熹落职罢祠，开始和门人一起编辑《礼书》，朱子认为"熙宁以来，王安石变乱旧制，废罢《仪礼》而独存《礼记》之科，弃经任传。遗本宗末，其失已甚，而博士诸生又不过诵其虚文以供应举，至于其间亦有因仪法度数之实而立文者，则咸幽冥而莫知其源，一有大议，率用耳学臆断而已"，所以欲以"《仪礼》为经，而取《礼记》及诸经史杂书所载有及于礼者，皆以附于本经之下，具列注疏诸儒之说"。④ 朱子晚年多致力于此，他鼓励黄榦"千万与同志勉励，究此大业"。于庆元三年（1197），朱子专门安排分配编礼人的姓名。⑤ 其中，黄榦负责"丧""祭"二礼的编辑，实际上，在编礼之初，黄榦负责"分经类传"，而朱子负责"删修笔削条例"。对于黄榦所做的"分经类传"，朱熹很是满意，认为"所喻编礼次弟甚善"。"所立规模次第，缜密有条理。它日当取所编'家乡''邦国''王朝'礼悉仿此更定之"，并希望书成后送归一处，由黄榦"修归一途"，并说"此事异时直卿当任其责"。⑥

---

① 《勉斋先生黄文肃公年谱》宁宗庆元二年（1196）条。

② 据白寿彝考证，《仪礼经传通解》可考出的黄榦参与的部分是：编集正文者：黄榦草《觐礼》以后各稿，编集注解者：黄榦、吕祖俭各编《冠礼》附疏一篇，为各篇式，负责校之责者则有：黄榦、刘砥、刘砺参校《聘礼》以前各篇之义疏。以上仅是可考部分。

③ 《勉斋先生黄文肃公年谱》宁宗庆元二年（1196）条。

④ 朱熹《乞修三礼札子》，文渊阁四库全书本。

⑤ 黄榦在卷14《与李贯之兵部》中，与友人的信中说："因阅故书，中得庆元三年朱先生所书编礼人姓名，为之感慨"，据如据白寿彝、钱穆考证，先后参与协助朱子编修礼书者，有刘贵溪、赵致道、黄榦、吕子约、刘履之、刘用之、应仁仲、赵恭父、廖子晦、潘恭叔、杨复、浙中朋友、明州诸人、四明永嘉诸人、江右朋友等。

⑥ 本段引号内皆引自《勉斋先生黄文肃公年谱》宁宗庆元二年（1196）条。

朱子于庆元二年（1196）始修《礼书》，次年三月，"竹林精舍编次《仪礼集传集注》，书成"，"条理经传，写成定本，文公当之，而分经类传，则归其功于先生焉"。①庆元六年三月，朱子病重，弥留之际，手书与黄榦云："……礼书今为用之、履之不来，亦不济事，无人商量了。可便报之，直就直卿处折衷。如向来《丧礼》，详略皆已得中矣。《臣礼》一篇并旧本，今先附寄，可一面整理。其他并望参考条例，以次修成。就诸处借来分写，教作两样本，行道大小，并附去，纸各千番，可收也……"朱子对黄榦所编撰的丧礼的初稿很是满意，黄榦拿着自己编纂的《丧礼》初稿给朱子看，朱子喜曰：君所创立，规模甚善。他日若能以吾所编家、乡、邦国、王朝礼，悉用丧祭礼规模，尤佳。②

朱子对《礼书》的编撰至死不忘，他把希望寄托在黄榦身上，而黄榦也如朱子所言"当任其责"，知道朱子寄"理"于"礼"的心意与愿望，担负起《礼书》的编撰工作。

朱子认为"礼者，天理之节文，人事之仪则也"③，对礼十分重视，尤其到了晚年，朱子大部分时间留意于此，而黄榦对礼的理解也是继承了朱子的思想，他说：

> 盖自天高而地下，万物散殊，礼之制已存乎其中矣！于五行则为火，于四序则为夏，于四德则为亨，莫非天理之自然而不可易。人禀五常之性以生，则礼之体始具。于有生之初，形而为恭敬辞逊，著而为威仪度数，则又皆人事之当然而不容已也。圣人因人情而制礼，既本于天理之正隆，古之世习俗醇厚，亦安行于

---

① 《勉斋先生黄文肃公年谱》宁宗庆元二年条。"书成"指的是《礼书》除去丧祭二礼。

② 参见《勉斋先生黄文肃公年谱》宁宗庆元五年（1199）条。据《勉斋先生黄文肃公年谱》称这是杨复在《丧礼后序》所讲。

③ 《书晦庵先生家礼》，《勉斋先生黄文肃公文集》卷20。

是理之中。世降俗末，人心邪僻，天理堙晦，于是始以礼为强世
之具矣。①

黄榦认为礼存在于万物自然之中，是天理之自然，是圣人因情而制
的，古代的人安于礼的"天理"中，而当代则"世降俗末，人心邪
僻，天理堙晦"，于是"以礼为强世之具矣"。②

他叙述朱子的礼学思想说：

> 先生教人，自格物、致知、诚意、正心，以修其身，皆所以
> 正人心，复天理也。则礼其可缓与？迨其晚年，讨论家乡，侯
> 国，王朝之礼，以复三代之坠典，未及脱稿而先生殁矣，此百世
> 之遗恨也！③

从引文中可知，黄榦深知朱子编礼的用意及其未成书的遗憾，他深知
自己的责任重大，因此他在生命最后的二十年里，无一刻不以编纂礼
书为念，他号召同志，共同修书，以成文公之志。《礼书》中除去黄
榦的丧祭礼，最先于嘉定丁丑（1217）刊板于南康，初名《仪礼经
传集注》的草稿，正式刊定后更名为《仪礼经传通解》④，有《家礼》
5卷，《乡礼》3卷，《学礼》11卷，《邦国礼》4卷，共23卷，为
42篇。⑤

（二）《仪礼经传通解续》的编撰

在朱子去世前，《祭礼》《丧礼》都已经开始在编，其主体规模

---

① 同上。
② 《书晦庵先生家礼》，《勉斋先生黄文肃公文集》卷20。
③ 同上。
④ 据《勉斋先生黄文肃公年谱》宁宗庆元二年条曰：明年三月乙亥朔，竹林精舍编
次《仪礼集注集传》，书成……然《集注集传》乃此书之旧名，自丙辰丁巳以后，累岁刊
定，讫于庚申，犹未脱稿。而先生所分《丧》《祭》二礼犹未在其中也。
⑤ 《勉斋先生黄文肃公年谱》宁宗嘉定十年丁丑（1217）条。

目录大部分是朱子门人或友人和朱子共同商订的。① 朱子殁后，丧祭礼主要由黄榦负责编集。因丧祭二礼晚出，再刊时增加到《仪礼经传通解》后，合称为《续仪礼经传通解》，共 29 卷，《四库》编者在编写时称《丧礼》编者为黄榦，《祭礼》编者为杨复。

　　丧、祭二礼是在黄榦的带领下和诸多朋友一起修纂的。初时，庆元五年己未（1199），黄榦会聚朋友们一起编纂丧、祭二礼，各为长编，"奉而质之"朱子，朱子十分欣赏，盖黄榦所编礼书合于朱子本意。这对黄榦也是一个极大的鼓励，他后来屡次提及朱子对此的赞赏。丧祭二礼的编纂，费时很长，从初时朱子分配给他主要负责开始，黄榦十分用心于此，在朱子殁后，于宁宗嘉泰二年（1202），黄榦曾召集友人，创书局于神光寺，又移仁王寺，黄榦写信给多个朋友，召集他们一起修纂丧礼，如郑文遹（字成叔）、董之（未知其字）、刘励（字用之）、郑宗亮（字惟忠）、潘敬茂（字修舆）等，他们当时都被召进书局，分任其事。② 后从宁宗嘉泰三年（1203）到宁宗嘉定十三年庚辰（1220）年约 17 年间，黄榦奔走各地为官，礼书的编纂断断续续，其弟子林梅坞说：

　　　　文公所编《仪礼》，工夫汗漫，十未及一二。而先生身任其

---

　　① 白寿彝先生对《祭礼》的考证认为朱熹曾亲自编写《祭礼》篇目，并提示各篇的主要材料。当时的编集者，有吕祖俭和吴必大、李如圭。吕祖俭也曾被朱子分配担任丧祭二礼的编集工作，但吕完成了《祭礼》方面的部分草创工作，丧礼还没有来得及顾及就去世了，吕除了士、庶人祭礼未备外，其余都未完成的者尚多。吴必大和李如圭也曾担任过《祭礼》和编集。吴、李的草稿大概各篇已具。每成一篇，总经过朱熹一次或多次的审阅。其不妥者，仍由吴、李重编或修正。这个草本和后来已经成书的《祭礼》相较，规模次第似无极大歧异之点。不过，后者当更为整饬、严密而博大。白认为，祭礼的基础已经打好了。黄榦在全部《祭礼》中的任务是修正和补充。这种修正和补充的工作，一直到朱熹死了 20 年后才算具稿，黄榦死后，他的弟子杨复更略加修补，方才问世，以上是白寿彝对《祭礼》的看法。关于丧礼，白寿彝经过考证认为，朱子在世时，对于《丧礼》各篇章目，当有相当的分划，其详者或使后来的定本《丧礼》难有增益，他认为，朱熹在世时，《丧礼》的成熟的程度要较《祭礼》为高，而黄榦在《丧礼》中的全部实际工作，是一个创始者，也是一个完成者。

　　② 杨复（字志仁）是后来加入编写的。

责，中间奔走王事，作辍不常，每以为慊。及此投闲，乃整茸为书，与同志者以卒其业。①

宁宗嘉定十三年庚辰（1220），作为《仪礼经传通解》续卷，《丧礼》定稿②，《祭礼》草稿也已经出来，编者之一杨复（字志仁，号信斋）回忆黄榦修礼的过程曰：

先生归自建邺，奉祠居家，始取向来《丧礼》稿本精修。至庚辰之夏，而《丧礼》书成。本经则《丧服》、《士丧礼》上下，《士虞礼》，所补者则《丧大记》上下、《卒哭祔练祥禫记》、《补服》、《丧服变除》、《丧服制度》、《丧服义》、《丧通礼》、《丧变礼》、《吊礼》、《丧礼义》，凡十五卷。《祭礼》亦已有书，本经则《特牲》、《少牢》、《有司彻》，大戴则《衅庙》，所补者则自《天神》、《地祇》、《百神》、《宗庙》，以至因事而祭者，如《建国》、《迁都》、《巡守》、《师田》、《行役》、《祈禳》及《祭服》、《祭器》，事序终始，其纲目尤为详备。先生尝言："某于《祭礼》用力甚久，规模已定，每取其书翻阅而推明之，间一二条尚欠修正。"方欲加意更定，而先生殁矣！呜呼！《礼》莫重于《丧》《祭》，文公以二书属之先生，其责盖不轻也。先生于是书也，推明文王、周公之典，辨正诸儒同异之论，剖击世俗蠹坏人心之邪说，以示天下后世。其正人心、扶世教之功至远也。先生之心，忧天下后世为心，夫岂以著述为一己之书哉？先生又念《丧礼》条目散阙，欲撰《丧服图式》一卷以举其要，草创已就，犹慊然不满意曰："此卷尚欲审订，或别为一书，如外书，

---

① 《勉斋先生黄文肃公年谱》宁宗嘉定十一年戊寅（1218）条。
② 杨复序曰：嘉定己卯，先生归自建邺，奉祠家居，先取向来丧礼稿本，精专修改，至庚辰之夏，而书成。凡十有五卷。从后文黄榦与朋友们的信中可以看出，黄榦后半生一直"日夜念念"，因此笔者认为事实上，从嘉定己卯始，是黄榦集中精力专门编写礼书的时间。

以附其后可也。"……先生尝言："此卷乃十五卷之枢要，又包举古今丧礼之变，兼括节文度数之详，尚欲仔细审订以成之。"盖谨重不轻之意也。先生又尝谓："《祭礼》已有七八分，欲修定，用力甚省。"复请于先生曰："他卷更无可议，惟天神一门更宜整正。"先生然其言。①

引文中给我们以下明确的信息：1. 丧礼已经修成定稿，共 15 卷。2. 祭礼草稿已成，共成 16 卷，规模已定，已经修成十之七八分，但总觉尚有一二条欠修正，因此欲修订的话"用力甚省"。3. 《丧服图式》一卷草稿已经写出，只是尚不满意，认为这一卷是丧服 15 卷的枢要，"又包举古今丧礼之变，兼括节文度数之详，尚欲仔细审订以成之"。② 4. 关于祭礼，黄榦于《祭礼》用力很久，其规模已定，只有少数几条准备再修正，杨复认为祭礼除了《天神》一卷要重新整正外，他卷"更无可议"，黄榦认可了他的看法。黄榦在《祭礼》中所做的工作不仅仅是"修正和补充"③。5. 强调黄榦编礼的用意："其正人心、扶世教之功至远也。先生之心，忧天下后世为心，夫岂以著述为一己之书哉？"与朱子的"正人心，复天理"一脉相承，也正如黄榦自言礼为"强世之具"。也正是由于黄榦深知朱子编礼思想，故他编的礼书得到了朱子的嘉许和认可。

《四库全书》编者说黄榦"仅修《丧礼》十五卷，成于嘉定己卯。其祭礼则尚未订定，而榦又没"④。据年谱所载，《丧礼》成于第

① 《勉斋先生黄文肃公年谱》宁宗嘉定十三年庚辰（1220）条。
② 杨复在序中讲解《丧礼图式》的作用曰：撰《仪礼丧服图式》一卷，以提其要，而附古今沿革于其后，草具甫就，而先生没矣！杨复在嘉定辛巳七月序言中曰：《丧服图式》今别为一卷，附于正卷帖之外以俟君子，亦先生平日之志。此言《丧礼图式》别为一卷为黄榦之意。参见《勉斋先生黄文肃公年谱》宁宗嘉定十二年己卯（1219）条。
③ 白寿彝认为，祭礼的基础已经打好了。黄榦在全部《祭礼》中的任务是修正和补充。这种修正和补充的工作，一直到朱熹死了 20 年后才算具稿，黄榦死后，他的弟子杨复更略加修补，方才问世。参上页注释。
④ 朱熹等编：《仪礼经传通解》之《提要》，文渊阁四库全书本。

二年即嘉定庚辰年（1220），又据上面引文杨复的记载，《祭礼》也修成了七八分，"欲修订，用力甚省"。《丧礼》、《祭礼》在黄榦殁后四年，嘉定癸未孟秋（1225）上浣四明人（今鄞县）张虑刊《丧》《祭》二礼于南康，他说：

> 南康旧刊朱文公仪礼经传与集传、集注，而丧、祭二礼俄空焉，盖以属门人勉斋黄榦俾之类次，而未成也。虑来南康，闻勉斋已下世，深恨文公之志不终，士友间有言勉斋固尝脱稿，今在南剑陈史君处，欲全此书，索之南剑可也。南剑知之，果以其书来，且并遣刻者数辈，至于是锓木，更一年而后毕，是虽丧、祭二门，而卷帙多前书三之一，以是刊造之日长点勘之功。①

张虑刊刻的《丧礼》已经是经过黄榦精修的定本，但《祭礼》是黄榦的草稿。据张虑说，丧祭二门的卷帙"多前书三分之一"，这与现存定本是一致的，定本《丧礼》和《祭礼》相当于前面的三分之二，正是因为篇幅巨大，所以丧祭二礼才晚出其他诸礼后多年。张虑刊的《丧》、《祭》二礼合称为《续仪礼经传通解》。

因张虑刊于南康本中《祭礼》是草稿本，后杨复重修祭礼，郑逢辰进之于朝，杨复序黄榦之书曰"《丧礼》十五卷，前已缮写，《丧服图式》，今别为一卷，附于正帙之外"，"前称《丧服图式》《祭礼遗稿》尚有未及订定之遗憾，则别卷之意固在此。"② 又自序曰：

> 南康学官，旧有《家乡》《邦国》《王朝礼》，及张侯虑续刊《丧礼》，又取《祭礼》稿本并刊而存之，窃不自揆，遂举稿本，添以所闻，稍加更定，以续成其书。凡十四卷，今自卷十六至卷

---

① 张虑：《仪礼经传通解旧序》，文渊阁四库全书本。
② 《仪礼经传通解》礼类5《提要》。

二十九皆复所重修，合前经传通解及集传集注总六十有六卷，虽
编纂不出一手，而端绪相因，规模不异，考古礼者，其梗概节目
亦略备于是矣。①

杨复对《祭礼》稿本稍加更定，重修了卷16到卷29，共14卷。《仪
礼经传通解》的66卷才成完整的定本。

　　在编写《丧祭》礼的过程中，黄榦屡次与人讨论，或许我们可以
从他们的讨论中看到当年编礼书的情境。他与好友郑文通（字成叔）
的通信中说：

　　　　近于乡间取得礼书来，内有先师亲题编礼人姓名，晚年大段
留意于此，不及见书之成，无穷之恨也。榦于《丧》、《祭》二
礼编得甚详密，先生以为礼书所编，皆不及古，当更仔细看过，
若可缮写，即寻朋友在官者寄去抄录，可入礼书数中，其他亦皆
须研究，但最苦是无朋友商榷，其次是无钱可催人抄写，及供朋
友检阅，甚以为挠。②

他们在编写过程中遇到一个很重要的困难就是"无钱可催人抄写"，
而抄写工作多是朋友或弟子协助完成的。在编礼的过程中，黄榦很多
细节都与朋友共同商定完成的，他说："丧礼尚未暇修，整礼图已略
观，更须相见更相诘难，方见定论。"可能是郑成叔作成的"整礼
图"，黄榦认为要见面商榷诘难后再定稿。又如关于"二十五月足日
之数"之类的问题他们都经过商讨后才成定论。③ 郑成叔是黄榦编写

---

　　① 《仪礼经传通解》礼类5《提要》。
　　② 《与郑成叔书》，《勉斋先生黄文肃公文集》卷7。
　　③ 《与郑成叔书》，《勉斋先生黄文肃公文集》卷7，他与郑的信中说：可以整治丧
礼，适建宁有专人来又了数日，书问扰扰不可言，小卷已了，即可附来此中，呼书工录出，
如未毕，且将所移丧服制度、注疏见示，欲添此一篇也。大祥乡人例用忌日，或疑不得，
二十五月足日之数不知如何，试为思之。

礼书过程中一个很重要的参与合作者①，他在编礼过程中出力很多。郑成叔编写的《丧礼》部分，至少可考的记载有：《丧大记》《士丧礼》《整礼图》部分的编写者和起草者。而《整礼图》可能就是后来《丧礼图式》的初稿。②

杨复是后来续修《祭礼》的人，他除了续修外，其实也曾参与了早期的编写工作，黄榦写信给他曰：

> 丧、祭一礼，非契兄未易言，此日夜念念，千万早来，旧本并携来为佳，当得与二三同志，共成此书也。③

黄榦盼望杨复早来，共同修订，故杨复对黄榦修礼的细节知之甚详。④黄榦在与李道传（字贯之）的信中说：

---

① 卷7《与郑成叔书》黄榦在给郑的一封信中说明郑参与编礼工作且出力甚多：礼此间全不暇看，大祥在七月初九日，榦欲七月初一日即请一二长上权斋，榦即携《丧礼》登箕山，作十日工夫，了却此一事，若彼时得成叔肯来，须省得大半功力也。不知如何？早望示报周礼，虽且编得到地官一半，然觉得亦成伦理可观，今岁若了得此一书，亦是一事，此间亦有前辈三四家，说略无足采者，以是益觉此书不可不成也。异日更得成叔修成，所编礼记以配此书，更编得祭礼，以配丧礼，亦可以少裨世教也。

② 除了上文提到的外，黄榦给郑写信说：类礼日夜在念，此两日方得下手，《丧大记》及《士丧礼》已看过，只是多令互见，而注疏只出一处，如此亦不甚繁，更旬日亦可下手抄写，但如孟子答滕文公段子之类，亦合入，但未有顿放处，更容尽抄出，诸经如顾命之类，皆抄入乃佳，荀子左氏传之类，却别作外传也。更得从者早来，相与诘难，庶有至当之论也。

③ 《复杨志仁》，《勉斋先生黄文肃公文集》卷11。

④ 杨复在序言中言其编礼始末曰：嘉定己卯，《丧礼》始克成，编以次，将修《祭礼》，即以其书稿本授复曰："子其读之"。盖欲复通知此书本末，有助纂辑也。复受书而退，启缄伏读，皆古今天下大典礼，其关系甚重，其条目甚详，其经传异同，注疏抵牾，上下数千百载间，是非淆乱纷错甚众，自此朝披夕阅不敢释卷，时在勉斋左右。随事咨问，抄识以待先生笔削，不幸先生即世，遂成千古之遗憾，日迈月征今十余年。南康学宫旧有《家乡》、《邦国》、《王朝礼》，及张侯虑续刊《丧礼》，又取《祭礼》稿本并刊而存之，以待后之学者。故四方朋友皆有祭礼稿本，未有取其书而修订之者，顾复何人？敢任其责，伏自惟念，齿发浸衰曩，日幸有所闻不可不及时传述，窃不自揆，遂据稿本参以所闻稍加更定，以续成其书。凡十四卷。参见（清）朱彝尊《经义考》，卷132，文渊阁四库全书本。

近于乡间取得所修《祭礼》来，幸无去失，并《丧礼》皆可入《礼书》类中，然亦尚欠修整，当官固以无暇观书为恨，闲居又以无笔吏抄写为挠，因阅故书中，得庆元三年朱先生所书编礼人姓名为之感慨。益思是书之不可不蚤定也，然亦须朋友二三人来，方可参订，味道、子洪皆有志于此者，独恨道远难相屈致。榦亦无力远出，不能携书以就朋友观。先师晚年于此极倦倦，殊使人为之不安也。若得契兄持节入闽，有以资朋友之来，则不但是书之可续耳，决去就虽甚力，朝廷顾惜事体，亦岂遽从所请，若如来教所云，且留九江。榦亦当赍粮为数月，承教之矣也。①

当时黄榦在编礼中遇到的困难除了无笔吏抄写外，还有因当官而"无暇观书"。信中说叶味道、黄子洪虽有志于编礼书，但无法交流而未遂。黄榦希望李道传也参与其中，但后无资料可考，大概李因早逝而未能如黄榦所愿。

对于《丧礼》的编集，白寿彝认为："黄榦在《丧礼》中的全部实际工作，是一个创始者，也是一个完成者。"在《祭礼》的编集中，黄榦在全部《祭礼》中的任务是"修正和补充"，白寿彝的说法不无道理，但黄榦所做的工作不只是修正和补允，据上所考，黄榦也参与了篇目、规模等的工作。总的来讲，黄榦负责了《丧》《祭》二礼整体的主编工作。

杨复在《仪礼经传通解》序中曰：

复尝伏而读之，大哉书乎？秦汉而下未尝有也，复何足以窥其闽奥，然窃闻其略曰：礼，时为大，要当以仪礼为本，今仪礼唯有丧服、士丧、士虞仅存，而王侯大夫之礼皆缺，近世以来，

---

① 《与李贯之兵部》，《勉斋先生黄文肃公文集》卷14。

儒生诵习，知有《礼记》，而不知有《仪礼》，士大夫好古者，
知有唐开元以后之礼，而不知有仪礼，昔之仅存者，皆废矣，今
因其篇目之仅存者，为之分章句，附传记，使条理明白而易考，
后之言礼者，有所依据。①

王安石之后，儒生大多诵习《礼记》，少有知《仪礼》者，更少有读
《仪礼》的②，杨复明确说明编集是书"因其篇目之仅存者，为之分章
句，附传记"，其目的是"使条理明白而易考，后之言礼者，有所依
据"。

《仪礼经传通解》经杨复修订刊出后，在当时已很受欢迎，杨复
自己又编写了一本《祭礼通解》作为对《祭礼》的补充，据说"议
论详赡"，当时考亭诸儒也为了补充这本书，共同又编了《仪礼外
传》③。

《礼书纲目》评论《通解》中各部分的优劣曰：

《丧》、《祭》二礼，属之勉斋黄氏，其编类之法因事而立，
篇目分章以附传记，宏纲细目于是粲然。秦汉而下，未有此书
也，顾朱子之书，修于晚岁前后，体例亦颇不一，《王朝礼》编
自众手，节目阔疏，且未入疏义；黄氏之书，《丧礼》固详密，
亦间有漏落，《祭礼》未及精专修改，较《丧礼》疏密不伦。信

---

① 朱彝尊撰：《经义考》卷132，仪礼三，朱彝尊摘抄自《宋志》二十九卷存杨复
序。

② 《仪礼经传通解》礼类五，《提要》曰：王安石废罢《仪礼》，独存《礼记》，朱子
纠其弃经任传遗本宗末，因撰是书，以存先圣之遗制。

③ 熊禾曰：文公晚年为《经传通解》，大纲细目具载，历门人黄勉斋、杨信斋三世克
成书。旧有刻本兵燹之后，板帙散亡，兼初本所纂注疏语类伤繁，后信斋为之图解，又复
过略，而文公初志将欲《通经》及诸《史志会要》等书，与夫开元、开宝政和礼斟酌损
益，以为百王之大法，而志则未遂。今得考亭以来诸名儒参校订定，墨本拟板行，以便流
布，仍于所补《仪礼》各卷篇目之下，参以历代沿革之制，又关洛以来诸儒折中之说，辑
为《仪礼外传》以附其后，庶可继先儒未毕之志。参见文渊阁四库全书本《钦定仪礼义
疏》卷首上。熊禾（字大刚）为黄榦的弟子，曾为黄榦编写年谱。

斋杨氏有《祭礼通解》，议论详赡，而编类亦有未精者，盖纂述若斯之难也。永窃谓是书规模极大，条理极密，别立门目以统之，更为凡例以定之。盖裒集经传欲其该备而无遗，厘析篇章欲其有条而不紊，尊经之意当以朱子为宗，排纂之法当以黄氏丧礼为式。①

《礼书纲目》是清代江永编撰的，他认为黄榦的丧礼体例很好，所以以之为式。《四库提要》曰："虽编纂不出一手，而端绪相因，规模不异，考古礼者，其梗概节目亦略备于是矣!"②"考古礼者，其梗概节目亦略备于是矣"，可谓实现了杨复的期望使"后之言礼者，有所依据"。

据白寿彝先生考证《仪礼经传通解》，刊本可考者有9本：1. 宋嘉定年间南康刊本，嘉定丁丑刊《通解》，癸未刊《续通解》，见朱在跋文及张虑序。2. 宋江左书院刊本有《续通解》，见《善本书室藏书志》卷3（光绪辛丑刊本）。3. 元翻刻宋嘉定刊本，无《续通解》，见《天禄琳琅后编》卷八（页十四前后面，长沙王氏刊本）。4. 明正统刊本有《续通解》，见《结一庐书目》卷1（页三后面，《观古堂书目丛刻》本）。5. 明南京国子监刊本。6. 明南直隶常州府刊本。7. 明浙江布政司刊本。（5、6、7三种，详情无考。）（见《古今书刻》上编页四后面，页十二后面，页十七前面，《观古堂书目丛刻》本）。8. 日本仿宋大字本，有《续通解》，见《征刻唐本秘本书目考证》（页二前面，《观古堂书目丛刻》本）。9. 清宝诰堂刊本，现尚流行：惟脱落太多，不易读，可拿《四库全书》抄本校读。③

---

① 江永撰：《礼书纲目》卷首上，文渊阁四库全书本。
② 《仪礼经传通解》礼类五，《提要》。
③ 白寿彝：《仪礼经传通解考证》，载《白寿彝史学论集》，北京师范大学出版社1994年版，第1037—1068页。

第二章
黄榦的理想人生和政治实践

第一节　墓志铭、行状里的理想人生

著名汉学家田浩说过，一个完全按照儒道原则规划的家庭，必然会有以下的特征："亲属关系和谐，长幼有序，和祖先的联系不间断，为子弟提供教育，救济需要帮助的人，和有相同理想的家族共同为促进社区的精神与物质生活而努力，以及和官府合作等等。经过一段时间，它会成为一个宗族，而不单是一个丧礼制度结合起来的家庭。这些家族的族谱称，它们是一个综合的社会秩序的榜样，也是实现这种秩序的第一步。"[①] 在相关的诸多文献资料里，黄榦为人所写的墓志铭和行状似乎为此说法提供了证据。

墓志铭和行状都是古代文体的一种。[②] 常常由死者的门生故吏或亲友撰写，也有出钱委托著名文豪代写。

---

① [美] 包弼德：《历史上的理学》，浙江大学出版社 2010 年版，第 214 页。

② 墓志铭通常分为两部分，第一部分是志，记叙死者名字、爵位及生平事迹等，内容多具体，后一部分是铭，多用韵文，表示对死者的悼念和赞颂，内容多抽象，但也有只有志或只有铭的，可以是自己生前写的，也可以是别人写的。在对故人进行总结时，也肯定了一种理想行为方式。行状多是叙述死者世系、生平、生卒年月、籍贯、事迹，唐代有专门的规定，重要官员去世，由亲友简录其生平行事，报由中央修史机构，留作史官提供立传的依据。

古人有为死者讳的习惯，在书写死者的墓志铭或行状时，往往会隐匿其缺点，彰显其优点，下笔通常多有溢美之词。当写作者不推辞为其书写墓志铭或行状的话，最主要的原因是墓主或状主确有写作者认同的地方，至少在大节方面认同此人。黄榦曾为许多亲友写过《行状》和《墓志铭》，为许多师友写《祭文》，《祭文》一般是写作者为十分熟悉的亲友作的悼念文。

黄榦笔下的这些人物，现实生活里或许没有笔下那么完美，但从这些行状和墓志铭及祭文里，可以看到黄榦作为道学家所认同的人物优秀品质及黄榦理想中的民风民情。

在 28 名人物行状或墓志铭当中，除去《朱子行状》外，有 6 名女性，1 名兄长和 1 名同族人，1 名姻亲，余 18 名为同门或门人或友人或这些人的亲属，[①] 这些行状与志铭大多表彰志主值得推崇的品质和行为，而这些品质和行为在另一方面也为撰写者黄榦所认同和在某种程度上所理想化。

一　从事儒业，志在性理之学

从事儒业，以朱子之学为志业者，是黄榦所称道的。后学争学朱子之理，黄榦记叙曰："朱子以孔孟周程之学诲后进，海内之士从之者，郡有人焉。先生殁，学徒解散，靳靳守旧闻，漫无讲习，微言不绝如线，独康庐间，有李敬子燔，余国秀宋杰、蔡元思念成、胡伯量泳兄弟，率其徒数十人，惟先生书是读，季一集，迭主之至，期集主者之家，往复问难，相告以善，有过规正之，岁月浸久，不少怠。"[②] 门人志于朱子学，其笃诚之状的确感人。

以儒业为志，好问善学者，都会得到黄榦的称赞。贡士林薈（字丕显），黄榦的友人。所居地福州连江县郑崎，当地"罕业儒"，而

---

① 参见附录表一。
② 《周舜弼墓志铭》，《勉斋先生黄文肃公文集》卷 35。

以"儒名者"也多"狭陋","守寻常无超越之见",但林蕡却是儒者中的出类拔萃者,十分好学,听说有朱子学生,"虽后出晚辈,必造门愿交,孜孜扣问",其乐善好学之意"老而愈笃"。黄榦师从金华吕氏期间与林蕡为忘年友。吕东莱与林原为同门友,但后来吕氏以道德文章为四方学者师后,林蕡就"拙首受业"于吕。对比那些世之所谓的学者,"又不惟取科第、夸声名,则反以济其利欲,而斫丧其良心",黄榦认为林蕡"超然知以从师问道为事,而不惑于世俗寻常之见",是贤于人的。这里"世俗寻常之见"的人,指的是以考取科举取得名声,满足私欲的人。而黄榦因与林丕显为忘年友二十余年,知其志趣行事最详,故受其子所托为之作状。①

曾兴宗(字光祖),赣州宁都人,黄榦同门兼友人。黄榦与之为同门友人多年,在江西临川任职时与其"尤相亲且相好"。曾兴宗"家世业儒,饶于财,喜施予,闾里称之",十六七岁"已厌科举之习,一意于圣贤为己之学",认为读举子业如同嚼蜡,观理学诸书则心快目明,终日忘倦。"人皆笑其与世背驰,君处之怡然"。不仅自己学习朱子学,也要求子孙学习,如曾兴宗要求子孙"非礼勿为,非道勿学,乃吾子孙"②。在当时,很多父子同师,朱子一生就收了不少父子二人三人的弟子,黄榦也收过很多父子弟子,尊道重道的风气在当时已经很盛行了。又如潘植,字立之,黄榦与之同里,少时曾与兄受教于潘植父亲,后又一起受学朱子。潘家"世业儒",其父"闻乡闾之善士,辄折辈行,率其子从之游。后闻晦庵朱先生讲道武夷,有非他师所能及者,遂慨然嘱其子往师事之,君遂与其弟柄不远千里而往拜焉"③。

以上两人虽从事儒业,但却不事科举,以性理之学为毕生追求,为心灵安顿的静地,这一点得到了黄榦的尊重并强调,这与叶适所为

---

① 《贡士林君丕显行状》,《勉斋先生黄文肃公文集》卷33。
② 《肇庆府节度推官曾君行状》,《勉斋先生黄文肃公文集》卷33。
③ 《处士潘君立之行状》,《勉斋先生黄文肃公文集》卷33。

人书写的墓志铭中大量称许从事举业，取得功名，很会学习等正好相反，在叶适为人书写的志铭或行状里叶适从来没有专门表彰过一个不事科举的人，而黄榦也从来没有专门表彰过一个从事举业的人。

王遇（字子正），漳州龙溪人，黄榦同门，其先祖"虽不第，以儒业显，相继为学者师"，而王遇本人"不远千里，受业于晦庵、南轩、东莱三先生之门""以正学不明为己忧"，不"钓名声、求利禄"。王在蕲州任教授，以道学为教。当时"蕲学久废，诸生家坐百官饷之。公严为程课，寝食必于学，日为讲说语孟经史，一以洙泗伊洛之传为正，夜漏下二十刻，犹徘徊学舍，督诸生诵习，奖励戒饬，蕲人化之。衣冠济济若中州"。因为王遇，其所居地的学风十分深厚，王遇以道学教人，使朱子学在蕲州发扬光大。

董铢，字叔重，黄榦好友，同门，① 成年后从乡里长辈儒者程洵学习，程洵告诉他朱子的学说，董铢尽弃所学，取《大学》《中庸》《语》《孟》诸书日夜玩习，"裹粮入闽，抠趋函丈，不惮劳苦"，"先生亦爱其勤且敏，不倦以教之"，尝语之曰："更宜深察圣贤义利之训，反求诸身，推类穷根，渐次销伏，使日用之间，全在义理上立脚，方是讲学之地。"庆元初，朱子在考亭竹林精舍与诸生讲学，董铢负责教学事务，"诸生日所讲习，叔重先与之反复辩难，然后即而折衷焉"。道学禁严时期，"有平日从学而不通书问者，有讳言其学而更名他师者；有变节改行，狂歌痛饮、挑达市肆以自污者；有昔尝亲厚、恨不荐己而反挤之者；至其深相爱者，亦勉以散遣。生徒为远害计，诸生虽从学亦有为之摇动，欲托辞以告归者，叔重正色责之，喻以理义，然后诸生翕然以定，非其见之明、守之刚能若是乎？"董叔重以"见之明，守之刚"，经历了党禁的考验，尤为黄榦所称。②

以上教授道学王遇和董铢也是得到了黄榦的极力称许，而他们经

---

① 《董县尉墓志铭》，《勉斋先生黄文肃公文集》卷35，曰："尝从游于晦庵先生，今四十年矣，相与始终，周旋最久，且厚者，惟叔重为然。"

② 《董县尉墓志铭》，《勉斋先生黄文肃公文集》卷35。

受住了党禁的考验，热心传播道学的行为更是黄榦在为之书写墓志铭中大书特书的内容。

二　事亲孝友，严守儒礼

郑伦，字次山，黄榦同门兼好友郑成叔（字遹）之父。郑伦其祖轻财急义，赈恤饥乏不计有无。而郑伦本人好读书，修身养性于山水间，律己严而待人宽。他继承祖志，孝友乡党兄弟，待人亲切，周人急难，调停纷争，为族党推重为长者。黄榦曰："古风之日远，而流俗之益薄；人欲之日炽，而天理之寖微；粹然生物之心，与天地为一体者，斫丧沦泯，临小利害，未毫发比，则父子兄弟反面若不相识，如郑君者岂不足以激颓俗而厚人心哉！"① 认为郑伦事亲孝友的行为起到了教化风俗的作用。

林某，字端仲，其子林子扬为黄榦学生。黄榦为之作墓志铭或行状的人，多为士人（处士、贡生、教授等）或亲属邻里（也多为士人），但这一位墓主人却是一位医生，这位医生是一位具有儒家品质的儒医：

> 深山长谷，穷悴无聊之小民，昏暮叩门以疾告者，公遗之药，且赒之，未尝责报焉，轻财重谊，视人之急，极力振之，惟恐或后，里闾之间，有利于人者，公常慨然为之倡，呜呼若公者，岂可以医名者耶，岂亦如古之愤世绝俗，寄于医卜以自晦者耶？②

林某为乡间医生，他轻财急义，常常免费医治穷困者，救人无数。他仰慕儒家学者，送其子到黄榦那里学习，因此得到了黄榦的称许。

---

① 《郑处士墓志铭》，《勉斋先生黄文肃公文集》卷35。
② 《林端仲墓志铭》，《勉斋先生黄文肃公文集》卷35。

傅修，字子期。黄榦友人兼同门。傅修以孝友信义闻名于闾里，"不乐时学，少辄弃去"。朱子没后埋葬时，傅修不远千里"且号且拜，俯伏于道，若将陨焉。送葬者重为之垂涕"。① 周谟，字舜弼，南康军建昌县人，周谟为南康人，为朱子守南康时所收的弟子，黄榦同门。黄榦一般为之铭的人大都是闽人，此人例外。周谟居家孝友，母丧疏食三年，治丧悉用古礼，斥去浮屠，乡人多效之。朱子殁，伪学禁严，周谟冒着隆冬的严寒，披星戴月，徒步偕乡人受业者往会葬。嘉定丙子（1212）时，黄榦自汉阳道经过其里，周谟召集优秀弟子十七人集中来交流相会。朱子殁后，周谟在南康召集弟子学习朱学，发起"季集"，规定学生一季度一集，切磋交流质疑。后朱子的其他学生也都效之"季集"，进行交流学习。而傅修和周谟这种严守师弟子之礼的行为得到了黄榦的称许。

林周卿，字少望，黄榦姻亲之父。林周卿以笃行厚德称著千里，他孝亲友兄，一生淡泊自如，不求名利，得失荣辱从不放在心上，乡族有纷争不平的，都举林周卿为榜样。② 黄思永，字仲修，黄榦同门，黄榦知临川时所交，其长子为朱熹孙女婿，黄仲修为其子择师，"取友不远数百里，必求有学行者致之；为子择妇不以财，必以世之巨儒与乡之名胜"。对此，黄榦感叹说："呜呼，何其贤且厚耶！"③ 林蕃为人亲切，善待仆隶，与人言"怡怡然"，唯恐伤人。事亲于孝，母逝世后守丧三年，"兄弟同室"无间言，轻财急义，总是帮助一些贫困的朋友。"本足粗足，卒以是取困乏"，被乡人嗤笑，至死之日，"家无余财"。但也正因如此，林蕃得到了黄榦的称许。以上林周卿、黄思永、林蕃都是淡泊名利、事亲孝友之人，黄榦极力称许他们的这些优秀品质。

作为学习性理之学的士大夫，他们也成为乡间社会道德和秩序的

---

① 《笃孝传公墓志铭》，《勉斋先生黄文肃公文集》卷35。
② 《通直郎致仕林公行状》，《勉斋先生黄文肃公文集》卷33。
③ 《黄仲修墓志铭》，《勉斋先生黄文肃公文集》卷35。

主导力量，他们不仅自己事亲孝友，而且常常用"理"调停乡间纷争，提倡好的社会风气。更将理学用于行为之中的，如曾兴宗、潘植等都是十分善于调停乡间或族人纷争的，而族人也接受他们以"义理"调停，而心服口服。潘植"喜施予，赒人之急难"，善调停乡人族人纷争，以"义理"开导之。① 黄振龙，字仲玉，也是一个典型的例子，曾与其子黄朴一起投到黄榦门下学习朱子学。黄振龙天性淳厚，襟怀坦夷，乐善好施，轻财重义，善决邻里纠纷，黄振龙和其子都曾与黄榦游，以朱子学为正，尝以朱子家礼带领其家人行之。临终嘱其子一"不死于妇人之手"屏退妇人，二不用"浮屠法"。黄振龙"亲属邻里，事有难决，即君谋之，为之委曲剖析，纳之义理，不可则面折之，未尝有所迁就畏避也"。②

又如王遇不仅深察民间疾苦，为官正直务实，而且性格仁厚，轻财急义，"族人不能自食者赡之，葬死者之无归，贫不能嫁者，具资装而遣焉，朋友乏绝者，捐金以赒之"，为人守古礼，家中吉凶丧祭，全部行儒家古礼，反对当时流行的巫觋老佛之礼，而黄榦写此行状之意更在于激励乡人，以之为榜样。③ 曾兴宗"居家动遵古礼，冠、婚、丧、祭不肯杂以世俗之仪，子孙环立，必诲以圣贤躬行践履之学"。"其于乡党，无贤愚贵贱，接之以礼，见人有善称，奖不容口，闻人之过，及以急难，告者如己隐忧，凡邻里有纷争，必先于君，君以礼折衷，俱得其平。至或辍已物以息讼人或有犯，未尝忿嫉，从容训责，终归于恕，使自愧服。礼贤好士，出于诚心。往来宁都者，以不见君为歉，过从者馆穀无虚日，故田园虽丰，而囊无余赀，处之无悔也"。临终之夕，曾兴宗告诫诸子"勿用浮屠氏陷我于不知道之域，丧事宜遵古参用仪礼，非礼勿为，非道勿学，乃吾子孙"。在伪学之禁兴时，曾兴宗"执礼益勤，厉志益苦，未尝少懈"，文公殁，

---

① 《处士潘君立之行状》，《勉斋先生黄文肃公文集》卷33。
② 《贡士黄君仲玉行状》，《勉斋先生黄文肃公文集》卷33。
③ 《朝奉郎尚书吏部右曹郎中王公行状》，《勉斋先生黄文肃公文集》卷33。

"星驰而吊心丧三年"。① 像王遇和曾兴宗这样遵守儒礼的行为得到了黄榦的称许。

当时福建一带崇佛之风甚盛，但道学家不仅坚守儒家礼仪，而且很多坚持古礼，他们大多反对佛老，黄榦叙当地风俗曰："自佛老之说行于中国，且数千年，五代王氏崇奉塔庙，而其说始炽于吾闽。深山长谷之民，信奉尤笃，至于死生大故之际，忘其焦肾干肝之苦，而笃于梵呗膜拜之习甚至举其亲之遗体"②。当时由于"王氏入闽，崇奉释氏尤甚"，"故闽中塔庙之盛甲于天下，家设木偶、绘像、堂殿之属，列之正寝，朝夕事之，惟谨殪其首，而散于他州者，闽居十九焉。其崇信如是"。朱子门人之父唐尧章，字焕文，福州闽县人。唐尧章其祖经商，却"不喜营利，轻财急义闻于乡"，唐尧章顺其祖父志，"始治进士业，不售，即弃去也"。他听说朱子讲道武夷山，让儿子晔代替自己"登门受业"，他也反对佛屠，不许诸子用浮屠为自己治丧。对于唐尧章的做法，黄榦曰："君乃独能不为所惑，非其义利之素明，问学之素讲，其安能若是耶？若君者，可谓勇于义，而笃于自信者矣。"面对如此风俗，对于一个非道学人士来讲，能做到这一点的确难能可贵，所以黄榦对此进行了高度评价，其意也在提倡此风。③

而黄榦本人也是古礼的倡导者和领导者，朱子殁后，师弟子中有人在家庭或家族重要的仪式中坚持实行古儒礼，以期教化风俗，稳定秩序，对抗佛教。他们在家中行古冠礼、古婚礼、古丧礼等，都请黄榦主持指导，而黄榦也十分积极地参与这些活动。如林公度，字宪卿，黄榦同门，黄榦曾代仲兄黄东为其母吴夫人写过墓志铭，盛赞其品格。以其传播朱子学和勇于实践古礼得到黄榦的认同。黄榦曾详细

---

① 《肇庆府节度推官曾君行状》，《勉斋先生黄文肃公文集》卷33。
② 《吴氏夫人墓志铭》，《勉斋先生黄文肃公文集》卷35。
③ 《处士唐君焕文行状》，《勉斋先生黄文肃公文集》卷33。

地和其讨论实行古礼的细节。①

三　求圣贤之道，亲践其实

将事功与礼教相统一是黄榦理想的士大夫形象，黄榦说：

> 簿书财谷，狱讼甲兵，俗吏夸之以为能，而儒生所不道；礼乐教化，儒生喜谈以为名高，而俗吏见为迂阔事。而数千年间，天下无善治若君者，倥偬则力事功，闲暇则修礼教，儒而不腐，吏而不俗，此岂常情所能及哉？君所至以廉勤整，办称其在江西台府交荐，君自处恬然，未尝曲意阿世，故功多而报啬，其于财利未尝秋毫经意，故其殁也，以田易地而后能葬，呜呼，是可谓贤者也。②

上铭是黄榦为李大训知县所书的墓志铭，他表彰李知县"儒而不腐，吏而不俗"，平时闲暇时能够修礼教，又能够"恬然"看待官场事务，为官清廉，这俨然把理学士大夫和官僚士大夫区分开来。

一方面求圣贤之道，学习朱子学，另一方面实践朱子学，这是黄榦所理想的士大夫形象。李道传是黄榦最佩服之人。李道传，字贯之，李心传之兄，朱子私淑，黄榦最喜爱的朱子后学，对李道传的学问及人品，黄榦多次表彰。他身上具有黄榦及其他理学家所欣赏的品质及形象："刻意励行"，"求圣贤之道，而能践其实者"；立天子殿上，"危言正色，为宗社无穷之计"；"恳恻爱民，救菑捍患，江东父老子弟数十万，皆得全其生者"，"利禄不能动其心，危险不能易其守"。③

李道传（字贯之）是为之不多的道学家中可以见到皇帝的人，他

---

① 《林存斋墓志铭》，《勉斋先生黄文肃公文集》卷35。
② 《李知县墓志铭》，《勉斋先生黄文肃公文集》卷35。
③ 《知果州李兵部墓志铭》，《勉斋先生黄文肃公文集》卷35。

见到皇帝后首先建议以朱子《四书》为正学，请以周敦颐、邵雍、程颢、程颐、张载五人从祀孔子庙。黄榦最欣赏李道传的地方是在为学方面，他虽身居高位，但热爱学习朱子学，只要是他能拜访的，他总是"以礼下士、数诣学校，诲以圣贤经训"，访求曾经从学朱子的人，相与讲习，尽得朱子遗书读之。"谦虚下问，昼夜绅绎"。研究朱子学的宏纲大义。他为了学习朱子学，收集《朱子语录》，在池阳刊刻，这是《朱子语录》的最早版本，黄榦时为后学领袖，他们很快成为朋友。在从政方面，李道传劾贪逐恶，灾荒时采取有力措施救助百姓，不惮劳苦，视民疾苦如己隐忧，推行晦庵先生社仓之法，并得到了周围地方行政官的模仿。临终遗言，仍念念不忘嘱其子学习伊洛之书。李道传"孝友出于天性，内外属之。贫者死丧、嫁娶悉为经纪，辄分俸赡之"①。李道传其人平时气禀清明，"群居终日寡言，笑而温润之色，即之晬然"。"立朝介然无阿附，然沉静安详，人亦莫能窥其际也。"其"恬淡寡欲无所系"②。这一点十分符合道学家讲的修身与居敬的表现，在给朱子做的《行状》中，朱子也有类似品行，因此李道传被黄榦反复称许。

注重民生，关心民生疾苦的民本思想也是朱子思想的一部分，庆元党禁，韩侂胄专权，但王遇"毅然不少贬以求售也"。韩受诛后，王为毗陵太守，他熟知民间疾苦，讲求荒政，竭官府之储赈民，不仅如此，他竭尽自己的力量，捐出自己的薪水，不讲究吃用，"劝分通商，纤悉具举，屏骑从，出入阡陌，去城四五十里间，皆躬自巡省，余择官吏以委之，无一户一民不被其惠者"。这些救荒的行为完全和黄榦自己救荒行为一样。而王遇于嘉定四年（1211）去世，黄榦后来在汉阳的荒政措施便可能借鉴了王遇的行为。吴居仁，字温父，黄榦与朱子居建阳考亭时邻人，朱子居考亭

---

① 《知果州李兵部墓志铭》，《勉斋先生黄文肃公文集》卷35。
② 同上。

时，为黄榦筑室其侧，吴居仁为他们的西邻，黄榦认为吴居仁"以儒饰吏，听讼必以人伦大谊断曲直"，且奉公守法一毫不妄取，以其廉吏受到黄榦的称许。①

四 知书持礼，相夫教子

黄榦也曾为一些女性写过墓志铭，可以体现出当时一般道学家对女性优秀品质的体认。如李洞安，黄榦邻人赵公实之妻。赵公实生前为朝散郎，知高州，为官四十年，其为官清廉，与其妻李氏一直作为贤内助是分不开的，赵公实逝于高州任上，家无余财，其妻历尽艰险归乡，以勉学教育其子，其九子个个有成。② 李氏因教育子女有成而得到了黄榦的称许。

林氏，中奉大夫太常少卿任文之妻。黄榦父亲与其夫有"道义之交"，与其夫族弟为姻亲关系。林氏出自书香之家，"端重警敏，诵书一览不忘，《语》、《孟》诸经悉通大义"，二十八岁夫死，独自抚养子女七人，奉姑"必事甘旨"，而"自奉简约、食喜蔬素"。刻苦持家，虽不富有，却喜周人急难，重视诸子教育，在教育方面是"束修必厚"，自己总亲自监督诸子功课，使得诸子个个成才。③

方夫人，黄榦同门兼好友郑成叔之外祖母。林松之妻，二十六岁守寡，谨守妇道，事姑如事父，黄榦盛赞其"守节毅然，又有人所不能及者焉"。④

吴夫人，林龄之妻，黄榦同门林宪卿之母。在可见的资料中，吴夫人是黄榦最为赞赏的一位女性。在黄榦的描述中，吴夫人以姿性柔淑闻于里，里之大族争遣媒约婚，而吴家则"不听"，曰："是女必以归诗礼家"。由此而嫁到诗礼之家林家。出嫁后，料理家事，使其

---

① 《吴节推墓志铭》，《勉斋先生黄文肃公文集》卷35。
② 《太恭人李氏行状》，《勉斋先生黄文肃公文集》卷33。
③ 《太安人林氏行状》，《勉斋先生黄文肃公文集》卷33。
④ 《方夫人墓志铭》，《勉斋先生黄文肃公文集》卷35。

子其夫"家事琐碎一不以属心"。吴夫人年七十，二子不忍朝夕离侍侧，夫人总是告诫他们要认真读书，礼敬贤士，不可懈怠。她的两个儿子因为母亲的教诲与支持，广交贤人，也成为乡里名士。吴夫人亡故前嘱二子用儒家礼治丧，故二子为其治丧一律采用儒家丧礼，不用佛教礼仪，这与里人不同的行为遭到了里人族党诽谤，但却得到了黄榦的称赞。黄榦盛赞吴夫人曰："未笄而见爱于父母，已嫁而能顺于舅姑，历其夫若子，以学而交天下之善士，全其终以礼，而不溺于昏妄之浮屠。夫人之德，始终全备如此，是岂可不铭也夫！"①

在《朱夫人墓表》中黄榦曰："妇人之行，莫大于顺其夫"②，而朱夫人全力在物质上和精神上支持黄榦同门朋友元平的行为得到黄榦的盛赞。

上铭表达了黄榦对女性的看法，从女性美德等方面讲了他对女性应具有的美德的认识，从现有可见资料看，黄榦对重视子女教育的女性是大加称许的；其次，女性一般的传统美德顺从丈夫、刻苦持家、谨守妇道、守节毅然等，也得到黄榦的表彰；另外，如果身为女性，若能不循浮屠，严守儒家礼节，这一点更是得到黄榦的大力表彰。黄榦欣赏吴夫人的原因是她能以一女子敢与闽间风俗不同，斥佛崇儒，以礼教诲其子，这是十分难能可贵的。但是，或许正是因为黄榦对这些品质的鼓励与赞美，使得某些当时被称许的品质后来愈来愈成为束缚妇女的枷锁。

第二节　黄榦判词里的"理"世界

宋代的书判书写，一般是先讲明官司的"断由"，判定案情的依据，写明案情事实，叙述定夺因由及结论。"断由"人发一本，互为

---

① 《吴氏夫人墓志铭》，《勉斋先生黄文肃公文集》卷35（代仲兄撰）。
② 《朱夫人墓表》，《勉斋先生黄文肃公文集》卷35。

证明。① 书判在宋代为人大量收录编辑，以供后世学习。在内容上多强调如何公正地判决案件，以赢得各方面的支持。宋人文集中收录有许多学者型官员的书判，是反映宋儒在现实生活中如何处理案件的重要文献。作为道学家的黄榦，在做地方官时所经手的案件及其处理方式，在《勉斋集》所收录的书判和某些申状里均有反映，从书判的角度可以窥见朱子学在现实世界的应用，了解黄榦丰富的"理"学世界。

黄榦经手的案件非常多。如黄榦通判安丰军时，和州狱因疑未决，长官请黄榦去决狱。黄榦把囚犯放开，给以饮食，详细审问无所得。夜里做梦，梦到井中有人，次日呼囚问之曰："汝杀人，投之于井，我悉知之矣，胡得欺我。"② 囚遂惊服，果于废井得尸。关于黄榦因梦审案的事情，得到了广泛的传播，后来还被编为戏曲《知府黄榦》。事实上这是一次偶然事件，所谓"日有所思，夜有所梦"，而梦到杀人投于井的事，可能是一种偶然的巧合，更多是一种附会。但有一点可以肯定，黄榦办案十分认真和负责。《勉斋集》里共收录了37 道书判③，涉及地域与事由较广。书判里的材料较为集中，这些书判除了依据法律之外，④ 还依据"理"进行的。由于法律的不完善和不确定性，中国传统社会地方官员办案很多是依靠"情理"的，而如何运用"情理"，依据于社会公认的价值信仰，道学官员的价值信仰即道学，黄榦就是将其价值信仰的"理"充分应用在了判词之中。

从现有文献看，黄榦所审理的案件大多有乡间士大夫参与。⑤ 宋

---

① 宋高宗绍兴二十二（1152）年规定："今后民户所讼，如有婚田差役之类，曾经结绝，官司须具情与法，叙述定夺因依，谓之断由，人给一本。"《宋会要辑稿》刑法 3 之 28。黄榦在书判中提到发给当事人断由的有 4 通。

② 《勉斋先生黄文肃公年谱》宁宗嘉定六年（1213）。

③ 参见附录表 2。

④ 屈超立：《宋代地方政府民事审判职能研究》，他说："宋代民事案件审判决的主要依据是国家的制定法。"他说："从现存宋代书判决来看，地方官府在审理民事案件时，基本上都是以国家法律为依据。"第 89—90 页。

⑤ 参见附录表 2。

代对士大夫有很多优待，一般官吏都不愿得罪于这些乡间士大夫，而他们往往以此为恃，横行乡里，黄榦却一一应对。黄榦审判决的大部分官司中，士大夫往往是败诉方。据宋代法律规定，诣州诉县审断不公者，州委官定夺，但不得交由原审官司审理，受委派的县令对于上级官府发下的案件，主要是将事实审理清楚以后再将案件交由上级官府，由之判决。① 在黄榦所审判的案件中，有一些是上级官府发下的案件，如附录中表二的第 3 通、第 6 通等。②

观察黄榦的"判由"，可以看出，在判决时，他也依据法律条文，但更多时候是先从"理"出发。在判语里，他常常用大量的"义理"说教，致力于改变风俗，一方面劝说细民少讼，另一方面提倡重视儒家讲的孝道，重视人伦之情，希望改变这种不孝不尊不合伦理的行为，对士大夫的要求更严苛。

一　"承父师之训，得以自明"：不畏强权，致力于改变风俗

危教授是临川当地的一个士大夫，以高科自负，以高材自居，和官员勾结，在乡间横行霸道，百姓畏之如虎。危教授看上了邻居熊祥家的山林陂塘，多方胁迫熊祥。熊祥畏于危教授之恶，给了他一点，但危教授仍不满意，正好危教授家中米盐之类的小物被盗，危教授便以此为借口，状告熊祥唆使盗贼盗窃其家。黄榦当时正在乡间协助村民捕蝗，正路过这里，便审理了此案。原来两个盗贼被危教授胁迫，其中一个被危教授之子等鞭打而认罪，其"拾指皆被夹损，两中踝皆被椎损"，诬告熊祥。黄榦认为熊祥是被诬告，而被打的人也被打成重伤，因此释放了熊祥等人。

没过几日，被打伤的人因伤重而死，受熊祥指示，死者之子因此

---

① 屈超立：《宋代地方政府民事审判职能研究》，第 92 页。
② 第 6 通黄榦陈述了事实后显然是认为白莲寺僧胜诉，故附录表 2 中写到胜诉者为寺僧如琏。其他上级官府发下的案件，据黄榦所陈的判由，虽然还要交由上级官府判定，但黄榦的立场和结果已经十分鲜明，故在表中作了黑体标。

告危教授之子于官。而危教授这时反诉于州，状告熊祥唆使死者之子诬告他。而州郡官吏畏于危教授之势，把熊祥治罪，捣毁其家，致熊祥百十年家业扫荡无余。是时，黄榦因职事外出几日，等回去后熊祥已被治狱。黄榦认为已死之人虽无致命伤痕，但也是因危教授之子所殴打而死，则危教授父子与熊祥亦当均分其罪，但危教授与城中破落把持士人数辈，控胁州郡官吏，与之互相勾结，倚恃官势健讼不已。

黄榦作为一个受过道学爱民思想熏染的道学士大夫，对这种恃强凌弱的现象十分痛恨，他痛斥道："临川风俗素号健讼，豪民猾吏动辄生事，以害良民。情伪万端，无所畏惮。"在与上司的札子中直陈曰：

> 今危教授者又复诉于使府，必欲重困其家，使之流离转徙，尽据其产业而后已。若此之人，不复顾士大夫廉耻之节，而无复恻隐之心，真所谓虎狼蛇蝎者也。①

黄榦认为，临川士大夫恃强凌弱的风气一定要改。他说："使形势之家不得侵害闾里，远县乡民实荷生成之赐。"对此，黄榦连上三札②，坚持释放熊祥，主持正义，努力改变风俗。他说：

> 榦窃谓听讼之道，固当执法，亦当原情。熊祥教人告危教授之子杀人，实缘危教授使人诬告熊祥停藏而起，危教授使人诬告熊祥停藏，实缘危教授欲吞并熊祥地产而起，夫身为士夫，不守三尺，欲白夺乡民之产业，夺之不得，而欲以停藏之罪加之，使

---

① 《申安抚司辨危教授诉熊祥事》，《勉斋先生黄文肃公文集》卷28。
② 参见《勉斋先生黄文肃公文集》卷28，公札两份：《申抚州辨危教授诉熊祥》、《申安抚司辨教授诉熊祥事》；公状一份卷30《申抚州辨危教授诉熊祥》；卷38书判一份《危教授论熊祥停盗》。

之枉被追扰，人非木石，岂能无不平之心乎？①

黄榦在临川县任内，遇到很多类似恃强凌弱的案件，但他不畏强权，一决于公，刚直不阿的个性在任内充分展现。在宋有论谢知府宅侵占坟地一案中，黄榦判决谢知府归还宋有的坟地。

对于民众词讼过多，黄榦曰：

> 照得本县词讼最多，及至根究，大半虚妄，使乡村善良，枉被追扰。若官司不察曲直，遂使无辜受害。皆缘坊郭乡村破落无赖、粗晓文墨、自称士人，辄行教唆，意欲搔扰乡民，因而乞取钱物，情理难恕。②

新淦县县尉曾千龄及其仆刘云卿等在乡间横行敛财，官吏均视而不见，不愿与之为敌。黄榦竭力惩恶，奋不顾身，他说："为民父母，安忍坐视？倘或顾一身而不恤百姓？"③ 他指出乡间豪民横行的源流："窃见权臣专恣、流毒生民、摧抑忠良、动摇兵革，至其余害延及州县，甚可痛也！"④ 他更是指出必须揭发阻止这种恶行，根源是为了防止形成风气，指出这种事情的最坏的是形成风俗，这也正是他致力于改变风俗的一个方面：

> 国家至仁，惜民命，海涵春育，不忍一物之失所。挟刃以杀人，持杖以行劫，枉法而受赃，重者处死，次亦徒流，如曾千龄者侵害贫民，使之死亡离散，与杀人何异？强夺人家物业，与劫盗何异？诬人以罪而取其财物，与枉法受赃何异？而官府不问，

---

① 《申抚州辨危教授诉熊祥》，《勉斋先生黄文肃公文集》卷28。
② 《徐铠教唆徐莘哥妄论刘少六》，《勉斋先生黄文肃公文集》卷39。
③ 《申转运司为曾县尉不法豪横事》，《勉斋先生黄文肃公文集》卷28。
④ 《申转运司为曾县尉不法豪横事》，《勉斋先生黄文肃公文集》卷28。

法令不加，拥高赀、据大第、歌童舞女、美衣鲜食，以匹夫而享公侯之奉，则豪横之徒又何苦而不为恶耶？①

他期望通过治理类似事件，可以达到"自此豪强敛戢，善良安业，一邑生灵感恩戴德，无有穷已"②的程度，当然，这只是个人理想。

黄榦说：

安丰到任以来，但知体国忧边，不敢欺君利己，委是，与本军知军意见不合，今月初五日，准省札，以安抚司申守倅不和，遂有改除之命。以榦孤寒，不能量度事势，又不能同流合污，边庭之间，乃有不和之名。③

不能量度事势，又不能同流合污，这使黄榦在昏暗的官场无法立足。但黄榦宁可辞职归乡，也不愿意熟视无睹民生疾苦。

曾适是乡间豪横健讼之人，常常状告他人。他曾想侵占张潜的土地，反状告张潜侵占他家的墓地，并以权势相胁持，时"上下官吏相顾莫敢予决"。黄榦受理此案后，为张潜平反，曾适作为士人，黄榦不能把他治罪，只能把情况申报上司，词曰："今后曾适更敢妄状，严行追治，庶几无辜之民不致被害，而健讼之人稍知畏戢。"④

临川有女道士黄道存，挟宫闱之势，仗势侵占百姓坟墓、房屋。州县畏其势力，莫之奈何。黄榦查实其事，上报诸司，把黄道存逐出临川县。⑤他在这个案件的书判中说：

① 《申转运司为曾县尉不法豪横事》，《勉斋先生黄文肃公文集》卷28。
② 同上。
③ 《安丰申朝省辨郭知军诬罔事仍丐祠》，《勉斋先生黄文肃公文集》卷28。
④ 《曾适张潜争地》，《勉斋先生黄文肃公文集》卷38。
⑤ 事见《勉斋先生黄文肃公文集》卷39，《崇真观女道士论掘坟》，《勉斋先生黄文肃公文年谱》宁宗嘉定三年（1210）条。

儒者之道，自君臣、父子、谷粟、桑麻、养生、丧死之外，无他说，异端虚无之教，古所无有，不惟不之信，又且斥而绝之。张官置吏，又不过行儒者之道，使斯民相生相养，和平辑睦，则敛福锡民，莫过于此，岂有崇信老佛，贼害生民，而可以求福田利益之理？崇真观称某夫人修炼之所，今女道士居之，虚无诞谩，不足考信，假令有之，亦儒者之所当斥绝，世有豪杰之士，必庐其居，火其书，偶其徒，使不得以乱吾教。①

这里可见在道学发生时期，与佛道的斗争还是很剧烈的，而黄榦及同侪致力于消灭这些"异端"，捍卫道学。除去在案件中女道士本身不法外，黄榦对道教的存在言词很凌厉，认为是"儒者之所当斥绝"，而豪杰之士则应该"必庐其居，火其书，偶其徒，使不得以乱吾教"，可见当时的道学家对道教的极端排斥。究其原因，一部分有门户之见，一部分是因为女道士的欺骗性，"贼害生民"。

当初，黄榦是得到了赵希怿的极力推荐才任临川县令，而赵希怿也不能不迎奉势力强大的女道士，这一事件使黄榦得罪了推荐他为官的赵希怿。但黄榦仍然对女道士进行了判决，并因此上申状求祠禄返乡，而赵也因此接受了他的奏状。

黄榦办案不怕繁，不怕难，致力于改变风俗，"大抵此间之俗，凡居乡者必须杂用霸道，以陵驾乡间，然后有以自立，虽士大夫未免为习俗所移，但县道固难助人为霸道者也"。② 他办案时并不是一味固守法，常常讲情讲理。更以道学家对民生的关心，体现着对弱者权力的维护。他说："窃谓为政之道，抑强扶弱，不宜有偏，安富恤贫，要当两尽。"③ 这是他为政为官的原则。

---

① 《崇真观女道士论掘坟》，《勉斋先生黄文肃公文集》卷39。
② 《申安抚司辨教授诉熊祥事》，《勉斋先生黄文肃公文集》卷28。
③ 同上。

二 "于士大夫则当以义理劝勉"：以"理"服人，重视儒家人伦之情

黄榦改变风俗，最终是想实现儒家不讼之传统理想，这一点他在多处叙说。而当黄榦面对士人，总是期冀以义理说服。在黄榦现在的书判中，有很多儒家人伦教化及义理之辞。最典型的案例是新淦的张运属兄弟互诉基田案。这个案件他完全是用"义理"劝说张氏兄弟和好。

黄榦在书判开头就先讲世之"义理"曰：

> 祖父置立基田，子孙封植林木，皆所以致奉先追远之意。今乃一变而为兴争起讼之端，不惟辱及祖父，亦且累及子孙。①

黄榦针对今张氏兄弟的诉讼也完全教导以"义理"，他说：

> 张解元丑诋运干，而运干痛讼解元，曾不略思吾二人者，自祖而观，本是一气，今乃相诋毁如此，是自毁其身何异？祖父生育子孙，一在仕途，一预乡荐，亦可以为门户之荣矣！今乃相诋毁如此，反为门户之辱！详此事，深为运干、解元惜之！世固有轻财急义，捐千金以资故旧者，不以为吝。今乃于骨肉之中，争此毫末，为乡间所嗤笑。物论所厌薄，所争者小，所失者大，可谓不思之甚！②

黄榦更是声明自己身为县令，处理案件时针对普通人要"推究情实，断之以法"；针对士人，当以"义理"劝勉之，曰：

---

① 《张运属兄弟互诉墓田》，《勉斋先生黄文肃公文集》卷39。
② 同上。

当职身为县令，于小民之愚顽者，则当推究情实，断之以法；于士大夫则当以义理劝勉，不敢以愚民相待。请运干、解元各归深思，幡然改悔，凡旧所仇隙，一切湔洗，勿置胸中。深思同气之义与门户之重，应愤闷事，一切从公，与族党共之，不必萌一毫私意。人家雍睦，天理昭著，他日自应光大，不必计此区区也。①

"不必萌一毫私意，人家雍睦，天理昭著，他日自应光大"，就是道学家以公杜私，成其天理召明之理。黄榦认为士"自合动循礼法，恪守士行"，应为世人表率，他劝解张氏兄弟要念兄弟之义，门户之情，互相谅解。太学生刘机犯罪，黄榦怒言：

行己有耻则谓之士，乡党称弟则谓之士。刘机既为士人，又尝游太学，自合动循礼法，恪守士行，今乃专惊豪纵，陵蔑闾里，人言籍籍，姑置不问，既入酒肆，复殴妹弟，行检如此，便使读书破万卷，文章妙天下，亦何足以齿于为士之列，淮人本醇质，士子亦皆重厚，刘机但以太学之故，而所为狂悖乃如此，当官而行，何强之有，一太学生亦何足道哉？刘机且与从恕放，如敢再犯，定当具奏屏之远方，以为不守士行者之戒。②

在诉讼之中，黄榦将"礼"置于"法"之上。曾知府在乡间平时倚恃豪横，多有不法事件，每为黄国材所抓住把柄，以致积怨。他买诱妇人阿曾诬告黄国材及龙二十为"停盗"③，而曾知府把持乐安县狱，想要致黄国材于死地，由此，黄国材及牵连之人被关押已经半年。黄国材的儿子黄景信由此状告谢知府诬告其父之事，黄榦接手其子黄景

---

① 《张运属兄弟互诉墓田》，《勉斋先生黄文肃公文集》卷39。
② 《太学生刘机罪犯》，《勉斋先生黄文肃公文集》卷40。
③ "停盗"意为"教唆偷盗"。

信的状子，查明其父案件始末后，释放黄国材。黄国材和龙二十等被关押半年，已经"神形鬼状、去死无几"，"死生未可知，而生计已荡然"，其与案件有关的盗贼黄四、李五，赃证未明，已身死狱中。黄榦认为曾知府和黄国材本是亲戚，黄国材是曾知府继母之女的丈夫，而曾知府这样欲致黄国材于死地的行为就更加难容，他把"礼"和"孝"提到"法"的前面，曰：

> 黄国材之妻，曾知府继母艾氏前夫之女也，在礼，继母如母，父母之所爱，亦爱之。艾氏虽再嫁曾知府之父，岂不爱其前夫之女乎？况黄国材与曾知府认为亲戚，情义不薄，今乃一旦诬以停盗，而欲置之死地，则不复有念其继母之心矣！①

黄榦在书判里大言曾知府不孝曰：

> 今观其豚犬不肖之子画为宗枝图，曾知府之父有九子，乃别而言曰："四位董夫人所生，五位艾氏所生。"盖知府欲别其非艾氏所生也。如此，则真有不母其继母之心矣，又曰：继母艾氏先嫁编氓胡家而生阿胡，嫁黄国材为妻。编氓云者，以其不得齿于士大夫之族贱之之辞也。娶，所以配身也，曾知府自以其父娶编氓之妻，则亦自贱其父矣。夫为人子而不母其母，不父其父。士大夫所为恐不如是。使古之君子断斯狱也，将以停盗者为重乎，抑以不孝于父母者为重乎？②

对此案件，黄榦最后判定黄国材等绝非停盗，因为曾知府是士大夫，宋代优待士大夫之政策使黄榦无法亲自处置曾知府，而曾知府也曾

---

① 《曾知府论黄国材停盗》，《勉斋先生黄文肃公文集》卷38。
② 同上。

上书给黄榦的上司说黄国材儿子黄景信私下找过黄榦，与黄榦有私，曾知府之豪横可见一斑，故别的官吏都站在曾知府一边，不敢违其意，任其豪横。黄榦查清了案子后，不畏其嚣张气焰，坚决地放了黄国材等，判决其无罪，并找人医治其伤，申奏朝廷对曾知府重加惩戒，"以为士大夫敢于陵驾乡里者之戒，而黄四李五无辜致死之冤，庶得少伸于地下矣"。①

黄榦最激烈的言辞，往往是针对士大夫中人不讲孝道、不讲义理的。在陈如椿状告房弟妇刘氏（陈知县之妻）不应立异姓子为嗣的案例中，陈如椿为了贪图刘氏的财产，"自称挟术为生，则其为人乃破落把持，起倒刘氏钱物而不得，遂扶陈敏学论诉，意欲立敏学之子为陈知县之嗣，异日并有刘氏物业"。黄榦认为"此市井破落之常（按：指陈如椿状告刘氏之事），不足深责"。但他对身为士大夫的陈敏学却深恶痛绝，他说：

> 辰溪知县陈敏学，身为士夫，不顾义理，不念刘氏乃其叔母，亦敢移文本州与破落陈如椿挟同妄诉，欲以吞并叔父之业，廉耻道丧，莫此为甚。今据刘氏所供，辰溪知县陈敏学之父一机亦是陈安抚收养遗弃之子，今乃罪刘氏不合收养为不当，是责其祖，辱其父也。为人子者，责其祖，辱其父，诬其零丁孤寡之叔母，罪莫大焉！②

陈敏学身为士大夫，黄榦斥其"不顾义理""廉耻道丧"，其行为"责其祖，辱其父"，认为他"罪莫大焉"，他释放所有被告，认为教唆告状陈如椿这种罪应"重行勘断"，但念其于"刘氏之子有族伯之亲"，故将他"申解使府，乞将陈如椿责戒释放"，劝诫陈敏学知其

① 《曾知府论黄国材停盗》，《勉斋先生黄文肃公文集》卷38。
② 《陈如椿论房弟妇不应立异姓子为嗣》，《勉斋先生黄文肃公文集》卷39。

过错，加以"悔改"，以"全士大夫名节"。而这些都是黄榦认为的"理"。黄榦认为在"停盗"和"不孝父母"这两者之间，"不孝父母"罪更重；为士大夫者，罪莫大于"不顾义理""责其祖、辱其父"。①

三 "安存百姓""仰体国家"：关注民生

从文献记载看，士大夫和小民之争有很多，很多案件是通过黄榦再审的，黄榦总是站在弱势小民的一边，为小民出头，改判了很多案件，大多是判小民无罪，而士大夫大多是乡间健讼之人。黄榦想改变健讼之风，他曰：

> 然犹有一说，形势之家，专以贪图人户田业致富。所以敢于违法者，恃其富强，可以欺凌小民，敢经官论诉，便使经官得理，亦必健讼饰词，以其多赀，买诱官吏，曲行改断，小民贫困，多被屈抑，便使偶得理直，而追逮费用已不胜其困矣。此富家所以愈富，而贫民所以愈贫也。②

在黄榦所经手的案例中，可见被告的小民常常破家荡产，不堪官司负累，黄榦出于爱惜贫民的原因才提出了改变健讼的风气这一说法。

新淦县的谢知府身为寄居官，仗势豪横乡间，由附录二表可见，仅收入文集的书判里，关于谢知府及相关的书判就六道。在所有案件中，黄榦都是站在了弱势小民的一边，但鉴于宋代法律对士大夫的优惠，他最终只能使谢知府发配到贫瘠少人之地。③ 在窑户杨三十四等论谢知府宅强买砖瓦案中，窑户杨三十四等十七人状告谢知府强买砖瓦，谢知府等"赖人砖瓦，欠人钱物"，威胁窑户签下不平等契约，

---

① 《陈如椿论房弟妇不应立异姓子为嗣》，《勉斋先生黄文肃公文集》卷39。
② 《陈安节论陈安国盗卖田地事》，《勉斋先生黄文肃公文集》卷40。
③ 参见附表2，表中的序号为10、11、12、14、15、16。

反告窑户，黄榦判决窑户等十七人状赢，谢知府等还钱。①

黄榦的书判中处处可见其"义"，他反对不平等对待平民。胡先供说是和阿张通奸，妇女阿张供谢知府宅谢九官人和其仆胡先都强奸过她，但黄榦的前任官员将胡先阿张同断，完全没有对谢九官人治罪，黄榦对此很是不满，认为"此是案吏怕惧谢知府形势，使贫弱之家受此屈抑"。②

在王显论谢知府占庙地的案件中，黄榦曰：

> 士大夫欲创造屋庐以为子孙无穷之计，亦须顾理义、畏条法，然后心安，而子孙可保也。今至于夷丘陇、毁祠庙，以广第宅，侈燕游、携持孥累，日居其中，果能下莞上簟，而安斯寝乎？③

黄榦认为士大夫"顾理义、畏条法"，才是本分。在案子中，黄榦更深入讲解士的本分。在彭念七谢知府宅追扰案中，黄榦的书判开头先讲一通"义理"曰：

> 普天之下，莫非王土。民虽有贵贱贫富之不同，其为国家之赤子，则一而已。张官置吏，务以安存百姓，而形势之家专欲搔扰细民。所谓寄居者，既叨冒朝廷官职，寄寓州县，尤当仰体国家矜百姓之意。今乃倚国家之官，职害国家之百姓，此岂士大夫所当为哉？④

这是黄榦关于士大夫官员的"义理"，即身为士大夫，"安存百姓"

---

① 《窑户杨三十四等论谢知府宅强买砖瓦》，《勉斋先生黄文肃公文集》卷39。
② 《徐十论诉谢知府宅九官人及人力胡先强奸》，《勉斋先生黄文肃公文集》卷39。
③ 《王显论谢知府占庙地》，《勉斋先生黄文肃公文集》卷39。
④ 《彭念七论谢知府宅追扰》，《勉斋先生黄文肃公文集》卷39。

"抚恤百姓"是"天理"当然之事，而倚之骚扰百姓则不是士大夫所当为。针对谢知府，黄榦一开始就表明了立场，这个官司他是注定要输掉的。对此，黄榦对谢知府等屡次警告严惩，令其归还强占别人的财物。

四 以"理"论夫妇之伦：妇女完全融入夫家

在张凯夫陈诉谢知府贪并田产案中，黄榦曰：

> 夫所立之子，妻不应遣逐，夫所有之产，寡妇不应出卖，二者皆是违法。绝人之嗣而夺其产，挟其妻以害其侄婿，此有人心者所不为也。①

黄榦认为张凯夫之母陈氏卖田行为既违法律，又违天理，他判定谢知府归还张凯夫的田产，而其母陈氏所卖掉的田产契约作废，张凯夫胜诉。②

在京宣义诉曾岩叟取妻归葬案时，他引用法律条文"夫出外三年不归者，其妻听其改嫁"，黄榦在书写判由时，对京宣义不爱正妻周氏，溺于嬖妾的行为大加斥责。黄榦认为这种行为虽不违背法律，但却缺少夫妇之义，致使周氏归前夫曾家，与儿子曾岩叟同住，黄榦判"以恩处之，则京宣义于周氏绝无夫妇之恩，而曾氏母子之恩未尝替也"，驳回京宣义的诉状。③

李良佐诉李师膺取唐氏归李家案中，李师膺为李世英养子，李世英死后，李师膺将生母唐氏接到李家，时其养母孔氏仍健在。李氏族人李良佐以此为由，认为异姓不可收养，欲将李师膺遣除。黄榦先是以"礼"为据曰：

---

① 《张凯夫诉谢知府贪并田产》，《勉斋先生黄文肃公文集》卷39。
② 《张凯夫诉谢知府贪并田产》，《勉斋先生黄文肃公文集》卷39。
③ 《京宣义诉曾岩叟取妻归葬》，《勉斋先生黄文肃公文集》卷40。

> 在礼，为之子，为之母。师膺既归李氏，则以世英为父，以孔氏为母，今复取唐氏归李家，则是二母也。①

又提出了"理"曰：

> 李师膺为李世英之子，已经历年深，亦尝为世英持斩衰之服，善事孔氏，母子无间言，友爱师勉兄弟无异意。②

最后，黄榦又摆出了"法"曰：

> 在法，祖父所立之子，苟无显过，虽其母亦不应遣逐，今其母尚能容之，良佐何人，乃欲遣逐之乎？李师膺断然当为李世英之子，李良佐为然不可妄兴异议。③

据以上的"礼""理""法"，黄榦判决李良佐败诉。

陈氏携嫁妆嫁到徐家，生下三女一子，丈夫也替她添置了不少在名义上属于她个人的庄田，陈氏在丈夫死后，放弃夫产，留下三女一子来继承，自己则带着自己名下的奁产和庄田回了娘家。黄榦发现这原来是陈氏的哥哥陈伯洪出的主意，目的是占有寡妹的财产。原判据寡妇可携嫁妆归宗的法律，判陈氏无罪，且谴责原告"不应教其母争讼，是纵陈氏为不义也"。负责再审的黄榦推翻上述法律规定，不但将陈氏所有的庄田交给徐家收管，而且下令将陈氏押返徐家"教其子、嫁其女，庶得允当"。在该案的判书里，黄榦先叙其当然之"理"曰：

---

① 《李良佐诉李师膺取唐氏归李家》，《勉斋先生黄文肃公文集》卷40。
② 同上。
③ 同上。

女子生而愿为之有家，是以夫之家为其家也。妇人谓嫁曰归，是以得嫁为得所归也。莫重于夫，莫尊于姑，莫亲于子，一齐而不可变，岂可以生死易其心哉？陈氏之为徐孟彝之妻，则以徐孟彝之家为其家，而得所归矣。不幸而夫死，必当体其夫之意，事其姑终身焉。假使无子，犹不可归，况有女三人、有男一人，携之以归其父之家犹不可，况弃之而去？既不以身奉其姑，而反以子累其姑。此岂复有人道乎？①

黄榦以儒家"当然之理"认为"陈氏之为徐孟彝之妻，则以徐孟彝之家为其家，而得所归矣"，即使丈夫死去，陈氏也应该为之事公婆终身，而陈氏携产归宗，弃三子及公婆的行为受到黄榦的强烈谴责。他又说：

父给田而予之嫁，是为徐氏之田矣，夫置田而以装奁为名，是亦徐氏之田也。陈氏岂得而有之？使徐氏无子，则陈氏取其田以为己有，可也。况有子四人，则自当以田分其诸子，岂得取其田而弃诸子乎？②

黄榦不仅认为陈氏的丈夫以装奁为名为陈氏所置之田也应为徐家所有，而且其父亲作为嫁妆之田也应归徐家所有，不仅如此，黄榦还判陈氏归徐家，教子嫁女，以尽妇道。

郭氏刘拱礼诉刘仁谦等冒占田产，是一个嫡庶生分产的纠纷案件。刘下班有子三人，大儿子刘拱武为妻郭氏所生，次子刘拱礼、刘拱武为妾所生。刘下班有本户税钱六贯文，郭氏陪陈祥嫁自随田税钱六贯文。刘下班、郭氏死后，三子平分其父本户六贯文税钱，郭氏自

---

① 《徐家论陈家取去媳妇及田产》，《勉斋先生黄文肃公文集》卷40。
② 同上。

随田税钱六贯文则归郭氏所生的嫡子刘拱辰所有,没有分给庶生的两个弟弟。其十六年间,两个弟弟畏兄不敢与之争。十六年后,兄刘拱辰死,两个弟弟刘拱礼、刘拱武"始讼之于县,又三诉之宪台,又两诉之帅司,本县郑知县,吉州董司法,本县韩知县,吉州知录及赵安抚"六处,要求其兄刘拱辰的儿子刘仁谦、刘仁愿平分郭氏的六贯文税钱。因法律规定的模糊,可以任意解读,所以刘拱礼、刘拱武的上诉受到六处不同官员不同的判决,有的认为不应分,有的认为应分,而应分的分法又有多种。黄榦受理此案后,解读法律条文曰:

> 以法论之:兄弟分产之条即未尝言自随之产合尽给与亲生之
> 子,又自随之产不得别立女户,当随其夫户头,是为夫之产矣。
> 为夫之产,则凡为夫之子者,皆得均受,岂亲生之子所得独占?①

又用"理"条析曰:

> 以理论之,郭氏之嫁刘下班也,虽有嫡庶之子,自当视为一
> 体,庶生之子既以郭氏为母,生则孝养,死则哀送,与母无异,
> 则郭氏庶生之子犹己子也。岂有郭氏既死之后,拱辰乃得自占其
> 母随嫁之田?拱辰虽亲生,拱武拱礼虽庶出,然其受气于父,则
> 一也。以母视之,虽曰异胞,以父视之,则为同气。拱辰岂得不
> 体其父之意而独占其母随嫁之田乎?以此观之,则六贯文之税当
> 分而为三兄弟均受方为允当。②

黄榦以父为主的传统伦理观念认为,郭氏的财产完全属于其父之财,而且在"礼"上,"生则孝养,死则哀送",因此郭氏"与母无异",

---

① 《郭氏刘拱礼诉刘仁谦等冒占田产》,《勉斋先生黄文肃公文集》卷40。
② 同上。

"孝"与"不孝"其父，兄弟虽异母却同父，为同气，以此为"判由"判决刘仁谦等败诉。

从这几例有关妇女财产的典型案例中可以看出黄榦认为妇女完全融入夫家，以夫家为主，而有子女的寡妇更应该守节，要忠于妇道，要把嫁妆等妇女所有的财产完全视为丈夫的财产。而朱熹也正好是父系家族的主张者①，田浩认为黄榦及其同侪在办案时强化了父系家族观念和寡妇的贞节观念，认为黄榦是在鼓励妻子放弃对自己财产的控制权。② 也正由于包括黄榦处理的这几件关于妇女案件的结果，有学者认为，那些追随朱熹理念的学者在女性法律、妇女社会地位下降中起到了关键作用。③

第三节　黄榦对治国的体认

虽然身为地方官，但是黄榦并没有对这个国家的政治形势运行抱漠视态度，在黄榦与人交流的书信中，他常常批判时政，批判现状，表达自己的政治观点。黄榦先是在荆湖幕府任职，后安庆为官时兼制幕职务，先后任职幕府的黄榦对国家整体形势和状况十分了解，他提

---

① 田浩：《中国宋代思想史论》，社会科学文献出版社 2003 年版，第 8 页。

② 正如田浩所说"虽然儒家有父系观念，可是至少在宋代以前的 1000 年中，中国家庭都持续了这样的传统，以嫁妆把一些财产移给女儿。结婚时，女性控制她的嫁妆，这些财产不在分家范围之内；所以，如果不守寡或离异，女性可以将全部嫁妆带回娘家或用于再婚。女性再嫁也没有障碍。"田浩认为朱子门人在 13 世纪声势壮大时，黄榦及其同侪便宜在办案时致力于强化父系家族与寡妇贞节的理念。黄榦号召女性要在夫家尽忠一生。他鼓励妻子放弃对自己财产的控制权，但仍要在家庭理财中起主要作用，以使丈夫能摆脱俗务的缠绕。

③ 田浩在其著作中提到：柏清韵的研究显示了朱子学派如何与蒙古的婚姻习俗互动，而最终降低了中国妇女的财产权（至少在很多地方是这样），并使中国法律制度对女性更加严厉。有些人认为，儒者与士人的思想和理念不过是精英阶层的事情，于理解中国社会无关紧要，而柏清韵的著述是对这种观念的匡正。关于柏清韵的观点，参见田浩《朱熹的思维世界》，江苏人民出版 2009 年版，第 305—306 页。田浩引自 Bettine Birge（柏清韵），*Women，Property，and Confucian Reaction in Sung and Yuan Chinaa*，Cambridge：Cambridge Uinersity Press，2002，pp. 960 – 1279.

出一套针对时势的治国办法，希望幕府帅府采纳。针对南宋的国家形势，黄榦提出了很多意见如关于用人、边防等，对国家形势、天下战势之论，言辞激烈，叙国势危殆之状，深为痛心，其爱国保民之心，昭然可著。

黄榦关注国事，针对社会现实国家"内有峻急掊克之政，外有强敌之相迫"的现状，他提出自己的解决办法。

一 "爱国忧君"：明义理，正人心

黄榦说：

> 数十年来，风俗日异，谋身之意多于谋国，为私之心急于为公，上之人既不能明示好恶，以力变之，或反推波助澜，使人安之以为当然。所谓廉耻节义，至是扫地矣。国将何恃而能自立耶？此无他，义理不明，而人心不正也！阁下其何道以革之耶？中夜以思，心焉如割，尚翼台慈，痛为当路者言之！①

黄榦为何一再讲士风义理，是因人心日坏。"义理不明，人心不正，为私之心急于为公"，此段表现了黄榦忧国爱民之心。而他认为首要的是要使人"明义理，正人心"。

在任职幕府期间，黄榦认为为政大方向要坚持"绝自私之念"，赏罚要公平、分明，他给时任兵部侍郎的李珏书曰：

> 而上合天意，下顺人心，尽体国之忠，绝自私之念，则大经大本未有舍此而能自立者？诸葛孔明所谓"宫中府中，俱为一体，黜陟臧否，不宜异同"，只此数句，便可得三军之死命，却司马仲达而夺之气也。至于管仲之于齐，范蠡之于越，虽霸国之

---

① 《石门拟与两浙陈运判》，《勉斋先生黄文肃公文集》卷4。

事，而其规模经画亦有次第，皆守边者之所当讲明，弱而能使之强，贫而能使之富，蕞尔之地而能使敌人恫疑而不敢窥伺，虽使羊陆复生，计无出于此者。[1]

"义利"之辨是理学研讨的一个重要命题，去掉"私欲"是理学学习的一个目标。黄榦对李珏提出只有坚持"绝自私之念"的大经大本，才能达到目的。

黄榦见到国家内外交困，忧心忡忡，他说："今北方扰扰，内有骨肉之相残，外有强敌之相迫，山东、河北群盗蜂起，道路不通，此岂非诸葛孔明所谓存亡危急之秋耶？今托身于人，而目之所见，皆与心之所谋者不相类。"[2] 现实较于想象更加艰难，他说：

> 以爱君忧国为此心之主，而一身之利害不敢计。至于存抚百姓，相亲相爱使如父兄子弟、腹心手足，入可使守，出可使战。人心既归，则兵之弱者当思所以使之强，财之乏者当思所以使之富，城池虽难猝修，而要害之地亦当思所以为老弱保聚之谋。[3]

这是黄榦给刘烨（1144—1216）的书信，刘烨为朱子的学生，时为侍郎，黄榦劝导他要以"爱君忧国"为出发点，不顾自身利害，关心爱护百姓，使相亲相爱如父兄子弟，才能好好让他们在关键时刻出力，而修城保护老弱也为首要任务。

二 "壮国势而消外侮"：立大本、明大义、克己私、收人才

黄榦一直对国家形势有所思考，即使在奉祠还乡后，黄榦也依旧

---

① 《与李侍郎梦书》，《勉斋先生黄文肃公文集》卷8。
② 《与刘晦伯侍郎书》，《勉斋先生黄文肃公文集》卷5。
③ 同上。

保留这一习惯。黄榦给统领江淮一带将士的制帅李珏提了很多建议。李珏，字梦闻，时任兵部侍郎，后任江淮制置使，总理江淮军务，向来很敬重黄榦的才能，黄榦由新淦到安庆府，就是因为李珏推荐的原因。后来黄榦被召到江淮幕府，也是因为李珏担任幕府制帅的原因，出于对这份赏识的感激，黄榦对李珏提出许多中肯意见。如他给李珏提出了"壮国势而消外侮"的四点主张，并且建议将幕府中人，聚之于书院，与之讲论，以统一其爱国忠君之心。

黄榦初到安庆时，给李珏连上三书，一言国势边事之要，二言江淮守御之方，三言今日必战之计，且屡以经营城筑，免运夫为言，李珏多从之。

黄榦对当时积弱、腐败的国家，充满忧虑："蒙古有崛兴炎炎之势，金人有遁逃冲决之虞，群盗有分裂割据之忧，边民有乘时幸乱之意，一动则百变交起，其将何以应之？"又说"今国势之弱，甚矣，兵不素练，财不素蓄，人才不素养，举世之人，皆欲行其私，以肥其身，此何气象而欲御此大变耶！……惟在我筹度利害，使其足以壮国势而消外侮……"① 而怎样壮国势消外侮呢？黄榦又提出几点建议：立大本、明大义、克己私、收人才。他说：

> 其关于大体者有四：其一曰大本不可以不立，其二曰大义不可以不明，其三曰己私不可以不克，其四曰人才不可以不收。②

关于"立大本"，他批评当时丞相的左右亲信专权，朝廷无真正为国之人才可用，建议用有识见、有智谋、能议论、识深浅之人以开丞相之惑，而"仁"，就是大本的根本所在，能得"有识见、有智谋、能议论、识深浅之人"是关键。黄榦曰：

---

① 《与金陵制使李梦闻书》，《勉斋先生黄文肃公文集》卷8。
② 《与金陵制使李梦闻书》，《勉斋先生黄文肃公文集》卷9。

今日之急莫大于此，须得一二有识见、有智谋、能议论、识深浅之人数数遣赴庙堂禀议，使之委曲晓譬，以开其惑。此亦数以手书密布忠悃，苟一言悟意，则大本立而天下定矣。①

以史为鉴，劝导李珏要明大义，认为利害之言不足以感天下豪杰忠义之心，只有向天下申以君父大义，才能明大义，而"君父大义"是指儒家一向提倡的忠义观，"臣子之于君父当如手足之捍头目，子弟之卫父兄，主忧则臣辱，主辱则臣死，此天之经，地之义，人之大伦不可易之理也"。黄榦认为这是"天经地义"之理，他建议这天经地义之理日夜重复教化，使人明大义，而有忠义之心，进而为国效力。他曰：

何谓大义不可以不明？……天地以来，所谓君父之辱，孰甚于此？今既为外敌所逐，乃欲窥伺我淮甸，又欲驱掳我百姓，以广其人民，侵攘我两淮，以广其土地。至于言辞指斥，无所顾忌，此岂臣子所忍闻哉？诚能日夜以此宣于上、告于下，使此意洞达，则虽三尺童子亦莫不争欲操戈，以报不共戴天之仇矣！大本不立，则在内者无以服人之心，大义不明，则在我者亦无以感人之心。幽阴迫窄，虽吾国之人亦且不服，又何以使外夷之我畏哉？②

对于"克己私"，完全是以理学的"修身齐家治国"的模式，从正心诚意做起，讲正心修身的工夫，"荣辱得失皆不可以动吾之心，苟有一毫涉乎己之私，则必通克而去之"，黄榦曰：

---

① 《与金陵制使李梦闻书》，《勉斋先生黄文肃公文集》卷8。
② 同上。

何谓"己私之不可以不克"？天下之事，非可以声言笑貌为也。惟其意之诚而后无感不通矣，今尚书之身非尚书之身，宗社之身，天下生灵之身也。夫既非吾之身，则凡吾身内之事，皆不可一毫芥蒂乎？其心官则法从矣，官室则可居矣，田园则可食矣，子弟则皆仕矣，吾复何忧哉？所忧者宗社生灵耳，荣辱得失皆不可以动吾之心，苟有一毫涉乎己之私，则必通克而去之，至于寝食居处，常有与士卒同甘苦之意，进退黜陟，必求合乎理而毋徇乎吾之私情。诚能如此，则吾之气已伸于万物之上，至大至刚而不可屈挠，其明白洞达，不惟吾之官属服之，而朝廷之上亦服之，不惟江淮之军民服之，而敌国之人亦服之矣。①

对于收人才，黄榦认为"人才多，则议论多，议论多则为益多矣"。黄榦曰：

何谓人才之不可以不收？古人所谓观近臣以其所主韩公，亦以为观其宾客可以信其主人，天下之人观尚书亦欲于其宾客观之，今皆未见其卓然可称于世者，不过循循谨嘿而已。至于一二经从于此，亦自谓"两路而仅得一人"，自谓"以下僚而亦与宾幕者"，又皆诡谀而无情，实狡狯而用小数耳，此何足以服人哉？古之用人，固非一端。鸡鸣狗盗，莫不宾礼。然则一二巨人致之左右，则此辈亦皆足以备使令，今大率不甚相远，则岂不见轻于世哉？纵曰"辟客皆出于朝廷"，则择世之卓然为人之所推者，卑辞厚礼招置东阁，虽千百人皆不厌也。人才多，则议论多，议论多则为益多矣。②

---

① 《与金陵制使李梦闻书》，《勉斋先生黄文肃公文集》卷8。
② 同上。

黄榦批评李珏身边幕僚谨小慎微，平庸无奇，阿谀谄媚，他建议李珏别择人才，卑辞厚礼，广招人才，"克己私于内，收人才于外"，希望李珏能像伊周、诸葛亮一样收复国土。

黄榦认为将帅除了要做到"立大本、明大义、克己私、收人才"外，还要做好充分的防御准备，认为乞和献岁币不是可行办法。黄榦一直反对议和，反对岁币，从主战争到主守备，是因为黄榦真正眼见了战争的破坏后及估计敌我的形势后做出的决定，反映了黄榦政治观的成熟。分析天下形势，认为："今既如此，则只有守有战而已。守非易事，惟战乃胜乎守？然自诸贤偷安日久，军政不修，百事废弛，将何以战？"①

在具体落实上，黄榦认为将士一定要时刻做好充足的边防准备，时时要有忧患意识。他痛言现实中将领没有忧惧之心、忧患意识。黄榦讨论淝水之战成败之由，是由于谢玄做足了准备，军队行阵整肃，使苻坚心生恐惧，才大败苻坚。认为将帅及僚属不应赏牡丹，用妓乐，应把时间用在训练军队上，以备不时之需。与"持禄保位，自不肯言"②的士大夫相比，黄榦性格刚直，敢言敢语。

面对外敌入侵，内部苟安，"未知有一字施行起人意者"的现状，黄榦"日夜忧恻，无所控诉"，愤懑不平，却也无可奈何，他听说淮西帅有"先发制人"的计划后，十分高兴。③ 到 70 岁时，黄榦对战守的态度更加明确，他说："言战固未可轻言，和尤为大谬。"他在为官的最后几年，也总是建议加强城墙守备。

三 入幕吴猎府，不惮战事，奔走在穷山绝谷之间

宋宁宗开禧二年（1206），边境不宁，时吴猎（字德夫，1130—

---

① 《与李侍郎梦闻书》，《勉斋先生黄文肃公文集》卷8。
② 《与或人》，《勉斋先生黄文肃公文集》卷4。
③ 《复丰宅之淮西帅》，《勉斋先生黄文肃公文集》卷5。

1213）出为江陵（今湖北）帅，当时正式的官名是置制使①，时人也称置使，或称帅，管理边境军事。"猎初从张栻学，乾道初，朱熹会栻于潭，猎又亲炙，湖湘之学一出于正，猎实表率之。"② 因吴猎与朱子的渊源，吴猎上任后亲自去石门访黄榦以兵事。黄榦曰："闻议者谓欲为大举深入之谋，果尔，必败，为社稷忧。此何时，可图进取哉？"③ 黄榦也因此被吴猎请入幕府。是年三月，在吴猎的引荐下，黄榦被任命为荆湖北路安抚司激赏酒库兼准备差遣。五月，黄榦到任。

黄榦入幕后，积极谋划守御之策，虽然到任时间短，但因黄榦"事有未当，必输忠款力争"的个性，使"同幕诸公不相容者多矣"④。黄榦到任 50 天后，以招兵买马之劳，吴猎要奖赏他，他辞赏不受，并深以为羞，认为自己没有真正行其志，不愿领赏。七月，黄榦到任不到两个月的时间，又被任命措置极边关隘总领、宣抚二司，委同另一官员提点八关。这些关隘地处极边，战争不断，人惮其行。黄榦得到任命后，毅然接受任命，经过光、黄、信阳、德安四郡。他记叙当时的情景：

> 自去岁七月，奔走穷山绝徼，往返数百里，孱弱之躯，因此得疾，以孑然之身，抱病数千里之外，当是之时，不以兵死，亦以病死。

金兵攻破了枣阳、随州、德安等郡后，黄榦才被召回。奔走在穷山绝谷之间，往返三四千里，因躲避金兵，只能逃到山谷间躲藏，山谷间

---

① 制置使：唐大中五年设置，经划边防军务，控制地方秩序。宋初不常置。南渡后，因与金作战，设置渐多，多以安抚大使兼任。其秩高者称为"制置大使"。制置使往往辖治数路军务，类似明清的总督。

② 《吴猎传》，《宋史》卷397，第12088页。

③ 《勉斋先生黄文肃公年谱》宁宗开禧二年丙寅（1206）条。

④ 同上。

缺少食物，条件又差，因此落下了疾病，呕血数斗，几至危及生命。回来后卧病在床几个月。吴猎这时因调官宣抚①，黄榦随司解罢，还家就医养病。求祠禄，不许。新任湖北帅宇文绍节代吴猎为帅。再请黄榦入幕湖北帅属，黄榦力辞不为，连上四札求奉祠还乡，又任命他为干官差遣，又辞。

黄榦第一次幕府生涯在任时间短，相关的资料记载也很少。第二次黄榦入幕李珏为首的江淮幕府，是因为李珏的推荐，他同时担任着安庆知府的官职，他的许多边陲大计都是通过书信的形式传达给李珏的，因此才得以保存，他自己在担任地方官期间，也努力贯彻他的边陲大计。

四　知安庆府，修城筑墙，安民实郡

嘉定十年（1217），黄榦知安庆府，当时安庆周边多警，金人破了安庆附近光山，百姓惊慌震恐。黄榦到安庆前，知安庆有警，为防兵马冲突，他单骑赴任。赴任后考察了安庆的形势后，就着手安庆的防御工作。他上奏便民五事，大致为安淮民、实边郡等。②

黄榦到任安庆后发现无城池，就奏请修城墙，以备战守，连上六书未得回报后，因有汉阳的经验，来不及等待，黄榦自作主张修城壁，士民为保安宁，也争献竹木。他亲自督办修城，委官吏、寓公、士人分料主之。役民兵五千人，每人九十日，根据人户产钱起丁夫，通役二万夫，役者轮番从役，每人十日而罢。在暑月，服役者每人轮流月休六日，日午休一时。黄榦更身先力行，一马当先。他每日五鼓坐堂，详细安排工程分工，分工到人，然后"治府事、理民讼、接宾客、阅士卒、会僚佐，讲究边防利病"，接着黄榦"巡城视役"，晚

---

① 宣抚：朝廷派遣大臣赴某一地区传达皇帝命令并安抚军民、处置事宜，称为"宣抚"。

② 《安庆府拟奏便民五事》，《勉斋先生黄文肃公文集》卷23，元刻本只讲了上述两事，余皆佚。

上则"入书院讲论经史，或举酒属客"。除了筑城墙外，他到任后还对安庆郡进行整顿。"造器械，排保伍，日夜与诸讲裕民之政"。① "有敢害民者必痛治之"。② 黄榦对这样的生活习以为常，虽年事已高且昼夜劳累，但精神愈加清爽。在安庆筑城中，黄榦"尽排纷议，断以己见"，"不谋之兵戎胥吏而独谋之邦人士友，不委之官吏僚佐而独委之学校诸生。役不知而成，事不扰而集"。③

筑城完工后，有老妇百岁，带着儿子孙子，到府致谢。黄榦以礼待之，"命具酒炙，且劳以金帛"。老妇说："老妇之来，为一郡生灵谢耳，太守之赐，非所冀也。"不受而去。二年后，金人破黄州沙窝诸关，"淮东、西皆震，独安庆安堵如故"。继而连着几个月下雨，暴雨大水浸城，安庆城安然无恙。百姓十分感谢黄榦，说："不残于寇，不溺于水，生汝者，黄父也。"④

黄榦知安丰军时，边境很不稳定，曾向朝廷请求修筑城墙，没有得到允许；知汉阳军时，正值浮光遭受贼人骚扰，刚上任就请求修筑城墙，连上多道申状请求以筑城为急，后值汉阳遇旱荒，修城事罢。知安庆府时，黄榦也请求筑城，并且借助民间力量的资助，先行修筑。黄榦热衷于修筑城墙，是因为当时边境屡遭侵略，民不聊生，筑城确是第一要务。

清代《钦定四库全书总目》曰："榦在安庆府筑城，部署有方，民不劳而事集，及金兵大至，淮东西震，恐独安庆安堵如故，又在制置李珏幕中，力以军政不修，边备废弛为言，珏不能用，厥后光黄继失，卒如其言，尤非朱学末流空谈心性者可比。亦足见洛闽设教之初，尚具有实际，不徒以峨冠博带刻画圣贤矣。"⑤

---

① 《勉斋先生黄文肃公年谱》宁宗嘉定十年（1217）。
② 《复陈师复寺丞》，《勉斋先生黄文肃公文集》卷13。
③ 《勉斋先生黄文肃公年谱》宁宗嘉定十年（1217）。
④ 《宋史》卷373《黄榦传》。
⑤ 《钦定四库全书》，《勉斋集序》。

黄榦相继在临川、新淦、汉阳、安庆为官，因政绩显著，深得百姓爱戴，而有志之士也愿意依附，当他名声越来越大时，也受到了同僚的排挤。

所以，当黄榦被召赴行在所奏事，任大理丞，就为御史李楠所劾，而黄榦也辞之不就，后改知和州，以病辞，改知潮州，黄榦又辞，后主管亳州明道宫，一个月后又辞，辞官后被任命为承议郎。

第四节　黄榦身为地方官的为政理念与治民实践

道学家们重视形而上的思想探讨，强调个人修养与德性，以道自任。但只有当道学与政治结合，道学家成为官员后，其道学思想才多少能落实到实践中，其提倡的"为天地立心，为生民立命"，"平治天下，舍我其谁"的社会责任感才真正得以实现。

黄榦43岁始由朱子推荐为官，很快因庆元党禁事件归乡。黄榦正式任职时间为52岁，时朝廷放松了对"伪学"的禁止，黄榦到石门酒库担任一个小小的库务官，官职虽卑，但也充分体现了黄榦出色的管理才能和务实精神。为了养家糊口，他不惮劳苦，又兼职管理另外两个酒库，到55岁期间，他一直身为酒库的库务官。55岁时，入幕荆湖幕府任职，又因过于奔走操劳而患病，56岁时被任命临川县令，实际到任是来年一月，从57岁到60岁约三年，黄榦一直在临川任县令。61岁，知新淦县5个月，63岁，知汉阳军1年整，66岁，知安庆府未及1年，67岁时奉祠返乡。

黄榦是朱子最忠诚的弟子，同时又是务实的地方官。道学家和地方官的双重身份，使黄榦的为政理念多少得以落实，黄榦的为政理念的核心是"为民"，而在实际上黄榦为官期间，一直"笃意于民"，不畏强权。

一 道学思想的政治化表现

（一）智、仁、忠、义论

黄榦曾历任临川、新淦、安丰、汉阳和安庆的地方官，他自己出自闾巷民间，生活清苦，因此十分体恤百姓疾苦。他总是希望百姓能受惠。他认为身为地方官员，要具备智、仁、忠、义的品质，他说：

> 居于其职，而不知事之曲直者，不智也；知其事之曲直，而不为之处当者，不仁也；受人特达之知，而无以报之者，不忠也；报之不以其道，而陷人于有过者，不义也。①

他认为地方官在处理民事案件时要查清"事之曲直"，然后要"为之处当"，如果受人推荐，却不以忠于职守回报，就是不忠；如果处置问题不得当，"不以其道"，反而会陷对方于有过，那就是不义。他自己初到临川为官，就十分负责任，认为知道了就一定要管，他说：

> 乃以一命之微而膺百里之寄，百里之内，利害休戚，皆不容于不关其心也。虽事之不至于其前，犹当日夜求访而思有以处之，况明知其不可，乃坐视而莫之救。②

为了做到这一点，他不畏强权，不怕得罪曾经推荐他的人，也要为弱势的小民讲话。一般的荐举，都是要本人请托的，"或以佞，或以贿，或以请托，或以亲故"等，黄榦并没有请托部使者，但仍得到荐举，对这份知遇之恩，黄榦认为自己要用"忠"和"义"去回报他，而不是像妇人一样一切"伺人之颜色，顺人之风旨"，"将顺其美"，听

---

① 《上江西运使书》，《勉斋先生黄文肃公文集》卷5。
② 同上。

部使者的吩咐去办案①，如果这样的话，黄榦认为是对荐举者的"不忠不义"。

> 王氏饶珉之讼……夫承使者之命，而追十数家之人于县，令非有所扰也。然为县令则不容不为百姓虑，受人之知则不容不为知己者虑也。苟为不然，则不仁不智不忠不义，是小人也，大君子之门岂容有此无状之小人哉？此榦之所以不避斧钺之诛，而敢有所言也。②

在"王氏饶珉之讼"这桩民事纠纷案中，黄榦为百姓请命，从百姓的立场考虑，希望免于追索这十数家之人到县，免使其家产破荡，希望部使者也能体谅。

他在给李道传的私信中曰：

> 岂弟慈祥之政，抚摩凋敝之郡，使幽陷无聊之民，各得其所。世之鄙薄儒生者，闭口不敢吐气，吾道之大幸也。排去贪守，明辨是非，皆非敢望于今之人。昨在湖北，见为监司自号刚直者，坐视列郡之无状，嗫不敢发一语，然后知吾人若非见理明、利害轻者，终是低回顾望，不快人意，求百姓之受惠难矣。③

黄榦对好友李道传在州郡所作所为十分赞赏，他激励李道传也要"见理明、利害轻"，排除利害干扰，不要像监司那样"坐视列郡之无状，嗫不敢发一语"，要使百姓真正受惠。

---

① 黄榦在临川任内，处理一个关于"王氏饶珉之讼"的案子，案子详情无载，但大概的处理结果是部使者命令黄榦追索十余家被告教唆犯罪的人家到他郡，黄榦认为这件案子实情尚未明白，这样处理会使这十余家家业破荡，因此上书申诉。
② 《上江西运使书》，《勉斋先生黄文肃公文集》卷5。
③ 《复李贯之兵部》，《勉斋先生黄文肃公文集》卷14。

（二）廉吏论

黄榦虽然出身于官宦之家，其父黄瑀官至监察御史，因为其父为官十分正直清廉，故家中仍是十分清贫，其兄黄东为官也是如此，至黄榦为官，也是十分清廉。黄榦自言从小受到的影响：

> 始予为儿童，从先生长者游，相告语必以气节，乡人有贪者，皆鄙贱而不与之齿，士大夫官至监司、郡守，子孙至无以为食，人犹敬之。曰：此贤者后也。①

他在给建安考亭邻人吴志仁作的墓志铭里盛赞其"清廉"，他说：

> 居官常俸不足自给，君洗手奉法一毫不妄取。古田之人称其清廉世所绝无，以俗语目之为生罗汉，邑人思之至今。丞满，不能归，邑长以富民之讼产者嘱君且曰：行计可办矣。君笑曰："此言何为至我哉？遂徒步以归"。②

身为地方官的吴志仁一直洁身自好，清廉自守，又因官俸很薄，任满后甚至没有回乡旅费，也不愿接受贿赂，竟徒步回乡。后来吴居仁殁于任上，也是没有余财，同僚共同集资，才得以归丧。这一行为得到了黄榦的极力认可，当时社会上羡慕那些以官致富的官员，黄榦特意又曰：

> 然尝思之，廉而贫，贤也；贪而富，盗也。贫而子孙能自立，则又贤也；富而子孙骄且呆，习见其父祖之所为而效之，其为盗可胜既耶！孰贵孰贱必有能辨之者！予因吴君之事并书之以

---

① 《吴节推墓志铭》，《勉斋先生黄文肃公文集》卷35。
② 同上。

为世戒，且以勉其子孙！①

他详述吴志仁的廉吏事迹，鼓励大家学习他，勉励其子孙。黄榦自己也一直十分清贫，身为地方官，他的俸禄要养活全家，他给友人的信中说：

> 世间以仕为乐者，以其富贵也。然求富贵者，非盗则佞，仆诚不能，其贫且贱如故。②

黄榦上面的话是讲述他告老还乡的原因，当官不能行其志，又不养其家，故要归乡"行其志"。

在给同门友人杨通老的信中，黄榦曰：

> 每遇相识，必孜孜访问，州县之间去一赃贪之吏，则一州一县受其赐，一州一县得一廉勤公敏之人，则一州一县皆可委以裁决。③

引文说明黄榦访求地方官人才也非常注重其廉或贪，认为一个廉吏可造福一方百姓。

（三）"礼治"论

黄榦曾参与编写朱子的《仪礼经传通解》一书，认为礼是"强世之具"，可以教化人民。他一直十分推崇不用浮屠而是用儒家丧礼治丧的做法。黄榦的朋友林公度的母亲去世，治丧时林家准备用儒家丧礼，不用佛教仪式，这在家家崇佛的福建是十分特异的，这种行为林家担心为乡人耻笑。黄榦劝曰：

---

① 《吴节推墓志铭》，《勉斋先生黄文肃公文集》卷35。
② 《答林公度》，《勉斋先生黄文肃公文集》卷12。
③ 《复江西漕杨通老》，《勉斋先生黄文肃公文集》卷4。

不用浮屠，自世俗视之则为难，自吾人观之，此至易事，治丧乃吾家自事，外人议论何足恤？须是见得以薄道事其亲，乃所以为不孝，以先王之礼事其亲，孝莫大焉！便自然胸中无疑。①

黄榦认为以佛事其亲，是以"薄道事其亲，乃所以为不孝"，而以儒家丧礼之仪事其亲是以"先王之礼事其亲，孝莫大焉"。黄榦鼓励友人和门人从事古礼。冠礼是一种为二十岁的成年男子举行的加冠之礼，以示其成人。这种礼仪在宋代早已经很少实行，黄榦友人林公度的门人欲为其子举行冠礼，黄榦十分认同，曰：

承垂谕以令从子加冠，冠礼之废久矣，欲举而行之，甚善！②

林公度与黄榦商讨举行冠礼的仪式，黄榦更是劝说不要惧难就简，鼓励其施行，曰：

榦愚不敏何足以知此，但顷从朱先生游，见其家所行冠礼，全依司马公所定，而公之书即仪礼之节略也，亦尝获预于宾赞之末矣，初习其仪，虽若繁缛，然行之顷刻可毕。且冠礼在六礼中最为易行，盖人家阃门父子所自行，不与他人相干涉，而质明行事，不数刻而礼成，亦初无艰难辛苦之事，但得一庄重好礼者为宾，则登降揖逊自然中节，不可先惮其难，乐为简便也，榦尝谓古人处事，全是烦碎中方有深意。③

接着黄榦讲述冠礼的教化之意，及自己从朱子行冠礼的经验，又叮咛其不可求简便，曰：

---

① 《答林季享书》，《勉斋先生黄文肃公文集》卷14。
② 《答林公度》，《勉斋先生黄文肃公文集》卷12。
③ 同上。

　　榦顷尝为童子加冠，至于礼仪式，繁缛之际，俨然正色，而临之自觉此心恻然，有感于父兄所以教爱子弟之意，彼童子质朴畏谨，见其父兄、宾客待我者如此，亦岂不惕然动其心乎？正不可先求简便，以启其骄慢。①

黄榦又不厌其烦地讲冠礼的服制及具体操作，曰：

　　但衣服之制，自司马公处之已不能尽如古，则今人当用今人之所常服，至于三加之礼，乃古人丁宁恳到之意，则不可略也。妄意谓未冠，两紒著背子，始加小冠（今市中所卖黑漆或竹皮为之者）、道服，再加道巾、笼衫，三加帽子、衫带（若有力，可制襕帽，再始加头巾、笼衫，再加帽子衫带，三加襕襆、公裳，亦可用），堂室之制不能如古，则但于一听事之上行之。陈服奥，冠者位只于厅之东北隅，用屏风或帷幕障截门外向，或人家听偏间之后自有空房与厅相连，自可一依古制，此则古今异宜，不容不斟酌而行之者。其他如筮日、筮宾，乃古人不敢自专之意，若能行之固善，今人父兄多拘忌吉凶，例用岁旦或春日，而宾尤不择。苟有人焉，亦不暇筮其可否，则亦当前期三日告庙，以"孝子某，某日为子某加冠，敬以某人为宾，敢告"，然后驰书戒宾。或道远不能亲访，及有宿宾，则书中便言"某之子某，将以某日加冠于其首，愿吾子之教也。"宾以期至，庶省往复也。执事者须是子弟中严重者为之，恐亦难得如此三人执冠立于西阶下者，若可以备数尤善，无则一人捧箱，盛三冠，亦可也。观此两三节稍从简易，便觉失古人严肃详密之意。况于其他，岂可略乎？试断然行之，然后知其非难也。②

---

① 《答林公度》，《勉斋先生黄文肃公文集》卷12。
② 同上。

黄榦详细地讲解了举行冠礼时的注意事项，讲到服制的规定及冠者和宾的位置，宾要做的事情，不仅选宾要"庄重好礼者"，执冠的执事者也要挑选子弟中庄重严肃的人。黄榦一再强调，虽然冠礼准备起来烦琐复杂，但真正操作起来却快速简单，所以黄榦强调一定不要从简从省，只有一步一步来，才能突出其间庄重严肃的氛围，让受冠者感受父兄、宾客的庄重，感受成人仪式的严肃。

（四）人才观

身为理学家，黄榦认为作为一个士大夫首先应该培养自己足够的才能，他引用孔子的话曰："不患无位，患所以立。"认为"士亦思所以自立耳，而何无位之足患哉？"[①] 有了足够的才能后才可以做事情，而这时就要不惧人言，坚守自己的原则，"礼义不愆，何恤于人言？直道而行，成败利钝一切付之度外？又何彼之足畏哉？"[②] 身为士大夫，只要遵守礼义，直道而行，其他一切就不必畏惧。这里黄榦认为的"礼义"是指遵守臣子应尽的职分，忠君体国。同时，他认为人要遵行"道"，而"道非他，行乎天理之当然，不杂以人欲之私而已"[③]，士大夫尤其要遵守，这是黄榦反复讨论过的看法。他自己更是严守义利之辨，认为只要是义所当为，就勇往直前，而所谓的黄榦认为的"义利"之辨就是有无"人欲"之私之辨。而这个是需要不断学习才能辨别的，他在讲学中就专门让学生通过讨论明确"义利"之分。[④] 他屡次痛斥那些只有"利欲之私"的士大夫。

黄榦对在位者提出了要有"任道之责"的期望，他说：

> 人以一身任斯道之责，其要有三：吾心之灵，万善毕备，察识存养，以立其本；诗书载籍，嘉言具列，玩索涵泳，以博其

---

① 《复李仲诗淮西帅》，《勉斋先生黄文肃公文集》卷5。
② 同上。
③ 《与□□□》，《勉斋先生黄文肃公文集》卷6。
④ 黄榦在法云寺讲学期间曾让门生月聚或季聚，期间就要讨论"义利之分"。

知；贤人君子，怀才抱德，量其小大，皆有可取，搜罗振拔，以
广其辅，循是三者而固守之，道之不明，非所患也。然处世有穷
通，致力有难易，岩穴幽隐之士，刻意力行，以有志斯道，亦足
以独善其身。惟夫君相之尊，公侯之贵，天下之所观瞻，人心之
所趋向，诚能笃意于斯道，则措天下于泰山之安，壮国势于九鼎
之重，直反掌耳。是则榦之所以有望于阁下也。①

黄榦像朱子一样，认为"正君心"是非常重要的，黄榦有机会接触
到权要②，先对他宣扬了道学家的理念即"斯道之责"有三，要想
"万善具备"，首要"吾心之灵"；想要"吾心之灵"，就先要"正
心"；要立其本，就要"察识存养"即要修身。另外，要修身，就要
通过格物，即要多读书，使知识广博。还有就是要善于用贤人，善于
量才用人。如果隐士能有志斯道，也可以独善其身。如果在位者能注
意到这三点，则天下就很容易治理了，他希望对方可以"笃意于斯
道"。

李钰③请黄榦推荐郑书，黄榦说：

郑书，先君之交游，其令孙从宦于此，岂敢忘之？但同官亦
多贤人，又只得视人物之高下，以为先后荐举之，荐举之弊，至
此极矣，亦不敢全不顾公议，下半年尚余一章，更容相度也。④

---

① 《与□□□》，《勉斋先生黄文肃公文集》卷6。
② 原文题缺，故不知该书信是给谁，但据文中意"君相之尊，公侯之贵"应是给一位兵权在握的将帅，可能是李珏。
③ 李珏，字梦闻，时任兵部侍郎，后任江淮制置使，总理江淮军务，向来都敬重黄榦的才能，黄榦由新淦县到安庆府，得到破格提拔，也是因李珏推荐的原因。后来黄榦被召到江淮幕府，也是因为李珏担任幕府制帅的原因。出于对这份赏识的感激，黄榦对李珏"念不可以常礼事之，贻书规切"。见上文介绍。
④ 《与李侍郎梦闻书》，《勉斋先生黄文肃公文集》卷8。

郑书也是黄榦父亲的故旧，但黄榦仍然坚持"视人物之高下"举荐。

在实际用人时黄榦又是十分灵活的，幕府任职时，他主张"用两淮之人，食两淮之粟，守两淮之地。然其策划当先明保伍，保伍既明，则为立堡寨"，让两淮基层人民用自己的力量对抗敌人，将居民组织起来后，立堡塞，蓄马、制军器，才能为其所用。他在知汉阳军时曾奏议便民五事，一结保伍，二为广储蓄，三修军政，四领卒监，五复马监。① 当政者李珏却不采其议。同僚甚至毁谤黄榦，使黄榦不得尽展其志。

黄榦在知汉阳军时，对汉阳郡兵士，采取"第其强弱，倍支廪霜以活其家，校其武艺之工拙，数支赏给"的用人办法，"而士卒始有固志，自是尝有应幕而来者矣"。② 他给时任尚书写信曰：

> 　　适闻二十七日三统制之败，极为寒心，大军自是不足用，但可张声势耳。今乃深入以取败衄，是何轻率如此？闻有制榦者，实主其事，想是后生不晓事，欲以是取功名耳。尚书今作如何主张？以榦之愚，莫若养威持重，牛酒日至，以作士气，分据险要，以防冲突，以吾之逸，待彼之劳，彼虽得一胜，然所损亦多，切不可又复轻举也。暑气渐热，彼未敢深入，但秋高马肥，诚为可虑。此两三月之间，早作措置，增兵聚粮，广纳计策，收用老成，相与图事，不可轻信后生之言以败吾事……方今边事不宁，莫若于两路各添一宪择老成有胆气才略者为之，使之措置守御，亦尚书之一助也……今计司事冗，州郡刑狱屡申不报，良以为苦，此一策，尚书不可不力言之。如曹简夫之类，皆可使居是任也。幕府更须求人日夜计度，专人布此，率略皇惧。③

---

① 《汉阳军条奏便民五事》，《勉斋先生黄文肃公文集》卷22。
② 《与李侍郎梦闻书》，《勉斋先生黄文肃公文集》卷8。
③ 《与金陵侍制李梦闻书》，《勉斋先生黄文肃公文集》卷8。

上为黄榦推荐者人才，建言荐人，希望尚书慎重待之，勿信后生，用老成持重之人才如曹简夫。黄榦又曾向李珏推荐李敬子、李贯之、陈师复等①热衷于道学学习的道学家，希望给予重用，希望尚书一定要接纳众议，重视人才，多多讨论。

（五）科举观

黄榦对科举的态度深受朱子的影响，他自己在23岁时也曾参加过科举，落榜后就师从朱子，后"厌科举之业"，"深观默养殆几十年"。他不像与他同时的叶适（1152—1223）等那么推崇科举，在叶适为人所写的墓志铭里，随处可见他对某人志在科举，"很能学习"的推崇与表扬，叶适从来不会表扬哪一个"放弃举业"的人，而在黄榦为人写的墓志铭里，他多次表彰的是那些"厌科举"的人。

在科举之外，不管是已经中举为官的士大夫，还是乡间隐士，还是正在进行举业学习的人，黄榦认为除了学习科举知识外，都有学习朱子学的必要，他鼓励他们学习朱子学，也一样成为地方社会的有用之人。他认为朱子学是相对于科举之外的另一种学习，这种学习可以说是真正的学习，是"圣贤"之学，"为己"之学；另外作为已经得到为官资格的士大夫学习朱子学，可以用来规范他们生活，使之更加笃意为民；作为乡间社会的士人，朱子学可以说是人生的精神食粮，不但可以独善其身，还可以感化乡间习俗。② 他认为科举以文词取士使人务虚而不务实，他为林子至的儿子取字曰用之，他说：

> 古者礼义之教素明，士之所自养者莫非有用之实。后世以文词取士，则皆空言而无实用矣，是君子少而小人多，治日少而乱

---

① 《勉斋先生黄文肃公文集》，《附集》，《国史黄榦传》，黄榦曰：人心天意只是一事，今诸贤皆引去，则失人心多矣，如李敬子、刘平国、李贯之、陈师复。岂可不力言之朝，乞加擢用，以安人心？

② 参见市来津由彦《朱熹门人从其师那里得到了什么——黄榦所"表象"的学习》，第187—200页。该文收入吴震主编的《宋代新儒学的精神世界——以朱子学为中心》，华东师范大学出版社2009年版。

日多，职此之由也。①

黄榦不反对学生和朋友学习科举之学，他有一个好朋友郑成叔就是既学习举业，亦学习朱子学，郑成叔困于科举之学，多次参加考试，均未考取，黄榦劝他曰：

> 应举工夫不可不勉，得失穷通则勿以累其胸次为佳，不然，则与庸人何异哉？②

黄榦希望郑成叔不废道学学习。实际上，黄榦不推崇科举，但也不反对科举，他对科举采取中立的态度。

二　地方官生涯的事功表现

（一）石门酒库：忠于职守的库务生涯

黄榦一生的政治生涯中，主要是在地方上任职。在庆元元年（1195）四月，黄榦四十四岁时，受朱子推荐，被任命为迪功郎，监台州户部赡军酒库。但随之因党禁事件，黄榦与朱熹一同辞官回建安。

到宁宗嘉泰二年（1202），党禁松弛，为了安抚和拉拢道学士人，朝廷开始提拔道学士人。八月，黄榦得监嘉兴府崇德县石门酒库，宁宗嘉泰三年（1203）冬，黄榦始赴石门酒库，十二月才到任。

酒库是当时专门负责官私酿酒的官方部门，其长官由国家指派。石门酒库一向被视为无足轻重，管理酒库的官员向来也畏懦苟且，得过且过。小小的石门酒库却形同虚设。黄榦初次为官，接手这个石门酒库，他有诗一首描述他初到石门酒库的印象：

---

① 《林子至子字序》，《勉斋先生黄文肃公文集》卷19。
② 《与郑成叔书》，《勉斋先生黄文肃公文集》卷7。

吴越天下富，京几游侠乡。陇亩尽膏腴，第宅皆侯王。世言
苏湖熟，霈丐及四方。自我来石门，触目何凄凉，清晨开务门，
有酒谁得尝，累累携妻子，汲汲求糟糠，父老称近年，十载尝九
荒，聚落成丘墟，少壮争逃亡。①

黄榦首次到浙为官，来到本以为"天下富"的吴越石门，首先发现这
里与想象中的吴越有惊人的差异，他发现四方之民没有"饥穷困苦如
浙西之民者焉"。在酒库里的糟和糠，这些往常鸡狗都不吃的东西，
晨间一开库门，"老稚累累，买糟和糠而食者，肩相摩也"②。人们没
有钱买吃的，只能花最少的钱买这些糟糠来填肚子，但是有的人却连
买糟糠的钱也没有。

黄榦和普通的官僚型士大夫③不同，他关心百姓疾苦，心怀家国，
黄榦本来只是石门酒库的一个小吏，他的职责范围是管理好酒库，但
他仍然十分关心国事：

立国之命在于百姓，百姓之重莫急于京几，今乃虚耗贫困一
至于此是，岂不深可悯者乎！④

他为当地的百姓着急担心，呼吁改善民生。而作为酒库的管理者，他
能改善的只是他管辖的酒库。

当时石门酒库"弊坏为浙西之最，公私宿补，动以万计，几不
可为"，⑤ 腐败情况十分严重，库里弊端百出，库员们做酒时偷工减

---

① 《石门》，《勉斋先生黄文肃公文集》卷1。
② 《石门拟与两浙陈运判》，《勉斋先生黄文肃公文集》卷4。
③ 关于理学型士大夫和官僚型士大夫的区分，可参见余英时《朱熹的历史世界》。
④ 《石门拟与两浙陈运判》，《勉斋先生黄文肃公文集》卷4。
⑤ 《勉斋先生黄文肃公年谱》宁宗嘉泰三年（1203）癸亥条。

料，监工欺上瞒下，做出的酒味淡而质差。酒库有人私占官拍户①，发卖私酒，也有拍户钱福不赴库打酒，却私下造酒等，酒库旧贷未还，又欠新债，如此形成恶性循环。黄榦到任后，就开始大力整顿，亲力亲为，夙兴夜寐，寒暑不避，从规范纪律入手，整顿贪腐，整修房舍，更新酒器，处理恶人，向上司争取合理的支持，使酒库起死回生，转亏为盈。当时，他同时还兼职邻库权新市、乌青两库的酒务，每隔 5 日便要乘夜船来回，这两个破落的酒库自黄榦整顿后井井有条，酒政皆举。

黄榦连兴三库，从容整顿，因为出色的行政能力，有人认为黄榦做这种小官太委屈了，黄榦却认为无事不知，无事不能，才能称得上通才。面对别人的质疑，黄榦却怡然自得，认为"世之仕者务为简佚，俨如神明"，认为官无大小，只要是为老百姓做事，大事小事大官小官都一样有意义。

黄榦担任石门酒库库务官期间，辛弃疾路过石门，去看望黄榦，认为黄榦是大材小用，"是所谓圣贤尝为委吏乘田者也"。当时黄榦的上司两判詹徽写信推荐黄榦说："存不矜之心，为有用之学，屈在筦库，未究所长。"②

初为官吏，他表明为官原则：

> 早岁父兄诲以传家之清白，平生师友勉其刻意于丹铅。③

他进一步叙说自己的居官大节说：

---

① 据（宋）吴自牧《梦粱录》称：宋时酒肆称库，大抵酒肆除官库、子库、脚店外，其余谓之拍户，兼卖诸般下酒食，次随意索唤。据《勉斋先生黄文肃公文集》卷 27《申两浙运司催石门库吏责办年计札子》篇，拍户一般指酒库里负责的赴库打酒、卖酒的人，拍户也可以再雇佣拍户，私人卖酒的铺子称为脚店。

② 《勉斋先生黄文肃公年谱》，宁宗开禧元年乙丑（1205）条。"是所谓圣贤尝为委吏乘田者也"，这句话是引自孟子的话，笔者认为，此句是想讨论黄榦因贫食禄之意。

③ 《谢两浙詹漕荐启》，《勉斋先生黄文肃公文集》卷 21。

榦敢不益励初心，坚持晚节，陈篇誓报，不敢为世俗之佞言，律己居官，惟毋负圣贤之明训。[①]

黄榦担任石门酒库等库的管理工作共两年零两个月。这两年里，黄榦常常十分谦卑地给上司写信，希望得到他们的理解与支持，甚至扶持。

这以后，黄榦先后为荆湖北路安抚司激赏酒库兼准备差遣，知临川县、临江军新淦县，通判安丰军，添差通判建康府，除权发遣汉阳军、安庆府事，兼制置司参议官、大理寺丞。

（二）临川县：理讼与赈灾，平抑米价

黄榦的一封信里讲到朱子的南康之政曰：

渠遣人相呼，昨晚往见之，问及先生所以戒其用宽之实。榦谓不知其故，想是自有见处。帅云：南康之政，凡事皆欲搜索理会，虽前官已结断者，亦多改政。又谓：如前官已断者，合只令经由以次，官司不必理会，一是免得发前人之失，二亦得事简，若一一理会，恐反长奸猾。榦答以事到面前，亦只得为他理会，况前官所断已错，人情或有冤抑，安能不为之动心？帅却云：只令经以次官司亦不到，全无一人理会得，偶渠坐间人吏群立，不欲力与之辩，似此等议论，百姓何赖焉？义理不明，虽有美质，终为邪说所惑也![②]

引文中赵帅认为前官已结断的案子，就不用再改了，一是免得揭发前人过错，二是案子若不这样简单处理，大家人人来找他翻案，反助长奸猾。黄榦认为应该不怕繁难，前官所断已错的话，更应该为之申

---

① 《谢两浙詹漕荐启》，《勉斋先生黄文肃公文集》卷21。
② 《与晦庵先生书》，《勉斋先生黄文肃公文集》卷2。

冤。他批评为政者这种做法不顾百姓遭殃，只图自己省事的庸常做法让百姓无以为赖。认为这是"义理不明"的表现。

黄榦新淦任时，有桃符曰：

> 无讼堂：但觉堂中无愧作，不应门外有纷争。
> 自公堂：食租衣税当知愧，律己齐家更自勤。①

无讼堂和自公堂代表了黄榦的一种理想，他希望通过自己的治理，使得家家乐业，人人安居。而自公堂更是时刻提醒自己为官的原则。

宁宗开禧三年（1207）12月，黄榦出任临川，第二年正月到任。

这是黄榦首次出任负责民事的地方官吏，当时的临川风俗"强劲负气，小有争讼，虽家破亡身皆有所不暇恤。由是事务繁剧，有微事而数年不决者，纷至沓来"②。黄榦临川的门人黄义勇回忆黄榦初至临川处理政事的情形：

> 临川地大民繁。素号难治。……先生初至，每日裁决，观者如堵。先生剖决如流，每决一事，众皆咨嗟叹息而退，盖无不犁，然有当于人心也。五鼓出理事，终日坐听，夜继以烛，漏下二十刻始休。初吏辈疑其始政勉强如此，久而必懈，其后无日不然，吏辈皆昏困，不能奉行文书，然后大服其精力诚不可及也。③

黄榦到临川两月之间，"披阅讼牒几数千纸"，对于那些数年不决的案件，黄榦一旦立办，无人不服。凡是县里有争讼，事无小大，他都会亲自前往考察，使得正邪得辨，善恶得报。他廉洁自律，在临川任职期间，许多故人前往拜访，"每日宾朋满座，谈笑议论，对坐处决，

---

① 《勉斋先生黄文肃公文集》卷37。
② 《勉斋先生黄文肃公年谱》宁宗开禧三年（1207）条。
③ 《勉斋先生黄文肃公年谱》宁宗开禧三年（1207）条。

一以至公行之"①, 而黄榦的朋友们也没有以私事干政。黄榦在临川任职三年, 没有一事徇私害公, 上到台府, 下到百姓, 皆无异言。他深入乡间, 了解乡情, 埋头苦干, 发现临川案件奇多是风俗造成, 因此, 黄榦还致力于教化人民, 改变风俗。他发表《临川劝谕文》, 把其中的道理讲透, 又把儒家教化的理念深入劝谕文中。他说:

> 然其流俗之弊亦以其刚而喜于争, 以其文而工于讼, 风俗不驯, 莫此为甚, 当职不才, 误叨邑寄, 两月之间, 披阅讼牒, 几数千纸, 毫末之争, 动经岁月, 赢粮弃业, 跋涉道途, 城市淹留, 官府伺候, 走卒斥辱, 猾吏诛求, 犴狱拘囚, 棰楚业毒, 何以堪忍? 讼而不胜, 所损固多, 讼而能胜, 亦复何益? 何不思天地之性, 惟人为贵, 均气同体, 谁无善心, 岂可萌此恶念, 自绝天地, 何不思父母生育, 以有此身, 爱护发肤, 以至成立, 岂可轻以小忿毁辱父母, 何不思祖先勤劳, 置立产业, 亦欲百世, 以永其传, 岂可争较毫末破荡家业? 何不思生育子孙, 以求嗣续, 亦当殖福庶可久长, 岂可包藏祸心, 殃及后代, 所争甚微, 所失甚大, 其讼愈工, 其祸愈酷, 故《易》曰: "不永所事, 讼不可长也"。又曰: "以讼受服, 亦不足敬也", 盖古人不可争讼, 讼而虽胜, 亦不足以为贵也。孰若士农工贾, 各务本业, 起居出入, 常存善心, 孝顺父母, 友爱兄弟, 亲戚乡党, 交相和睦, 利则思义, 忿则思难, 既无争竞, 亦无祸殃, 既无逌孙, □□□□, 心平气和, 身安家足, 其□乐哉……当职身膺民社, 断讼曲直, 自当详细推究, 至于虚公畏志, 健讼百姓, 亦不敢不严加惩惩, 然亦深念愚民, 惟兹王纲宪纲, 一朝之忿, 以忘其身, 则讯鞫之下, 诚恐有不明之罪也, 故敢以愚见广敷, 哀矜劝

---

① 《勉斋先生黄文肃公年谱》宁宗嘉定元年(1208)条。

尔百姓，各宜交相告戒，毋贻后悔！①

从劝谕文中可看出黄榦理想的民风也就是儒家理想的小农主义民风，是农业经济为主的产物，这与朱子的理想是相同的。士农工商各务本业，起居出入，常存善心，孝敬双亲，友爱兄弟，亲近亲戚朋友邻居，心平气和，身安家足。这一理想充分体现了儒家仁孝的理想，在这篇文中，也可见到黄榦着力强化道学家的政治理想，也是儒家的政治理想。黄榦十分重视教化民众，他除了写这些劝谕文教化百姓外，还积极推进学校建设，在官办的县学推广传播道学。

当时，临川遇到了旱灾和蝗灾，百姓吃不上饭，临川门人黄义勇记载了黄榦在炎炎烈日下，亲自下各乡和百姓一起捕蝗的事件：

> 先生下四隅诸乡，遇蝗，到处即鸣铃走报，亲帅乡官监督，保甲并力打扑，且埋且焚，无下数十万斛。东驰西骛，盛暑烈日，皆不遑恤，由是蝗不甚为灾。②

因旱灾和蝗虫灾，次年，米价大涨，上级发下赈粜文书，黄榦读过后说："可谓满纸仁人之言也。然实杀人之具，不可用也。"③黄榦没有执行那些照章办事、例行公事的官僚士人大上级的文书命令，而是立法规定：境内之米，在东者不得过西，在南者不得移北，严禁米谷出界之弊，他亲自到牙侩之家检查，使米不能出界，这样控制了境内米价，百姓可以买得起米。黄榦在临川三年，使得临川百姓在旱蝗两灾面前，无乏食之忧，连邻邑百姓也蒙其利。民赖以安。临川门人黄义勇记曰："先生在临川，其利民最博者莫大于此。"④

---

① 《临川功谕文》，《勉斋先生黄文肃公文集》卷37。
② 《勉斋先生黄文肃公年谱》宁宗嘉定三年（1210）条。
③ 同上。
④ 《勉斋先生黄文肃公年谱》宁宗嘉定三年（1210）条。

州郡赋税甚急，纳税人无法承受，流弊甚大。黄榦不仅力言其弊有三：其一不可为，其二不敢为，其三不当为，而且努力改变这种弊端。通过黄榦的努力，由州郡负责的收税改由县负责，民力得以少宽。虽然官小职微，但是黄榦总是尽自己最大努力减轻百姓负担，泽及细民。黄榦弟子叶士龙（字云叟）因此说："盖先生为政，学道爱人出于至诚恻恒，而不肯为俗吏具文而已。"① 黄榦在临川任上共 3 年零 24 日，这期间，黄榦树立了崇高的威信。黄榦用实际行动使众人折服，作为地方官，黄榦扬善罚恶，廉洁自律，以身教民，无愧于推荐他的官员的称赞"禀资公正，律己廉勤。使宰百里，绰有余才"②。百姓从没有见过这样为民着想的知县，对黄榦很是敬重。黄榦每次外出，儿童妇女等没有见过他的人都慕名争相"聚观"。更有甚者，乡间百姓专门写一些赞颂他的诗，然后制作成旗子，黄榦知道这一情况后，专门写了榜文禁止百姓这一做法。③ 去除旧例扰民旧习，为防止外人未知仍依旧例，黄榦屡出榜文，其爱民如子，为民虑之周全之意如此。

由于黄榦政绩优长，他得到了很多上司的推荐表彰。在这些推荐者中，以时任吏部尚书的汪逵的推荐为最。汪逵父子与朱熹和黄榦的父亲都有交情，他相信黄榦的为人，虽然一直没有见过黄榦，却 3 次推荐他。对此，黄榦也深表感激。

（三）新淦县：理讼和纲运

在众多官员的推荐下④，宁宗嘉定二年（1211），黄榦又重新上任，改知新淦县，新淦县当时治理十分混乱，狱讼更是多而乱，财政又赤字。

新淦百姓听闻黄榦知临川时之政的名声，不令而政行。而黄榦也

① 《勉斋先生黄文肃公年谱》宁宗嘉定二年（1209）条。
② 《勉斋先生黄文肃公年谱》宁宗开禧三年（1207）条。
③ 事见《禁诗轴采旗榜文》，《勉斋先生黄文肃公文集》卷37。
④ 事见《勉斋先生黄文肃公年谱》宁宗嘉定四年（1211）条。

尽心毕力，他寻源追踪，认为新淦为邑最大的问题是纲运问题，因此首先处理纲运事件。他认为纲运之所以欠折，是因为船没有提前订好，这样每年造船的时间很长，使收到的米粮大幅度折损。他到任后，提前造船，黄榦白天治理县务，夜晚下仓亲自监督运米，使缺失降至最低，解决了纲运这个大问题。他揭露该县胥吏勾结豪民，将该县职田当作官田变卖，"遂使一千二百余石之职田，一旦尽变而为豪民之田"。① 他给朋友写信时感慨地说：

> 吾辈既未能脱然一意讲学，出而应世，又觉民穷已极，州县间法度无一如人意，何能有补于百姓？真虚度岁月也。②

黄榦对"不能有补于百姓"的官员生涯是很不满意的，所以他总是尽其所能让百姓得到实惠。新淦县的谢知府身为寄居官，仗势夺人田产，占人庙地、坟地，强买砖瓦等，豪横乡间，深为一邑之害，"租税不输，累讼牒至三四百纸"③。前任官员都奈何他不得，在没有处置谢知府之前，黄榦不愿意随意出行或调官，深恐自己出行或调官，"此老必作怪"，屡次上书，不屈不挠，最后终于把谢知府徙居隆兴才作罢。可见黄榦为百姓虑之切。

黄榦给朋友写信曰：

> 榦以一身当众怒，凡寓公之家无不见怨者，盖平日豪横成风，不容不痛治也！然为新淦百姓吐得一口气，便罢黜亦无憾矣！④

---

① 《新淦申临江军及诸司乞申朝廷给下卖过职田钱就入户取回》，《勉斋先生黄文肃公文集》卷30。

② 《与李敬子司直书》，《勉斋先生黄文肃公文集》卷3。

③ 《勉斋先生黄文肃公年谱》宁宗嘉定五年（1212）条。

④ 《与李敬子司直书》，《勉斋先生黄文肃公文集》卷3。

这些"平日豪横成风"的寄居官，仗着朝廷对他们的种种优待，横行乡里，一般官员都不愿意或不敢与他们为敌，但黄榦向来对此行为深恶痛绝，总是全力惩治，经过黄榦的努力，新淦县人罕再讼，可谓是政通人和。同时的官员称赞黄榦说：黄某性资通微，学问精深，务实用而不为空言，善应变而不失正理。曩为酒官，兼总数库。近宰临川，声望尤著。新淦为邑，剧是狼狈。某尽心毕力，究见弊源，抚恤困穷，不畏强御。经理财赋，纲运整办，理断民讼，人罕再诉。它日新淦遂成佳邑。① 推荐他为新淦县令的知军卢文说：

> 黄某少能力学，自有源流，晚而精明，益加刻励。不惟学问廉隅，有以过人。至于其他居官尽职，无所回挠。昨宰临川，至今人怀去思。臣被命之初，新淦沿缺县令。两班改秩，无肯就者。盖临江虽小垒，三邑素号繁剧，珥笔之风盛于江右，率多过而弗顾。臣以某申辟，蒙朝廷送部注授。自某之来，县事井井有条。强者服其威，弱者怀其惠。臣以为百里之政固其所长，然其抱负不凡，未尽其材。②

因提举常平郡太守的推荐，黄榦被任命监尚书六部门，但没有赴任，改差通判安丰军。

（四）安丰县：徐师点、李明等案

宁宗嘉定六年九月，黄榦改差通判安丰军，在知府下掌管粮运、家田、水利和诉讼等事项，军学讲书狱官徐师点与太守交好，他借太守之名，与李肆、高德一起鼓动当地淮民李明、李显三兄弟等，欲结集人过淮河取寿州。李明兄弟疑之，入军中调查其事，却反被捉，以为谋首定罪。而真正的谋首徐师点等却因与太守的关系，逍遥法外。

---

① 《勉斋先生黄文肃公年谱》宁宗嘉定六年（1213）条。
② 同上。

黄榦参与调查其事后，依法逮捕了徐师点等。在狱中，徐师点和李明等也分开关押，太守欲把罪名加在李明等身上，对徐略加用刑，对李明等却日夜拷打。太守等欲以李明、李显为谋首，而置徐师点为五六人之后，上报上司。到帅司把人提走时，李明等已经被打得不能行走，而徐师点则怡然自若。黄榦觉得自己若不出面阻止，李显等人一定会被告狱官所杀，以灭其口。所以他上公札申诉事实，因此得罪了一些官吏。因黄榦"不同流合污以自媚于世"①，为李明等辩白，郡将郭绍彭不乐，趁机妄称黄榦是实际的幕后指使，当时讨论纷纷，连朝廷上也听说此事。黄榦上书为自己辩白，同时请求祠禄还乡。

黄榦的才干遭遇某些人的嫉妒，但也因才干得到了朝中一些大臣赏识。谏议大夫郑昭先应诏奏言："黄某名父之子，学有源流。自初试吏，已著能声。平时议论，有志当世，人颇知之。新淦素号难治，比益废坏。某为政期年，爬梳剔抉，顿复旧观。邑有强宗恣为民害，某极力锄治，民以安妥。自是善誉翕然，朝廷宠以内除。足未登几，俾倅安丰。边城事简，局于职守，未究设施，材优用狭，公论殊忧。若处以边城之寄，必能坐收捍御之功。然详观其才，推而上之，恐不止于守边而已。"②

在同行的眼中，黄榦是一个什么样的人？黄榦在临川任满后，得到很多人推荐。如抚州知府陈蓄推荐黄榦曰："充其所学，施于有政，郡主既有赖，民亦以安。"江西安抚使赵希怿曰："律己清廉，莅民公正，笃意字民，一路五十四县，无能出其右者。"章良肱曰："学有师承，文体尚要，更明吏道，甚得民心。"提举常平王颜问曰："静而有守，直而不阿"，"某能不畏强御，一决以公。阎闾细民尤乐称道。适遇旱歉，奉行荒政，不为具文。至于祷雨除蝗，躬行阡陌，虽盛暑有所不惮，邑人感之。"③从黄榦同行上司的奏文可窥见黄榦

---

① 《勉斋先生黄文肃公年谱》宁宗嘉定六年（1213）条。
② 《勉斋先生黄文肃公年谱》宁宗嘉定七年（1214）条。
③ 同上。

为官的名声。

（五）汉阳郡：社会救济，赈荒，宁为百姓而罢

黄榦提出一系列灵活可行的方法，一意为百姓着想，甚至违背上司的命令，坚持为百姓筹集米粮。

宁宗嘉定七年（1214）八月，黄榦受命知汉阳军。初到汉阳，他考察了当地的形势，发现汉阳虽为小郡，郭内居民仅二千家，士兵二百人。郭外沿江也仅二千家，"皆浮居草屋，夏则迁于城南，冬则迁于城北"。而武昌之民望汉阳之烽火决去就。黄榦认为汉阳为郡虽小，但地势却十分重要，为"武昌之唇齿，吴蜀之咽喉"①。他提出汉阳当务之急是修筑汉阳城墙，以为无事之时作有事之备。于是，他详细地规划了修城墙事宜，向上级申报请修汉阳城墙。但正值当时湖北大旱，汉阳则是"种不入土，细民嗷嗷"，"百姓日食草根"②。黄榦不得不上申状言先弃修城壁，以救饥为务。黄榦积极活动，运用一切可利用的力量筹集米粮，黄榦先根据人户多寡，劝谕有米之家，官先支钱以补偿，寄米其家。到贫民无米时便可以用较低的价钱拿到米。对鳏寡孤独，不能自食之人，则以常平米济之。但这样也不过支撑到春天，便无米供应了。黄榦又多方召集往来米商，酒食迎劳，力惩官吏、牙侩邀阻之弊。这使汉阳郡商船云集，米粮充积。官米以本价粜给灾民，黄榦又委任僚属，室至户到，自城市及乡村，莫不受其实惠。"旁郡饥民辐辏，惠抚均一，春暖愿归者给之粮，不愿者结庐居之，民大感悦。"③

在救荒的过程中，为了让百姓度过饥荒，黄榦违背上司的命令，上司让黄榦命令允许汉阳米出汉阳界，黄榦坚决不同意，曰：

> 汉阳田土所出，只得养活汉阳军、百姓，若尽数搬出外界，

---

① 《勉斋先生黄文肃公年谱》宁宗嘉定七年（1214）条。
② 《申转运司乞候岁丰别议筑城事》，《勉斋先生黄文肃公文集》卷31。
③ 《黄榦传》，《宋史》卷430，第12778页。

汉阳之民必致饿死，汉阳老知军情愿放罢，不敢饿死百姓！①

遇到同官的妒忌、阻挠，黄榦"皆不以为然，累书争论，辨析甚详"，而面对威胁，黄榦"不以为恐，拒之益急"，他说：

而何榦一介孤寒，违上司之命，固当罢；坐视百姓之饿死，亦当罢；等罢耳，宁为百姓而罢也！②

黄榦"宁为百姓而罢"，其为官个性如此。面对同官的排挤，黄榦坚持自己的做法。因为百姓事得罪两个上司，故让家眷先归，自己一人置身于此，与之为敌。而那些人终"莫夺先生志"。③ 当然，黄榦的坚持也赢来了个别同官的敬佩。

知汉阳军时，黄榦上书请求免于外任，是因为"农事方兴，青黄未接，三月、四月之间，最细民艰食之时，尤有一日不可离者"④。对待普通百姓，黄榦唯恐自己离开一日，他们便吃不上饭，故宁愿放弃清闲职务，顶撞上司也不愿意离开，确是百姓的"父母官"。当然他刚正不阿的个性和一意为生民立命、一决于公的行为也得到了全县百姓的拥护，百姓对黄榦"尤乐称道"。当听说黄榦要被派外任一段时间时，"老稚呼号，若失其时"，听说黄榦有奉祠之请，"阖郡士民皇皇然皆恐其去，如赤子慕慈母"，前去黄榦上司那里陈乞举留者数百人，"深恐黄知军既去之后，一方百姓失所依赖，必至狼狈"⑤。

四库提要馆臣称许黄榦，曰："尤非朱学末流空谈心性者可比，亦足见洛闽设教之初，尚具有实际，不徒以峨冠博带，刻画圣贤矣。"

---

① 《漕司行下放寄庄米》，《勉斋先生黄文肃公文集》卷33。
② 《申京湖制置司辨汉阳军籴米事》，《勉斋先生黄文肃公文集》卷31。
③ 《勉斋先生黄文肃公年谱》宁宗嘉定八年（1215）条。
④ 《申江西提刑司辞差兼节干》，《勉斋先生黄文肃公文集》卷28。
⑤ 《勉斋先生黄文肃公年谱》宁宗嘉定八年（1215）条。

这一评价是十分中允的。

虽筑城无果，但是黄榦为筑城曾上很多申状①，他的这些申状中的大部分，在三百年后的明朝，仍为当地士民所称颂，影响深远。明朝嘉靖年间，时汉阳地方官石铨刊行了黄榦的这些申状等，题名为《勉斋先生政教录》②，《汉阳府志》收录了一部分，编撰者朱衣说：

> 予读勉斋先生政教条，无一字一事不是爱民之实心。盖先生胸中只有百姓，不知有军。见得既定，故其言如此。假使胸中只有知军，不知有百姓，见得不定，则隐忍迁就，惟己之为便，岂肯出一言于朝省，以兴百姓求利益端，甘自取罪也。《宋史》载先生《传》甚富，今截其知军汉阳与录关汉阳最要者如右。又恨不能尽载其录以告后先生者。嗟乎，郡县以来，吏于江汉之间，在彰代者，今惟先生一人，是何鲜哉！③

此可见黄榦在汉阳时所行德政惠民之深。

（六）安庆府：守边城、结保伍、免起夫

嘉定十年（1217），黄榦知安庆府，在安庆任上，除了积极筹防筑城外，他十分注重教化人民，他特意刊行《陈密学守城录》曰：

---

① 关于修城的规划和申报等事宜，黄榦曾写了多份公文，有卷16《回总郎言筑城事》，《勉斋先生黄文肃公文集》；卷29，《汉阳申朝省筑城事》，《申两司言筑城事》，《与京湖制使请兴筑汉阳城壁》，《复湖广总领请创筑汉阳城壁》，《复湖北运使请兴筑汉阳城壁》；卷31，《汉阳申朝省为旱荒乞更详审筑城事》，《申帅漕两司为旱荒乞别相度筑城事》，《申转运司乞候岁丰别议筑城事》，《申朝省乞候救荒结局别行措置筑城事》；卷37《晓示城西居民筑城便利》等。

② 《勉斋先生政教录》被收入《汉阳府志》中，其中收录了黄榦在汉阳期间为民请命的部分申状等，在现存元元刻本《勉斋先生黄文肃公文集》中都可见，其文基本上是原文。具体在《勉斋先生黄文肃公文集》中的篇目是：卷29《汉阳申朝省筑城事》，《申两司言筑城事》，卷16《回总郎言筑城事》，卷40《漕司行下放客庄米》，卷31《申省籴椿积米》，《申京湖制置司辨汉阳军籴米事》，卷29《申制司乞援鄂州例给米》，卷37《汉阳禁约官属违法出界仍牓客位》。

③ （明）贾应春修：《嘉靖汉阳府志》（天一阁藏明代方志选刊）卷6，《黄榦传》，上海古籍书店据宁波天一阁藏明嘉靖刻本影印原书。

密学陈公之守城，殆天下才非可学而能也。然得其书熟玩焉，触类而通之，亦岂不可学哉？顾尝以为守城者，郡守僚属之责也，今之仕者，二三年辄一易，偶当暇闲，于是书固不屑读，仓卒扰攘，则亦不暇读矣。若使邦人皆取是书而读之，父子、兄弟、庠序、里闾，平居暇日相与讲说，则凡在城之内者，无非可与守城之人也。况又切于其身之利害，则考之必精思之，必审其为郡守僚属之助多矣！予既与同官、寓公、士友合谋并力以成安庆版筑之役，因以是书属郡文学金渊刊之学官。寓公、士友，凡邦人之欲得是者，悉以遗之，合一郡之见，守一郡之城，当有得陈公之意，于是书之外者矣！凡为郡而欲得是书以遗其邦人者，又将以广其传焉，则凡有城者，皆可守，尚何外侮之足患哉？①

除此之外，黄榦还发布了《晓示城西居民筑城利便》，安庆筑城之费大部分来自安庆人自筹，而安庆人都争相捐助筑城，黄榦的教化作用不可小视。

黄榦一直推崇保伍制度，他提出废除现在的总保，建立保伍之制，其一是防民为盗之变，其二为防虏之侵。② 在安庆，他还发布了《安庆劝论团结保伍榜文》曰：

照对两淮州郡，自三国六朝干戈相寻，无复宁岁。本朝南渡又且百年，讲好息兵，民得安业，然绍兴辛巳、开禧丙寅亦未免战争之扰，龙舒为郡，虽北虏所不到，然李成、张军大亦尝窃发劫掠居民。州县百姓欲保室庐，则有性命之忧；欲逃匿山谷，流徙江南，则庐室焚毁、粮食空竭，终亦转死沟壑。尝观五代之末，周世宗攻两淮州郡，各已降附，周之诸将恣行杀戮。淮人相

---

① 《书陈密学守城录》，《勉斋先生黄文肃公文集》卷20。
② 《代胡总领论保伍》，《勉斋先生黄文肃公文集》卷16。

与结集保伍，截纸为甲，号白甲军，大败周师。虽周世宗之英武，亦且退却。盖淮人忠实勇健，若能平日团集保伍，阅习武艺，叶心一意，共保乡间，虽有强敌，莫能为患。又尝观唐咸通间浙东贼裘甫掠诸州，惟明州之人相与谋曰：贼若入城，妻子皆为俎醢，况货财能保之乎？乃自相帅出财募勇士、治器械、立栅浚沟、断桥固守，贼不敢犯，浙人怯弱，协力鼓勇，向前却敌。况我淮民忠实勇健，谁曰不能？本府见行措置修筑城壁，练习军兵，行下诸县团结保伍，凡尔百姓，各宜为乡间室家相保之计，解仇息讼，务相和叶，闲暇之日，阅习武艺，务要精熟。遇有缓急，递相应援，以保室庐，以安妻子，守之御策，无以易此，故兹劝谕，各宜知悉。①

除此之外，黄榦还专门又发布了约束保长的榜文。

隅官、保长、大小甲首，皆合律己奉公，怜贫悯老，抚恤甲户，守护乡里。乃敢倚恃声势，擅作威福，出入呵道，恐吓细民，点名教阅，恣行捶挞。单丁贫户，勒造军器，供报纸笔，敷抑钱物，搜索微罪，报复私仇。将以保民，反以害民，除已密切体访，应有违犯，定行决配，不以荫赎。今榜晓谕各宜知悉。②

在与民教化方面，黄榦一方面以身作则，另一方面以文书的形式下发地方，劝诫民众，对其进行教化。黄榦在安庆时，上司命令起安庆夫数千人运粮，黄榦上书请罢起夫事曰："及今此来，尤觉百姓穷悴被扰百端，殆若非人世者，城市之中民之穷困或自经自刭，以为不如无生，此何等景象哉？"③以安庆筑城也要起夫、运粮、路途遥远、费

---

① 《安庆劝谕团结保伍榜文》，《勉斋先生黄文肃公文集》卷37。
② 《戒约隅官保长以下榜文》，《勉斋先生黄文肃公文集》卷37。
③ 《与淮西乔运判辨起夫运粮事》，《勉斋先生黄文肃公文集》卷29。

用浩大为由请求，起夫事最终得罢，造福了一方百姓。

　　黄榦就是这样以实际行动实践着自己的道学理念。嘉定十一年二月，黄榦辞安庆职，四月奉旨依旧知安庆府，辞掉后，奉祠回乡，以著书教书为念，传播朱子学。

第三章
黄榦对朱子学的传播

朱子学影响后代至深至远，在明清两代大盛，发展为官方正式学说，成为科举考试的入门必修课，成为天下士人必修必学的科目。后人定论大都认为一方面朱子学的官学化是朱学普及最有力的途径，但从另一方面却僵化了朱子学的发展，致使朱学末流的空谈误国。实际上，官学化的朱子学成为为专制制度服务的工具，成为专制者的政治学说，而真正的朱子学所坚持的最基本的精髓却在官学化过程中几乎丧失殆尽。真正将朱子学发扬光大者，是朱门弟子，朱门弟子所传播的朱子学在后代民间影响至深至远，而黄榦是朱门弟子中传播朱子学最有力的一个。

朱子以"吾道有托，吾无憾也"书嘱黄榦，希望黄榦能够广泛传播朱子学，而黄榦也不负师托，以道自任。伪学之禁期间，朱子罢祠还乡，在建阳考亭以教书为业，跟随朱子真正学习的人当时就变少了，黄榦叙当时的情形曰："伪学之禁方严，有平日从学而不通书问者；有讳言其学而更名他师者；有变节改行、狂歌痛饮、挑达市肆以自污者；有昔尝亲厚，恨不荐己而反挤之者；至其深相爱者，亦勉以散遣。"① 面对这种情形，朱子也曾戏言以此方可辨认从学者的真

---

① 《董县尉墓志铭》，《勉斋先生黄文肃公文集》卷35。

假,伪学之禁初弛时,朱子门人中有一部分已经不在人世了,黄榦向朋友李道传感叹曰:

> 向来从学之士,今凋零殆尽,闽中则潘谦之、杨志仁、林正卿、林子武、李守约、李公晦,江西则甘吉父、黄去私、张元德,江东则李敬子、胡伯量、蔡元思,浙中则叶味道、潘子善、黄子洪,大约不过此数人而已。①

也正因从学之士凋零殆尽,黄榦更担心朱子学失其本传,他自己也是尽力推广普及朱子学,他言曰:"自先师梦奠以来,举世伥伥,既莫知其所归。向来从游之士,识见之偏,义利之交战,而又自以无闻为耻,言论纷然,诳惑斯世,又有后生好怪之徒,敢于立言,无复忌惮,盖不待七十子尽殁,而大义已乖矣!由是私窃惧焉!故愿得强毅有立,趋死不顾利害之人,相与出力而维持之。……不避劳苦,刻意讲习,他亦有一二后生皆可望者,私窃自喜,以为傥得十数人者讲之精行之果,皆如干将镆铘,则立之而足以拥卫吾道,使外邪不能犯,用之而邪说诐行肝碎胆裂……"②黄榦认为自己跟随朱子多年,久闻其言论,观其行为举止,才"不过以其所闻见者常常讽道之,以庶几不失其初心耳"!他担心后学者在学习过程中失去朱子学的本义而不自知,因此一直热心地寻求后学以卫道。黄百家因此感叹曰:"盖勉斋之求后学,其真切如此,所以卒得其人而传之于后也。"③

黄榦对朱子学的传播与他的社会地位是分不开的,下面出土资料可见黄榦当时的社会地位。

1975 年 10 月,福州市第 7 中学在浮仓山(位于福州市北郊新店

---

① 《复李贯之兵部》,《勉斋先生黄文肃公文集》卷 14。
② 《复王幼学书》,《勉斋先生黄文肃公文集》卷 15。
③ 《宋元学案》卷 63,《勉斋学案》,黄百家语,第 2037 页。

社浮村大队，距市区约五公里）上扩建操场时，发现了一座三合土结构的石圹墓，该墓位于山的北坡，为南宋时代的墓室。① 墓主人黄昇为一女性，据墓志铭②记述，黄昇 16 岁时，理宗淳祐二年（1242）嫁于将仕郎赵与骏，次年而夭亡，年 17 岁。该墓出土的随葬器物共436 件③，其中大部分为丝织品，被认为代表了当时福建地区高度的技术水平。南宋财用紧张，高宗、孝宗、宁宗诸朝均申令"参酌时家，务从省约"（《宋史·舆服志》），严禁服饰崇尚华丽，反对奢侈。但黄昇随葬如此大量的各式服饰，而在服饰的剪裁形式、缝缀加工方面又表现得十分富丽讲究，足见赵家的社会地位和经济地位在当时是

① 据明陈荐夫《水明楼集·郑朗德彰墓志铭》载："万历三十七年己酉岁，以季冬念六日葬于城北之浮仓山，方营兆掘地，得故宋莲城尉氏赵与骏之旧茔，甓甃之类悉无所有，惟见一铭：与骏三岁而孤，连丧怙恃，二十七而卒。亦以岁腊月葬于兹土，妪抱一子临窆，种咱与德彰类。"这与赵与骏的祖父赵师恕为黄昇写的墓志铭中说到"余季孙与骏，少失怙"相吻合，可见其真实性，赵与骏在黄昇后六年去世。又一般宋代家庭葬制，夫妻合葬墓志如为三圹，其中圹应为男性墓主，故中圹应当是赵与骏的葬处。盗贼盗了中圹后辄止，下圹室保存完好。该墓分中上中下三圹，上中两圹均被盗，墓内也被损坏，也就是说，赵与骏的墓和李氏的墓都已被盗，但下圹黄昇墓保存完好，据出土的资料表明，下圹的墓是属于赵与骏的原配夫人黄昇的，整个墓地是属于南宋福州人赵与骏与原配夫人黄昇和续娶夫人李氏的合葬墓，只有黄昇的墓保存完好。参见福建省博物馆编《福州南宋黄昇墓》，文物出版社 1982 年版，第 3 页。

② 墓志铭曰："黄氏，字昇，第五十二。将仕郎赵与骏称德之妻，朝散郎临漳史君名朴之幼女，赠朝奉郎讳振龙之孙。生三年，父朴进士第一人，故父母爱之。母洪氏先亡，育于祖母潘夫人。夫人知书，通鉴成诵，又喜宾客，故孙女闲于祖母之训，婉婉有仪，柔淑之声闻于闾井。余季孙与骏，少失怙，余抱而鞠之，甚于子焉。既冠，余念与临漳史君旧同学于勉斋先生门，又凤慕乃祖乃父长者贤名，为季孙择妇宜莫如史君女。史君重朋友之谊，一言而许。以淳祐壬寅，父醴之，乃归于我季孙。既归，确守姆训，法度无违。越明年，余自泉返里。以二孙皆授室，宾祭之政，得所相矣！便当弃置家事，命伯子撰杖履，从长沮荷莜辈结偶于漆桥之间。一卮山酒，曳屣而歌，可以佚命年矣！故喜见于色。岂谓尔归期月而亡耶！岂谓昨日之喜变为今日之伤程，方出六行，未一日而止耶！余非特为尔伤也，抑伤吾孙薄祐而失此如宾之俪也！淳祐三年秋七月乙酉卒，闰月丁丑襄山城北，十有一月甲子葬于浮仓山之阴。夫之祖父朝议大夫直徽猷阁师恕为之铭曰：'得此一穴，浮仓之阴。左蟠卧龙，右拥翠林。莲花一峰，对起千寻。为尔之宫，万古犹今'。"参见福建省博物馆编《福州南宋黄昇墓》，文物出版社 1982 年版，第 3 页。

③ 随葬器物以服饰、丝织品居多。计有服饰 201 件，整匹丝织品及剩料 153 件，品种多样，纹样繁多。梳妆用品 48 件，墓志 1 合，买地券 1 件，其他用 6 件，铜钱 25 枚，以及水银和玻璃碎片。

属于名门望族。①

黄昇墓志铭的作者赵师恕②，是其夫赵与骏的祖父。据墓志铭记载，黄昇"母洪氏先亡"，由祖母抚养，而赵与骏也是"少失怙"，由其祖父赵师恕养大。黄昇墓志铭里同时记载了赵与骏与黄昇夫妻结缘之由："既冠，余念与临漳史君旧同学于勉斋先生门，又夙慕乃祖父乃父长者贤名，为季孙择妇宜莫如史君女。史君重朋友之谊，一言而许。以淳祐壬寅，父醴之，乃归于我季孙。"抚育二人的两家家长都同为黄榦的学生，因为同门和朋友之谊，于是两家结为亲家。这在当时是很普遍的一个现象。黄昇的祖父黄振龙③（字仲玉）和父亲黄朴（字成父）与黄榦均有深交，父子二人都是黄榦的学生，而赵师恕也是黄榦的学生，两家都与黄榦有过密切交往，在两家结亲之前的二十多年前，黄榦曾为黄昇的祖父黄振龙写过行状传记，曾为赵师恕二子取字，黄榦称赵师恕为"吾友"，并为之乡饮酒礼作序，④ 黄榦的另一个门人陈仍以古冠礼冠其长子，请黄榦与赵师恕等一起出席。⑤

所有这些表明，在当时的地方社会中，黄榦的经济状况虽不优越，但有一点可以明确的是，黄榦的社会名望较高。⑥ 士大夫之间通

---

① 黄昇的父亲黄朴，和其夫家祖父赵师恕都曾执掌或参与南宋泉州的市舶贸易，故据此黄赵两家所拥有的丝绸数量当然是颇为可观的。

② 赵师恕，字季仁。宋宗室，历任浙江省余杭县令、静江府知府，后任泉州知南外宗正司事，管理宗室户籍、教育、赏罚等事务。以上主要参见福建省博物馆编《福州南宋黄昇墓》，文物出版社1982年版，第3页。

③ 黄振龙（字仲玉），贡士，喜朱子学说，和儿子一起归于黄榦门下，卒于嘉定己卯七月甲寅，享年五十有一。其子黄朴，字成父，侯官（今福州市）人。宋史无传。宋理宗绍定二年（1229）年中进士第一，历馆阁吏部郎。端平元年（1234）诏兼崇政殿说书。（宋史本纪卷41，理宗一）翌年知泉州兼提举市舶司。（《闽书》卷43，文莅。《泉州府志》卷36，文职官上）是当时泉州地方政府的主管并兼掌对外贸易通商大权。嘉熙四年（1240）以朝请郎任广东漕（《广东通志》卷16职官表7），淳祐元年以朝散郎溪知漳州。卒年不详。

④ 《勉斋先生黄文肃公文集》卷33有黄为黄昇的祖父黄振龙写的行状传记《贡士黄君仲玉行状》，有为赵师恕二子取字的卷19《赵季仁二子字》，有为赵师恕乡饮酒礼作序的《赵季仁习乡饮酒仪》。

⑤ 《勉斋先生黄文肃公年谱》宁宗嘉定十三年（1220）条。

⑥ 黄榦墓现位于福州市晋江区岭头乡江南朱村，现为福建省级文物保护单位。宋代至今，黄榦墓也一直保存完好，也可见黄榦在当地还是十分有名望的。

过理学作为中介，发生各种家族的婚姻关系，朱子学已通过黄榦等门人渗透到福州名门望族之中了。与黄榦交往的多为福建人，在福建范围内与黄榦有过联系的人最多。这也印证了当时学者的话即黄榦"为后进领袖"①，在朱子去世后的 20 年间，黄榦作为朱子学的领袖人物，又有担任官职的经历，在当时社会享有崇高的地位。

第一节 黄榦和他的"同志群体"

不同于普通士人，道学士人十分注重师承关系，以朱子为终身学习的榜样，从"为己之学"的角度终身致力于学习道学。他们较易形成一个共同的圈子，这些以师生关系为基础，因思想学说一致而联系在一起的"同道者"组成的群体可以被称为"学术共同体"，或者"同志群体"②。

朱子去世前，黄榦一直待在朱子身边，一边学习，一边担任一些教学工作，一边参与了朱子礼书等的编纂工作，是朱子最得力的助手。在朱子去世后的 20 年里，黄榦作为朱子忠实的弟子和女婿，是朱子学体系完善的重要人物之一。作为"同志群体"中一员，黄榦不断地写信、讲学、出书，虽然近 20 年时间里，一直身为出色而务实的地方官吏，但他却一直把"道学"视为自己真正的目标和志趣，与道学中人一起对朱子学进行维护与传播。

一 为官同道互相推荐与帮助

黄榦在地方做官之时，已有不少路、州在任官与朱熹都有深交，也就是说，黄榦能够顺利开展工作的后台背景已经具备。黄榦任石门酒库库务官时，吴猎时为江陵（今湖北）帅，当时正遇到边境不宁，

---

① 《勉斋先生黄文肃公年谱》理宗端平三年丙申（1236）条。
② ［美］包弼德：《历史上的理学》，［新加坡］王昌伟译，浙江大学出版社 2010 年版，第 122 页。包弼德说：除了张载与二程的圈子外，我们在北宋看不到这种"同志群体"，它的特点是人们以师生关系为基础，并团结在一种思想学说的周围。

吴猎敬重黄榦的德名，亲自去石门访黄榦以兵事，邀请黄榦入幕府①。是时三月，在吴猎的引荐下，黄榦从石门酒库调到江陵，被任命为荆湖北路安抚司激赏酒库兼准备差遣。五月，黄榦到任。而吴猎曾师事于张栻，曾得到张栻的推荐，又亲身受到朱子的教诲；黄榦任官临川时，江西安抚使赵希怿曾是原右丞相赵汝愚的属吏，而赵汝愚与朱熹关系密切②；抚州知事高商老曾被朱熹赞为"能教人从事于为己之学"，并且是他首先实施了社仓法，社仓法得到朱熹的赞赏并推广；江西提刑李珏，曾任兵部侍郎，江淮制置使，总理江淮军务，向来很敬重黄榦的才能，而这与黄榦是朱子弟子的名声有很大关系，他一直和黄榦保持着密切的书信联系；而推荐他的另一个官员袁燮则出于陆九渊门下，也是著名的道学人士，并且与朱熹也很投缘，在黄榦任新淦知事时，袁燮正任江西提举常平之职。③上述人物都曾奏辟或推荐过黄榦。通过黄榦，我们可以窥测到由道学官僚或者与其相近的学者官僚所组成的路州级官员的人际关系网的存在。④

黄榦也曾承认推荐他的人大多为"乡曲之旧知"，"州县之属吏"⑤。詹徽之，时任两浙运判，他称赞黄榦"存不矜之心，为有用之学，屈在筦库，未究所长"⑥，推荐他任从事郎以上的职务。黄榦对此专门写了两封信道谢。詹所言的"为有用之学"即"道学"。

开禧三年（1207）十一月，打击道学的韩侂胄因北伐失利而被杀，史弥远成了宰执。出于政治上的需要，史弥远有意推崇并逐步起用了一些道学人物。这时，正好江西提举赵希怿、抚州知府高商老同时荐举黄榦，奏状曰："黄某禀资公正，律己廉勤，使宰百里，绰有

---

① 《勉斋先生黄文肃公年谱》宁宗开禧二年（1206）条。

② 《宋史》卷247，《赵希怿传》，第8751页。

③ （宋）袁燮：《絜斋集》卷16，文渊阁四库全书本。

④ 参见［日］近藤成一《宋代的士大夫与社会》，载近藤成一主编《宋元史学的基本问题》，中华书局2010年版，第229页。

⑤ 《复刘师文宝学》，《勉斋先生黄文肃公文集》卷4。

⑥ 《勉斋先生黄文肃公年谱》，宁宗开禧元年（1205）条。

余才。"① 黄榦由此而当上了江西临川县令。宁宗开禧三年（1207）十二月，黄榦出任，第二年正月到任。

众所周知的是，道学因韩侂胄的朝廷派系之争和政治观点之争而被认为是"伪学"，因此韩可以说是所有道学人士的大仇人，而刘甲也与韩侂胄不和，在韩受诛后，"侂胄诛，上念甲精忠，拜宝谟阁学士，赐衣带、鞍马"。而刘甲在当时"盖杨辅诏归，西边诸事，朝论多于甲取决，人无知者"②。分析背景，可知在韩侂胄受诛后，刘甲更得到朝廷的信任，成为当时四川的首要人物。嘉定六年（1213）九月，黄榦被任命为安丰军通判，次年，宝谟阁学士利州路安抚使刘甲、兵部侍郎李钰均极力荐黄榦，以为他"学有渊源，行有根本，忠孝窃于许国，信义长于使人。其材足以济繁难，其节足以临缓急"，"可当大任"。③ 于是，于这年九月被命为汉阳知军。刘甲写奏状推荐黄榦说："黄某师友渊源，气节刚正，耻同流俗，有志事功。举辟不苟从，佐郡以严惮。才学行义，臣实不如，举以自代。"④ 黄榦写信感谢他，在这封给刘甲的信中道尽自己在官场中的遇合，他说：

> 然以狷狭之资，不能同流合污，以自媚于世，故其得罪于人者常多，然亦有察其愚直，以为粗有足取，荐之于朝者凡数人。然非乡曲之旧知，则州县之属吏，独端明汪公，尝三见荐于未尝识面之日，顾闽浙之相去，壤地相接，是必有为之游谈者。⑤

黄榦个性耿直，在官场中不能"同流合污，以自媚于世，故其得罪于人者常多"，但是也有"察其愚直，以为粗有足取，荐之于朝者"，这些人

① 《勉斋先生黄文肃公年谱》，宁宗开禧三年（1207）条。
② 《宋史》，《刘甲传》卷397，第12094—12095页。
③ 《勉斋先生黄文肃公年谱》宁宗嘉定七年（1214）条。
④ 同上。
⑤ 《复刘师文宝学》，《勉斋先生黄文肃公文集》卷4。

"非乡曲之旧知，则州县之属吏"，但也有例外的就是从未谋面的汪逵也曾推荐他三次。汪逵，时任吏部尚书，与黄榦的父亲和朱子的关系都很密切①，再加上有人在他面前讲起过黄榦的才干，故屡次推荐从未见过面的黄榦。除了汪逵之外，没有见过黄榦之面推荐他的就是刘甲。据黄榦自己在信中说，刘甲与他可谓是"志同气合"，因此得到刘甲的赏识。他说：

> 丙寅夏，从宦于江陵幕府，是时边事方兴，议论之间，落落难合。阁下去江陵方数月，幕府之故吏犹在，间有相问劳者，必曰：使子遇前帅刘公，必将志同气合而无间也！榦犹莫能悟其所以言之者，已而遍考前日之所施行，但见吏畏而民安，事修而用足，与其所亲见者大异，然后叹其命之穷，而所遭之不偶也！孰谓十年之后，复蒙知遇之厚，乃如此耶！②

黄榦对刘甲表达了感激与倾慕之情，③ 并提出了自己对时事的看法，他说：

> 数十年来，风俗日异，谋身之意多于谋国，为私之心急于为公，上之人既不能明示好恶，以力变之，或反推波助澜，使人安

---

① 《勉斋先生黄文肃公年谱》宁宗嘉定三年（1210）记载："汪公父子与御史公及朱文公皆有雅好，荐先生盖真知己者，故特书之。其后又举充所知，又应制举堪充边郡。"御史公指的是黄榦的父亲。

② 《复刘师文宝学》，《勉斋先生黄文肃公文集》卷4。

③ 他说："惟阁下在西蜀数千里之外，自代之章，乃首及于闽，嵩州县之一小吏，以阁下之气节，德业，视当世之士，固未肯易逊，而海内英俊，亦岂无足以当论荐者，而顾求之于世所摈弃之人，此其所以惊愕而莫知所自也。非榦之才有以异于人，阁下之识见，亦非流俗之所能窥测也！人之所以自立者，亦以天之所以付予于我者，不可以不尽其分，初未尝以世之用不用、人之知不知而有所加损也！顾以衰贱无用之人，而乃独蒙大君子之知遇如此！则穷当益坚，老当益壮，亦不敢不痛自勉励也！榦之乡慕阁下之声名，非一日之积，而未得遂侍坐函丈之愿。"参见《勉斋先生黄文肃公文集》卷4，《复刘师文宝学》。从这些对自己过于谦卑和对对方过于谀美的措辞中，我们或许可以体会黄榦当时的心境。

之，以为当然，所谓廉耻节义至是扫地矣，国将何恃而能自立耶！此无他，义理不明，而人心不正也，阁下其何道以革之耶！中夜以思，心焉如割，尚异台慈痛，为当路者言之！①

他认为风俗日坏的原因是"义理不明，人心不正"，适时地宣传"道学"的政治作用。宋金关系变化的关键时期，李珏与崔与之是两位坐镇南宋淮东防务的重要人物。李珏为江淮制置使，兼掌管建康府，是总管边务，负责屏障京师的重臣。

因李珏的赏识与提拔，黄榦进入李珏的幕府中充当幕僚。黄榦辞官丐祠，黄榦上级吴运使上申状曰：

> 窃惟当今士风不振，人才难得。今天有公廉清介，忠诚恳恻如黄知军者，顾乃罢之闲散之地，当职深切惜之。况自知黄知军有奉祠之请，阖郡士民皇皇然皆恐其去，如赤子慕慈母，前来本司陈乞举留者数十百人。深恐黄知军既去之后，一方百姓失所依赖，必至狼狈。近困巡历经过汉阳，亲见汉阳黄知军精神如故，了无疾病。欲乞钧慈加惠汉阳之民，特赐敷奏，收还已民降指挥，仍旧令黄宣教知汉阳军。庶几一郡之民赖以全活，不胜大幸。②

其中，有几个人在奏状中曾大力推荐黄榦。杨楫，字通老，朱子门人，黄榦曾与多次通书，他们之间算是很熟悉的朋友，黄榦曾说："吾与通老从游于夫子之门二十年矣，通老长于吾十年而首与之交相好也，通老温厚质实，信道甚笃"③。杨楫在病势危急前，上章力荐三人，三人中黄榦为首。除了表彰黄榦出色的行政能力外，他强调说

① 《复刘师文宝学》，《勉斋先生黄文肃公文集》卷4。
② 《勉斋先生黄文肃公年谱》宁宗嘉定八年（1215）条。
③ 《杨恭老敬义堂记》，《勉斋先生黄文肃公文集》卷17。

"黄某性资通彻，学问精深，务实用而不为空言，善应变而不失正理"①。

郑昭先，字景绍，闽县人，淳熙十四年进士，初授浦城主簿，闻朱子讲明濂、洛之旨，遂往游朱门，朱子门人。郑昭先应诏奏言：

> 黄某名父之子，学有源流。自初试吏，已著能声。平时议论，有志当世，人颇知之。新淦素号难治，比益废坏。某为政期年，爬梳剔抉，顿复旧观。邑有强宗恣为民害，某极力锄治，民以安妥。自是善誉翕然，朝廷宠以内除。足未登几，俾倅安丰。边城事简，局于职守，未究设施，材优用狭，公论殊忧。若处以边城之寄，必能坐收捍御之功。然详观其才，推而上之，恐不止于守边而已。②

除了郑昭先外，很多人推荐黄榦，如抚州知府陈蕃，称黄榦"充其所学，施于有政，郡主既有赖，民亦以安"。③ 江西安抚使赵希怿称黄榦"律己清廉，莅民公正，笃意字民，一路五十四县，无能出其右者"。④ 提举常平章良肱称黄榦"学有师承，文体尚要，更明吏道，甚得民心"。⑤ 袁燮在奏状中称赞黄榦政务出色，极力称许黄榦"学有本原，才堪负荷"。⑥ 提举常平王颜问称黄榦"静而有守，直而不阿"，"某能不畏强御，一决以公。闾间细民尤乐称道。适遇旱歉，奉行荒政，不为具文。至于祷雨除蝗，躬行阡陌，虽盛暑有所不惮，邑人感之"。⑦ 知军卢子文奏言："黄某少能力学，自有源流，晚而精

---

① 《杨恭老敬义堂记》，《勉斋先生黄文肃公文集》卷17。
② 《勉斋先生黄文肃公年谱》宁宗嘉定六年（1213）条。
③ 《勉斋先生黄文肃公年谱》宁宗嘉定三年（1210）条。
④ 同上。
⑤ 同上。
⑥ 《勉斋先生黄文肃公年谱》宁宗嘉定六年（1213）条。
⑦ 《勉斋先生黄文肃公年谱》宁宗嘉定三年（1210）条。

明，益加刻励。不惟学问廉隅，有以过人。至于居官司尽职，无所回挠。"① 以上推荐黄榦的人多少都提到黄榦的"学"及"师承"，一方面黄榦的政务的确很出色，而另一方面与黄榦身为朱门弟子的关系是分不开的。

上文提到的李珏，屡次推荐黄榦，黄榦由新淦县通判破格提拔到安庆府知府，是因为李珏推荐，而黄榦在新淦上书请求筑城和免起夫等，也是得到了李珏的同意才得以施展，后来黄榦被召到江淮幕府，也是因为李珏担任幕府制帅的原因。黄榦还请求李珏帮忙求得祠禄，以养家度日，他说：

> 作县到此数月，用度渐广，盖亲戚朋友未免有所责望，今所余无几矣，朝廷若畀以祠禄归家，便有饭吃，乃为大幸，若朝廷遂其雅意，便就侍郎求建宁太守一书命下之日，便得帮请，尤感周旋之赐。②

对黄榦的请求，李珏大多从之。对李珏的知遇之恩，黄榦"念不可常礼事之"，对其"贻书规切"，十分诚恳。③

二 为学同道之间互相讨论修正

黄榦在和朱子的信中说"耳闻祠命已下，竟遂闲退之志，学者之幸也"④！黄榦认为朱子闲退，是学者的幸运，他对朱子学问的推重要远远大于政治上的推重。在《勉斋先生黄文肃公文集》中可见黄榦与82人互相通信，其通信对象大部分都是道学中人，他们互相鼓励，互相交流，坚持道学学习。

---

① 《勉斋先生黄文肃公年谱》宁宗嘉定六年（1213）条。
② 《与李梦闻侍郎书》，《勉斋先生黄文肃公文集》卷8。
③ 《勉斋先生黄文肃公年谱》宁宗嘉定十年（1217）条。
④ 《与晦庵先生书》，《勉斋先生黄文肃公文集》卷1。

（一）讨论为学

黄榦抱怨不能为道学尽力，其他所做的一切事都是如同朽木一样，没有生趣，曰：

> 榦衰晚之踪，夺于儿女之累，不得一意卒所业，朝夕忧叹，虚度此生，若不为摆脱之计，日度一日，溘然而逝，与枯蘖朽株何异！①

而言外之意，从事道学相关的事业才是他的理想。他在给友人郑成叔的信中，邀请友人相聚讨论学问，并曰：

> 来教缕缕以贫为苦，此吾人所通患，然平生亦只有此一字，可以上答吾君与父师耳！必欲求足，则须是弃其所学乃可。是何异持千金之璧以易一瓦缶邪！更得两三年在世间读了所愿读之书，则可以无恨矣，潮阳之命力以疾辞，已再上矣，以必得为期也，贫固可畏，然亦留一个饿死做样子，亦不须人人安饱也，新春和暖亦能一出否。②

他鼓励郑成叔不要"以贫为苦"，认为"必欲求足"，则是"弃其所学"，就相当于持千金之璧易一瓦缶。黄榦自己的生活也很贫穷，但他认为坚持自己所学的道学更为珍贵，而坚持道学准则可能就不会很富足，他言己志曰"更得两三年在世间读了所愿读之书，则可以无恨矣"，认为贫固可畏，但更重要的是保留气节，以此鼓励郑成叔。

他和杨复讨论"功名""为学之道"等曰：

---

① 《与胡伯量书》，《勉斋先生黄文肃公文集》卷6。
② 《与郑成叔书》，《勉斋先生黄文肃公文集》卷7。

世间所谓功名富贵者，真太虚浮云一点也，故曰："朝闻道，夕死可矣。"死生亦大矣，苟见此理，便死亦是闲事也。数年读先生之书，适自见得如此。以先生之书，合之亦无不然，不但世之学者寻行数墨，而无见于此，窃意周、程、邵子、朱先生，见得分明，其他皆未知其果如何也，为学而不见其本源，是入门而不至其室，虽然前辈教人，且只道"敬"，此又学者不可不思，榦平生未尝敢以此与朋友言之，言之亦未必晓，志仁力学苦思，故详布之。①

功名富贵如太虚浮云，只有"道"才是最可贵的，他认为学习朱子学就是要"敬"，这是学之本源。在道学学习讨论中，黄榦十分注重"敬"字，他专有一篇《敬说》的文章讨论"敬"。

黄榦给自己的门人黄去私写信叙其"一心向学"之意曰：

榦还家杜门，百念灰冷，惟有旧学不敢忘也，想且留城中与朋友讲学，知此身之至重，义理之至贵，知岁月之不可复得，早夜以思之，不患其不进也。②

他赞扬同为朱子门人的林公度在乡间传播道学的行为，与之讨论入德之门曰：

衰病之余，益觉世味无足留恋，百事纷来，与化俱逝，独义理一途，与天地通，诚不可不力行也，"惺惺"二字，真学者入德之门，比以扣稟老先生亦深蒙印可，吾辈不可不留意也。尊兄不以齿德之高下，与乡间晚辈为伍，只此一念，岂他人可及哉?③

---

① 《复杨志仁》，《勉斋先生黄文肃公文集》卷11。
② 《与黄去私书》，《勉斋先生黄文肃公文集》卷12。
③ 《答林公度》，《勉斋先生黄文肃公文集》卷12。

他希望有更多的人加入道学的学习中，希望长者为之"主盟"，"共扶斯道"，曰：

> 乡间年来朋友幸皆有向道之意，若得相与勉力以共扶斯道，庶几先生死而不忘，尚赖长者出为主盟，毋使悠悠虚度岁月。①

他常向朋友门人讲明"人之道，莫切于学，学之道，莫切于居敬而穷理"的道理。他赞扬朋友"读礼之余，不废讲学"是"立身行道以显扬其亲之大务"，② 他认为只有知义理才能使人自别于物，所以要学道学义理。曰：

> 榦伏承别纸之谕，以读礼之暇，不废讲学，此正立身行道以显扬其亲之大务。顾榦何足以知之，然自老来闲居，益知学问至重至切，苟生而为人，不知义理，则天之所以与我，而谓之人者，亦已昏塞废放，顽而不灵，无以自别于物矣，及其周旋斯世，自少至老，纷纷扰扰，不过情欲利害之间，而无复义理之准，及其甚也，则三纲之沦九法之斁，将亦何所不至哉！若其所以为学，则敬以直内，义以方外，博我以文，约我以礼，此四语者，无复加矣！其间曲折详密，则未能详布，亦与朋友熟讲而力行之耳！③

而"为学"之道则是"敬以直内，义以方外，博我以文，约我以礼"，他希望与朋友熟讲之。

在竹林精舍祠堂，黄榦与诸生讲明朱子之道、朱子教人之方等，曰：

---

① 同上。
② 《复王主簿》，《勉斋先生黄文肃公文集》卷15。
③ 《复王主簿》，《勉斋先生黄文肃公文集》卷15。

　　窃谓先师之道，本诸无极二五流行发育之妙，具诸天理人心常行，日用之间存之则为圣为贤，去之则为下愚，为不肖，……至其教人之方，则曰居敬，曰穷理，曰力行，此又其谆谆，反复而屡言之者，所读之书则先之以《大学》，次之以《语》、《孟》，而终之以《中庸》，其为科级，则又皆可循序而进也，从游之士，亦尝从事于斯矣！……趋向卑而立志之不高，私欲昏而信道之不笃，寻行数墨而见理之不明，入耳出口而反躬之不实，此其所以粗能有所闻而不能期月守也。尝试思之：一命之爵，人未有轻辞之者，十金之产，人未有轻弃之者，以其可贵也。圣贤之道，其为可贵，岂直一命之爵，十金之产哉？受天地之中，以生而闻尧、舜、禹、汤数圣人之道，居礼义之国，而得大贤以为之依归，岂可不诵之终身而遽忘之乎？昔者孔孟之教人曰守死善道，曰舍生取义，夫死生亦大矣，至于道义之可乐，则生不足恋，而死不足顾，生不足恋，而死不足顾，则于圣贤之道，如饥者，不忘食渴者，不忘饮行者，不忘归病者，不忘起犹未足以喻其切也。如是则可以无负于先师之门矣，不则随波逐流，醉生梦死，卒为一世庸人，而不自觉也。[①]

黄榦希望门生学人不仅能信道，而且要用实际行动维护道，坚守义理，才能不随波逐流而沦为庸人。黄榦常常称"先师之道有传，则死且无憾矣"[②]，这是他对自己的要求，他也经常拿来与同门或门人交流。他给叶士龙写信鼓励他传道并曰：

　　乡曲书馆，可以接续子弟，得所矜式，事亲治家，往来良便，如是足矣。[③]

---

① 《竹林精舍祠堂》，《勉斋先生黄文肃公文集》卷24。
② 《与叶云叟书》，《勉斋先生黄文肃公文集》卷16。
③ 《与叶云叟书》，《勉斋先生黄文肃公文集》卷16。

黄榦不止一次鼓励弟子教书授业，传授朱子学。

（二）讨论为政：独立不惧

黄榦自言与朋友共之的立世之本，即行世之本是"独立不惧"，曰：

> 生平所闻于师友可以终身行之者，只是"独立不惧"四字，愿与朋友共之也！①

他也与杨复讨论政事与政见，曰：

> 适以计台挠政，不欲与之竞，亦不欲为之屈，遂引疾丐祠，其事亦甚微，然较之束带见督邮则大矣，但今之士大夫见得未分明，故亦不能无疑耳，争米事势不容，已受人牛羊为之求牧与刍，岂可为人掣肘而坐视百姓之饿死耶？②

"争米事"指的是黄榦在汉阳饥荒时粜米，邻郡鄂州长官吴柔胜争米事，但黄榦宁愿失官也不愿坐视百姓饿死，故有此说与朋友共之，而后吴大悔悟，反以此推举黄榦的功劳。

黄榦仕给同门朋友潘柄写信时叙及此事曰：

> 到此百怪皆有，真不成世界，以虎狼之暴，盗贼之狡，而当方面之寄，视百姓如草菅，视僚属如奴，此岂可入其境哉？初亦自理郡事，不复相关，适以大旱，渠自与吴漕为敌，始则相抗，而遣卒数十人，入本军之境，拦截米船，不得过武昌，既而吴闻之朝廷，又欲夺本军之米，以媚武昌，其行遣之间，可怪可笑，

---

① 《答林季享书》，《勉斋先生黄文肃公文集》卷14。
② 《复杨志仁》，《勉斋先生黄文肃公文集》卷11。

初亦以吴为贤，且得相依，吴又不晓事，使客气渐以相及，只得引疾，丐祠以归。数郡大旱，监司无一人问及，饿死不可胜数，更不堪者，眼数百人为群，上人家丐米，丐者，夺之异名也，又只得捕而戮之，是何世界，如此榦幸而力抗两司，籴得米四五万石，以赈粜所活者万家，他皆不暇恤也。①

黄榦叙争米事的具体情境，在与朋友的反复讨论中，黄榦更加坚定了自己的信念，所以他才能真正做到"独立不惧""力抗两司""以赈粜所活者万家"。黄榦因筑城事遭到其他官员的反对和毁谤，朋友林宗鲁告诉了黄榦，黄榦曰：

> 来书所谕以版筑之役，谤言四起，尤使人慨然便欲谢冠冕而从农圃也。顾生平本不作荣进之想，直以为贫，如为人佣雇姑就斗升之禄耳，乐则行，忧则违，谤与不谤，用与不用，亦何足计，顾彼谤者，固非也，汲汲解其谤者，亦非也。置此身于天地间，以听天之所命，但得不得罪于当世之善人君子，足矣，他何足恋，他何足畏哉？②

黄榦直言自己对仕途是"乐则行，忧则违"，不惧人谤，认为做好自己，不得罪善良的人和君子就行了。他与朋友讨论世风不正，认为是"义理不明，人心不正，举世滔滔，聚一大团私意于天地间，如浓胶厚漆牢不可解"③，而能够挽救世风的只有"明义理，正人心"。他认为只有学习讲明"道"，使大家明白"道"，才能挽救一切，曰：

> 以为天地之阃，辟古今之往来，人物之所以生，风俗之所以

---

① 《答潘谦之》，《勉斋先生黄文肃公文集》卷10。
② 《与林宗鲁司业》，《勉斋先生黄文肃公文集》卷12。
③ 《与孙行之正字》，《勉斋先生黄文肃公文集》卷13。

成者，以有斯道存焉耳。斯道不立，则不惟吾身失其所以为人者，而凡天地之间，往往乖戾拂迷，而不自理吁，其亦可畏也。夫尧、舜、禹、汤、文、武所以兢业于上，孔子、子思、孟子、周子、程子、张子所以讲明于下者，凡以为此，而吾徒生而蒙父兄之训，长而闻师友之论，其所当汲汲用力者，舍此宜无大者焉。①

"道"不立，个人无所归依，天地之间也就大乱了，所以黄榦鼓励弟子一定要"汲汲用力"于道。杨通老是朱子门人，也是黄榦的友人，杨时为江西漕运使，主管粮食，黄榦写信与他讨论对江西健讼之风的看法：

> 大抵江西健讼成风：砍一坟木则以发冢诉；男女争竞则以强奸诉；指道旁病死之人为被杀；指夜半穿窬之人为强盗，如此之类不一而足，仁人君子爱物之念切，嫉恶之意，深鲜有不为之动者，故凡有诉，州县理断，不当之法，莫若且索案，或具因依申，不可便予决也，若便追人，若便送狱，曲直未明而被害已多矣。②

黄榦直接提醒他曰：

> 今日之病，兵不素练，粮不素储，卒有缓急，何以支吾。榦日夜有不恤纬之忧也，兵非漕司所掌，粮食一事，恐宜加意。今岁江西虽小歉，较之常年亦为乐岁，朝廷既不知籴，大家亦有余粟，更须算计，漕司财赋除起解之外，不若以赢余委州县廉明官

---

① 《答林子至书》，《勉斋先生黄文肃公文集》卷14。
② 《与江西漕杨通老》，《勉斋先生黄文肃公文集》卷3。

吏，择税钱最多人户，平价和籴，或万石二万石随吾钱之多寡收
籴，於南昌江滨置仓盛贮，每岁增益，若岁有凶歉，则平价出
籴，旁郡凶歉可移以赈之，若加之师旅，则亦可资以给饷岁，或
屡丰则以代输上流州县之纲。①

江西虽健讼成风，黄榦认为一定要查清查明，否则"若便追人，若便
送狱，曲直未明而被害已多矣"。面对"兵不素练，粮不素储"的状
况，黄榦无能为力，但他劝告身为漕司掌管粮食的好友杨楫要掌握现
在丰收的时机，蓄积粮食，以备凶歉年岁和师旅之用。

第二节　黄榦发展道学的思想

黄榦为官前，已经是著名的理学家，他在为母居丧时，慕名的学
生就很多。而身为政府官员的经历使黄榦的人际关系网得以扩大，学
习道学已经成为许多被科举排除在外的南方士人的选择，如果在他们
所居住的地方，正好有一个较著名的道学学者，那么这个学者就会拥
有许多学生。如上文提到的黄昇的祖父黄振龙，是黄榦的学生，他在
科举考试时曾得到真德秀的赞扬，并与之深交。从此后便"慨然以岁
月迟莫，役志俗学为恨"，并以高龄和儿子一起投到黄榦门下专心于
朱子学。由此，他赢得了地方社会的尊敬，"乡邻之志于学者，莫不
喜从君游"②。

一　发展道学中坚人物

郑文遹，字成叔，是黄榦十分器重的道学朋友，平日好学深思，

---

① 《与江西漕杨通老》，《勉斋先生黄文肃公文集》卷3。
② 《贡士黄君仲玉行状》，《勉斋先生黄文肃公文集》卷33。

读书废寝忘食，沉潜反复。"闻黄榦得文公之传，遂受业焉"①，在黄榦的《勉斋先生黄文肃公文集》里，保留有与郑成叔的通信 28 通。黄榦曾为郑成叔的家塾写过《怡阁记》，为其父郑伦（字次山）和其外祖母方夫人写过墓志铭。② 黄榦欣赏郑成叔为人"襟度夷旷，智识闿爽"，黄榦对郑成叔"爱之敬之"，尝语曰："成叔苟非其义，虽禄之万钟而不受。"③ 由于十分欣赏郑成叔，黄榦"尽告以所闻"，并在朱子面前称其"贤且智也"，④ 在黄榦的引荐下，郑也受教于朱子门下。黄榦多次邀郑成叔到书院或讲学处相聚讨论，并与郑共同编写《仪礼经传通解》的《丧》《祭》二礼，在给郑成叔的信中，黄榦曰："仪礼编次，殊未有伦，理得一二朋友如成叔之敏为两三日之集，则此意可遂矣。"⑤ 考其书信中关于编写礼的交流，黄榦在主持编写礼书时郑成叔出力不少。

不仅如此，黄榦还介绍郑成叔认识道学人士，他介绍郑成叔认识同门友人杨楫（字通老）曰：

> 杨丞通老来此，此人却是武夷门朴实做工夫人，无一点世俗态，信道甚笃，深可敬重度，更留此半月余，不知成叔能及见之否，若拨冗一来住两三日亦佳。⑥

黄榦赞杨楫"无一点世俗态"，"信道甚笃"，杨楫打算在黄榦那里留半月余，黄榦希望郑成叔抽空过去住上两三日一起交流切磋学问。在

---

① （清）李清馥：《贡士郑成叔先生文通》，《考亭渊源录》卷 17，文渊阁四库全书本。

② 参见《勉斋先生黄文肃公文集》卷 7《与郑成叔书》，卷 17《郑次山怡阁记》卷 35《郑处士墓志铭》《方夫人草志铭》。

③ 《郑次山怡阁记》，《勉斋先生黄文肃公文集》卷 17。

④ 《贡士郑成叔先生文通》，《考亭渊源录》卷 17。

⑤ 《与郑成叔书》，《勉斋先生黄文肃公文集》卷 7。

⑥ 同上。

另一通信中黄榦曰"此间朋友甚思一见成叔,若得五七日暇,只取边江汤里,借问入溪路,则至此不远矣"①。黄榦不仅介绍郑成叔认识杨楫,还介绍郑认识更多的道学朋友。

朱子殁后,黄榦一直以汲引后学为己任,他曾书云:"乡间朋友渐知义理者多,更赖成叔振拔激昂之,使师传不废,莫大之幸也。"②黄榦希望郑成叔投身于接引后学,曰:"况朋友讲习者,亦苦无坚强奋发之意,此道不明二三千年,方得二三大儒讲明,以大振坠绪欲,一一以望之世人亦难矣,但一向如此,则斯文之不丧者,几希昆仲不读世间书,异日相从于寂寞之滨者,有此耳类。"③郑成叔参加过多次科举,黄榦希望郑成叔"不读世间书",不读有关科举之书,而专心讲习传播道学。又曰:

> 但处非其位,尚赖成叔诸兄相与维持,得不至疏脱为幸,世俗浅薄,深恐因此遂蹈悔尤也,然天理人心,有不可泯灭者,择其善者相与劝勉,亦足以少助吾道之势耳。④

因为黄榦为官在外,无法讲学,他叮嘱在家乡讲学的郑成叔"相与维持"其学,并"择其善者相与劝勉",刻意于后学。在下一封信中,黄榦又曰:

> 乡间朋友渐知趋向者多,更赖成叔振拔激昂之,使师传不废,莫大之幸也。⑤

① 《与郑成叔书》,《勉斋先生黄文肃公文集》卷7。
② 《贡士郑成叔先生文通》,《考亭渊源录》卷17。
③ 《与郑成叔书》,《勉斋先生黄文肃公文集》卷7。
④ 同上。
⑤ 同上。

"渐知趋向"指渐知义理，黄榦对身为理学教师的郑成叔传播朱子学寄予了极大的希望。

黄榦的同门陈彦忠不幸去世，没有丧葬费，黄榦请郑成叔出面请朋友帮忙捐金资助，曰：

> 陈彦忠以九月廿四日死于建宁之客舍，无以为棺敛之资，尝率此间亲故助之矣，然后事可虑者甚多，鄙意欲得成叔为之纠率乡间朋友，尝与彦忠往来者，如寅伯大哥、舜和、谦之、子立、履之、用之诸人衰金以赙之，此已驰书恳潘溥之矣，彼中惟成叔与之最厚，当为劝首，亦须稍厚，乃可此事不可缓。若得之，不可付其家，恐妄用，只递来此间，或留以俟。

黄榦之所以请郑成叔出面向道学朋友筹资陈彦忠的丧葬费，是因为郑成叔与上述道学人士最相熟，故黄榦请他为"劝首"。不仅如此，黄榦还请郑成叔、林宗鲁、潘谦之等道学朋友照顾他的侄子，为他求托。郑成叔科举落第，38 岁时通过了福州解试成为贡士，但后来的省试一直没有通过，黄榦多次劝解郑成叔说：

> 白举业为士子锢疾，不惟义理全不明，而文字亦全无纲纪，补辑萎弱亦无次序，如醉人说话滔滔皆是也。如昆仲裁真读本分书，实可为后生法也。

黄榦对郑成叔寄予厚望，希望他不再习举业，但郑成叔一生都困于科举，57 岁时再次参加省试仍然失败，奔波于京师和江浙之间时在京师病逝。郑成叔虽然没有做官，但在地方上却享有较高的声望，是因为他在乡里教导后进学习"道学"，著书立说，宣传道学理念，因此成为当地的道学领袖人物。

李道传，字贯之，自蜀到东南南康任职，"以不及执经晦庵朱先生之门为恨，凡从先生游者，皆诎首愿与之交，凡先生之遗书，与其师生问答，皆手抄成诵，昼夜不倦"①。热爱道学的李道传的行为完全符合黄榦心目中道学家的标准，黄榦对李道传寄予厚望，认为"使贯之及登先生之门，当不在诸子之下"，"先生殁而私淑诸人，以有得者当以贯之为首"，② 黄榦常常与李道传讨论"道学"的各种现实问题：

> 大抵小人为非，固可恶，吾人以善类自名，而胸中全是利害者，尤可恶！所以使吾道为世所鄙薄者，皆斯人为之也！得尊兄在东南，不惟前贤道学之绪得所托，而政事气节遂为一世仪表，亦国家宗社之福也！榦投老山林，窃自增气，不知手舞而足蹈也！③

他批评道学人士中的"胸中全是利害者"，认为正是他们坏了道学家的名声。李道传时在东南一带为官，黄榦希望他在东南一带传播道学，另外，李道传的"政事气节"为"一世仪表"，也希望他以之为道学家正名。

因黄榦跟随朱子时间很长，故朱子门人大多与黄榦多少有过交往，门人中的中坚力量在朱子殁后也相继去世，人数越来越少，黄榦举"闽中则潘谦之、杨志仁、林正卿、林子武、李守约、李公晦"，"江西则甘吉父、黄去私、张元德"，"江东则李敬子、胡伯量、蔡元思"，浙中则"叶味道、潘子善、黄子洪"这些人尚存，④ 黄榦认为从事道学的人越多，那么可以"此道大明"，进而可以改变风俗，他说：

---

① 《李兵部祠堂记》，《勉斋先生黄文肃公文集》卷18。
② 同上。
③ 《与李贯之兵部书》，《勉斋先生黄文肃公文集》卷14。
④ 同上。

只得此道大明，人物辈出，清议所在，彼自无所容其喙，亦且有所畏缩顾忌或革面以从善也！吾人所能致力者，止此而已，最是廉耻道丧，风俗波荡，略无羞恶之心，但知贪利嗜进，吾辈中，非卓然有特见者，未有不为之移惑，以丧其所守也。①

黄榦认为因为风俗日坏，即使道学中人只有"卓然有特见者"，坚守道义，才能"不丧其所守"，如果不坚持原则，那么道学中人也难免不作恶。希望"道学大明"后，学习道学的人多了，议论也多了，那么世风就会改变，而那些"贪利嗜进"之人也会变得善良一些。希望从道德上去改变风俗，让人弃恶向善，以"道学"来影响和改变现状。李贯之作为使者视察下郡，他叮嘱曰：

按行属郡具得吏治，民情之大要，酌其利害而罢行之，此使者大务也，今从仕亦只得如此，若欲百姓真得苏醒，非大有所更张不可也。②

一般官员为政循习，良吏难求，是因为义理不明，判断不清。黄榦听说李贯之重病后，给胡伯量写信请他约道学朋友一起探视李贯之。李贯之不幸早逝，殁后两年，黄榦的另一个门人陈宓（字师复）为之在南康军庐山栖贤寺立祠，黄榦记叙了为李贯之立祠的过程：

李贯之一世奇士而止于此，每窃怜之，前承陈寺丞已为立祠，遂为记其所以立祠之意，亦使往来者知有吾贯之也，更得司直同南康诸人与贯之厚者，各为题数语，以见其为人。庶几祠可以不废，亦足以见吾辈交游之情也。③

---

① 《与李贯之兵部书》，《勉斋先生黄文肃公文集》卷14。
② 同上。
③ 《与李敬子》，《勉斋先生黄文肃公文集》卷3。

又曰：

> 陈师复已为贯之立祠，此公真使人不能忘之，师复刊其诗，以为祠乃僧所立，未免为著数语，以见吾人爱贯之之意，亦足以使学者有所兴起也。①

黄榦本打算以李贯之为道学传播的中坚力量，希望道学通过李贯之得以在东南一带传播，希望以李贯之作道学家的榜样为道学正名，李贯之的早逝使黄榦十分遗憾，他经常向朋友惋惜：

> 得明甫辈十人布在四方，吾道庶几矣。今欲再趋函丈使得与课社朋友往复商榷，当不为无益也。先师发明义理，至精至备，后学难得担负者，向来只得一李贯之可望，乃至于此。去冬有蜀人家，字本仲者来访，与之语涉月，极不易得，多读书持身甚介，玩理甚精，务学甚实，于贯之伯仲耳。②

虽然得到了明甫等数十门人传播朱子学，但黄榦仍然十分怀念他曾经寄托厚望的李贯之，而另一个后学家本仲，是黄榦觉得唯一可以与李贯之相匹敌的人。

陈宓（1171—1230），字师复，是黄榦看重的另一个门人，黄榦原本对陈宓和李道传所报的希望最大，认为这两人在地方上做官，可以为传道带来更多的方便。陈宓于黄榦去世前四年才拜黄榦为师，③认识黄榦时已经是地方官，潘谦之曾经在黄榦面前称赞陈宓，互通书信后，黄榦曰：

---

① 同上。
② 《与李敬子》，《勉斋先生黄文肃公文集》卷3。
③ 参见陈宓《复斋先生图陈公文集》卷10《跋叶云叟示朱文公书轴》云：某丙子岁蒙恩界南康郡符，道建阳，拜文公先生于祠堂，始见黄先生于寓舍。盖尊慕数年，始谐素志，是时叶云叟在焉。文渊阁四库全书本。

重以先师弃诸生,朋友解散,盖不待七十子之没,而大义已乖矣。日夕惕惧,如负芒刺,忽闻执事志道之笃,立行之高,乃如此喜跃不能自胜,想先师九原之下亦当为之击节,喜吾道之有传也。①

初识陈师复,并因陈师复以较有影响力的官员的身份加入道学群体,使黄榦喜不自禁。他邀请陈师复相聚学习讨论,熟悉陈师复后,黄榦常常鼓励陈要以传道为念。相处时间虽短,黄榦却认为陈师复是可承"衣钵之传"的弟子,他曾为陈师复的书房"仰止堂"作记,其寓理学"居敬以立其本,穷理以致其知,力行以践其实,体高山景行,一仰一行,相为先后之意,循序而渐进,自强而不息,始见其弥高,终见其卓尔"之意,表达其"充其好德之心,励其好学之志也"之意。② 对能够任道的陈师复,黄榦对他抱有很大的希望,希望他在为政的同时,能够勉进所学。

黄榦推荐后学到同门朋友李燔那里学习讨论,曰:

新年又六十有八矣,每念先师以一生辛苦著书,以惠后学,光明炜焕,而诸生莫有能达其旨趣者,又复数年,传习益讹,先师之目将不暝于地下矣,以是深以为惧,乡间朋友绝少,昨自临川经从有李武伯者,旧亦尝得从游,见其志虑坚笃,因与之归,此留三阅月,嗜学不倦,岁晚言归,恐其荒怠,因勉其往,承教诲更望扶持之为佳。③

他担心朱子学传播出现"传习益讹"的现象,是因为真正有力的传播者少,他推荐临川门人李武伯到李燔那里学习。李武伯是黄榦在临

---

① 《复陈师复监簿》,《勉斋先生黄文肃公文集》卷13。
② 《陈师复仰止堂记》,《勉斋先生黄文肃公文集》卷18。
③ 《与李敬子司直书》,《勉斋先生黄文肃公文集》卷3。

川时的学生，因"志虑坚笃"，得黄榦赏识，黄榦归乡后担心李武伯学问荒废，就推荐他到李燔那里学习。

黄榦在各地发展道学中坚人物，鼓励他们大力传播道学，他担心人们误解朱子学，故鼓励后学多讲习讨论。他希望郑成叔能放弃举业，至少能不在意举业，而一意于道学；他希望李道传在东南一带形成学派。除了上述几人，黄榦还不断地寻找新的"可以托道"的后学，希望通过他们，使朱子学传播下去。

二 发展门徒，讲学聚会

无论是为政还是为学，尤其是为学，黄榦十分重视师生朋友（"朋友"在黄榦那里，一般指从学的同门或门人）间的交流和讨论，他反复讲过朋友互相讨论切磋的重要性，他认为道的显晦在于人物的盛衰，而义理是靠讲习才能明白的，德性是靠互相观摩才能更好，独学而无友的话，则易"学问废而识见浅，绳约弛而怠慢生"。① 他进一步举例说：

> 一二年间，天启其衷，多闻直谅之益，不待取之四方，而坐得于闾里之秀，善而或予告也，过而或予箴也。义理之辩，蚤思之不待莫而质焉，可也，莫思之不待越宿而质焉，可也，岂比夫侧居僻处而动离索之叹者哉？②

与朋友反复讨论，是他一生一直坚持的。黄榦给其门人或同门友人或有志于道学的士人写信，鼓励他们学习道学，并且多与朋友讨论，经常向朋友汇报近期学习讨论的情况。他提倡同道之间要互助互警，黄榦给同门杨楫写信讨论门人学习道学的情景：

---

① 《答郑子立书》，《勉斋先生黄文肃公文集》卷14。
② 同上。

且志仁、景孙继至，因得绅绎旧闻，茅塞旋除，然亦可暂而已。窃闻德政所加，人吏相孚，财赋既可办，则抚字乃优为者，学道爱人之效，岂真所谓伪也哉，志仁立志坚苦，穷理不苟，友朋中所难得；景孙笃实，可与共学，但恨不能久留。①

他希望杨楫能够真正"学道爱人"，并介绍了门人学习道学的情况。黄榦邀请潘柄（字谦之）和郑成叔一起来相聚，他鼓励他们不要懒惰，希望天天能在一起讨论，曰：

契兄昆仲及成叔兄弟能偕来否，先生衰病，气满筋挛，然修书诲人之意未尝顷刻忘也，吾辈可谓懒惰之甚者，当相与努力，以副其所期也，今岁之集，更须倍加功以补，此空闲之月乃佳，鄙意欲每日相聚，共看经史文集，不以长少，各立程课，庶一日有一日之益，不至虚辱朋友之意。②

黄榦建议"每日相聚，共看经史文集，不以长少，各立程课，庶一日有一日之益"，天天相聚学习。不仅如此，为了团结门人，使门人能够言行一致，黄榦在郑成叔的帮助下，与同道立下同志规约，"大要欲明义利，谨操守，以厚风俗"③。《辅仁录》记载了当时定期共同聚会学习的道学人士的名单。黄榦为《辅仁录》作序曰：

人之生，同禀此气，同具此理，大吾心而达观之，不见其为异也。朋友之交亦去其物我之私而已。有善焉，公为之，有过焉，公改之。资人以成己，推其所以望于己者，而勉人也。尽其心、平其气、毋匿、毋拒、毋徇、毋恶，则故旧之情将铭诸心，

① 《复杨知县通老》，《勉斋先生黄文肃公文集》卷4。
② 《与潘谦之》，《勉斋先生黄文肃公文集》卷10。
③ 《贡工郑成叔先生文通》，《闽中理学渊源考》，文渊阁四库全书本。

而不能忘也。①

引文道出了黄榦对朋友的认识和看法，朋友之交"去其物我之私而已"，要互相勉励，互相警示。黄榦所接引的后学，其品性都通过了考察：

> 想且留九江，敬子诸公必来相聚，深恨不得周旋其间听教诲也。此间亦有十数士友相从，大抵皆故人之子弟，有杨志仁识趣端正，方伯谟之子吉父刚毅不苟，可为领袖，公事之暇亦不落寞也。②

杨复，字志仁，黄榦编写的《仪礼经传通解续》中《祭礼》尚未完善，杨复修复其稿，曰"丧祭一礼，非契兄未易言，此日夜念念，千万早来，旧本并携来为佳，当得与二三同志共成此书也"③。黄榦又多次请杨复一起讲学，曰：

> 先师云亡，朋友寥落，此道无与共讲者，不知契兄能一出否？若能挑包行脚相与讲明此道，所不敢望之他人也。④

杨复是黄榦教学工作的得力助手，黄榦经常邀请他相与讲贯。杨复跟随黄榦的时间也较长，黄榦也十分欣赏杨复，认为杨复最能思索，可以讲学，听到朋友间讲习的消息，黄榦深感欣慰。黄榦经常介绍从学者就近从学，他介绍临川的门人黄伯新去请教同门李潘（字敬子），黄榦曰：

---

① 《辅仁录序》，《勉斋先生黄文肃公文集》卷19。
② 《与李贯之兵部》，《勉斋先生黄文肃公文集》卷14。
③ 《复杨志仁书》，《勉斋先生黄文肃公文集》卷11。
④ 《复杨志仁书》，《勉斋先生黄文肃公文集》卷11。

> 敬子李兄，信道甚笃，志学甚勇，朱先生之门，少见其比，足下无衣食之累，数往访之，为益多矣，朋友难得，更宜勉之，①

引文可见黄榦接引后学之向道之心是十分诚恳的。

黄榦还经常与同道聚会讨论朱子学，不能聚会的人黄榦会告诉他们讨论的主题与结果，曰：

> 叶味道来此已留月余矣，却得相与读先生书，乃知吾辈于要处工夫绝少，"求放心"三字动静之间，更宜百倍加之功，方有倚靠，因此亦粗有省，如象山所谓倍者，恨不得一见相与剧谈也，榦老矣，诸兄正好著力，庶师道之有传也。②

黄榦不断地寻找新的可托道者，继李贯之、杨复、陈宓后，黄榦比较看好的是李武伯、家本仲。家本仲曾请黄榦名其书屋，跟随黄榦学习周程朱之书时，认为周敦颐"无欲则静"是其本原端绪，因此命其斋"无欲斋"，并请黄榦作记讲明。③ 黄榦曰：

> 昨得李武伯在此讲切，武伯去，蜀人家本仲来又得一月相聚，多读书尚气节，立志甚笃，赵季仁以其为人异日所到，当不在李贯之之下，亦各有所长。然亦真不凡也。得真景元书嗜学之志甚至，得陈师复书亦然，此二公者异日所就又当卓然其护法大神也，先师没，今赖有此耳，可喜可嘉。④

黄榦十分欣赏李武伯和家本仲的"读书尚气节"，"立志甚笃"，称

---

① 《答黄伯新》，《勉斋先生黄文肃公文集》卷16。
② 《复甘吉甫》，《勉斋先生黄文肃公文集》卷11。
③ 《家本仲无欲斋记》，《勉斋先生黄文肃公文集》卷18。
④ 《与李敬子司直书》，《勉斋先生黄文肃公文集》卷3。

李、家二人异日可以成为朱子学的"护法大神"。另外，方明父①与饶鲁也是黄榦寄予厚望的后人。一次，黄榦召集杨复（字志仁）、潘柄（字谦之）、方暹（字明父）、饶鲁（字师鲁）一起聚集讨论，这使黄榦十分高兴。

> 此间得杨志仁相聚，谦之又归，殊不落寞，岳阳方兄又远来，殊不易得，饶兄讳鲁，书意向甚正，但得朋友多，斯道有传，则先师为不亡矣。②

"朋友多"，"斯道有传"，这是黄榦最大的心愿。黄榦认为"朋友相聚，人之多寡不必论，但得臭味相似，庶几交相切磋，以张吾道耳"。③ 黄榦劝告朋友对有意向学习道学的朋友要多加鼓励，不要疏远他们，他写信给潘柄曰：

> 郑子立相见否，乡间朋友难得，得其意向如此，肯与吾人相亲，又才气亦非常流，吾人只得扶持之，彼既多与世不合，吾人又疏远之，恐非所宜也。④

郑子立有志于道学学习，但其人个性"多与世不合"，黄榦劝告潘柄要扶持郑子立，不要疏远他。

叶士龙（字云叟），嘉泰元年（1201）投入到黄榦门下学习，师从黄榦计20年，是朱子建阳邻人吴居仁的女婿，黄榦曾为吴写过墓志铭。叶垃是黄榦的高弟，他性格较柔弱，贫穷而至孝，大部分生涯

---

① 黄榦在与方明父的信曰：来此相聚累月，其于义理大端讲之甚明，而志气高尚尤切于义利取舍之辨，殊不易得，勉为不已，向来朋友恐未易出其右也。
② 《与李敬子司直书》，《勉斋先生黄文肃公文集》卷3。
③ 《与潘谦之》，《勉斋先生黄文肃公文集》卷10。
④ 同上。

以授童为生。晚年理学大显时，出任过考亭书院堂长。黄榦劝导叶士龙多读书，不可太柔弱，曰：

> 暇日，千万莫废读书，士人惟此可以立身，不须管闲事，议论人物，徒生悔吝，不若闭门自修之为妙也。榦仰惟吾友以妙年能力学自守，为异乡之人所信向，殊可叹服，更幸勉之。朱先生诸书宜勤读，而所谓"求放心"者，尤宜笃于用功，人生万善具足，只要在人持守，若只讲说得不济事也。吾友虽贫，可以粗足，不可太柔弱，反为人所凌辱，常使在我有毅然不可犯之色，乃佳庚四哥，更望勤教诲之，四郎情性比旧差胜，只是轻儇浮靡之习难除，做工夫不勤苦，好闲讲度日，亦望与之切磋也。①

教导弟子按理学准则去读书做人，黄榦可谓是苦口婆心。在自己的居住地，他招收弟子，并因材施教，对为人孤僻的郑子立，黄榦认为要主动扶持；对性格软弱的叶士龙，黄榦认为他要保有气节，保持"不可犯之色"，才能不为人凌辱。

与黄榦交往的人有的是在仕途的，有的是没有官职的，但是他们同样都关心道学，关心政治，互相讨论，出谋划策，他们中几乎所有的人都可以一起讨论时事和学问。黄榦与朋友们进行学术和政事上的交流修正，寻求更有效的方法参与地方社会的改造，坚定"为民立命"的信念，同道之间也正是通过不断的交流建立起亲密的关系，并一起通过道学实现自己的最大价值。

黄榦在最后几年内，专心著书讲学，与朋友讨论商定，完成了《论语通释》、《仪礼经传通解续卷》、《孝经本旨》、《朱文公行状》等理学作品，于嘉定十四年（1221）三月殁，享年70岁。当时，为之送行的"门人弟子执绋者二百余人，皆衰经菅履，引柩三十余里至

---

① 《与叶云曳书》，《勉斋先生黄文肃公文集》卷16。

山间"，可见其门人之多。

第三节　黄榦的努力：信仰和行动的连接

作为朱子最忠实的弟子，黄榦一直把传播朱子学视为自己一生最重要的责任和义务，无论是身为地方官员还是地方士人，他都在致力于朱子学的传播，扩大其影响力。而身为地方官员到各地为官为传播朱子学提供了更大的优势。通过到各地为官，黄榦把朱子学传播到各地，利用一个有威信的地方长官的人际优势，再加上自身本为著名的道学家身份，所以更多的人愿意跟随黄榦学习道学。为官后的黄榦是通过以下方式传播道学的。

一　县学、军学理学化

黄榦继承朱子思想，十分注重教育，认为"义理非讲不明"。他在为官前已经是著名的道学家，为官后更是以县学、军学等官学做阵地，宣扬朱子学。县学是旧时供生员读书的学校，科举制度童试录取后准入县学读书，以备参加高一级考试，谓之"进学""入学"或"入泮"，士子称"庠生""生员"，俗称"秀才"。一般县学主要是为科举制度作准备的学校，但黄榦却不这样认为，他认为县学的主要作用是"正风俗，正民风"。黄榦曾为吉州永新县学写过一篇记文，曰：

> 庆元开禧间，抵排道学之说，指士之洁廉好礼、诵先王之言、行其道者，一切以伪目之。贪得嗜利之流，习为苟贱无耻以自别于道学，阿权奸、窃威福、志气盈溢。遂启兵端，偾军杀将，两淮荆襄为之骚然。东南之民困于供亿，监司、州县方且括民财、奉苞苴，民不胜其困。江西之俗，豪家富室喜于兼并，为之守令者不惟无以抑之，而反纵之，而细民又困矣！夫民生不见

礼义之及，已而困于衣食之不足。幸灾乐祸，以图逞其不平之愤，则去为盗贼，而焚烧县邑、贼害良民者，势使然也。知盗之所由兴，起于不悦学，则弭盗安民之术，舍学何以哉？此则范君之所为汲汲也。夫子之言曰："君子学道则爱人，小人学道则易使也。"使夫子之教行，则进贤退不肖者，必不肯用民之贼；为监司守令者，必不肯为民之贼，富民必不肯兼并细民，亦不肯相率而为不义。如是，则不惟盗贼之可弭，虽使人有士君子之行，可也。然则范君之所尚俗，人以为迂而君子以为急。不惟永新之为官民者所当知，而天下之所当取法也。故为之推广其意，而记其学成之岁。①

黄榦在这篇记文里，说出自己对县学的期望是学礼义，然后达到孔子的目的"君子学道则爱人，小人学道则易使也"。而黄榦则进一步希望永新县学兴起后，人们通过学习可以达到"则进贤退不肖者，必不肯用民之贼；为监司守令者，必不肯为民之贼，富民必不肯兼并细民，亦不肯相率而为不义。如是，则不惟盗贼之可弭，虽使人有士君子之行，可也"。黄榦写此记的另一个目的就是推广他县学。

黄榦记叙朱子十分重视教育的事，他在县学受赵季仁之扎，代书朱子"四斋箴"以诲学者"以义理为归"。

晦庵先生以绍兴癸酉主簿兹邑，时年二十有二也，其拳拳于学校之教悉矣，而又为此铭而以诲学者，欲其目之所睹，耳之所闻，无适而非义理之归。②

黄榦在自己做了县令后，十分热衷于县学的教育，以推广道学思想。

① 《吉州永新县学记》，《勉斋先生黄文肃公文集》卷17。
② 《代书晦庵先生四斋箴》，《勉斋先生黄文肃公文集》卷20。

黄榦到任临川县后，政事之余，积极推进学校建设，郡守请黄榦到郡学讲课，黄榦就以"四德四端之要"为题讲解和传播朱子的道学思想。① 宁宗嘉定二年（1209）三月，在黄榦的倡导下，临川县新作临川县学。黄榦在与杨信斋的信中颇遗憾临川县学里没有积极学习道学的士人，信中说：

> 县学落成，不以试选而以公选，肯来读书者则容之。颇成伦叙，但未有毅然任道者。②

黄榦挑选县学的人选"不以试选而以公选"，标准便和一般县学不同，只要肯来读书"则容之"，但当时黄榦还没有发现"毅然任道者"，可见黄榦十分注重朱子学传播，时时寻找可"任道"之人。事实上，黄榦在临川县开设的课程后来收获颇丰，黄榦的一个重要门人何基就是在这个时间入黄榦门下学习，何基后来成为金华学派的中坚人物，使朱子学在金华一带产生了重要影响。

黄榦也经常主持一些县学的祭祀活动，早在闽县县学谒先圣文里，黄榦曰：

> 后学黄榦谨率同舍拜谒于先圣先师，榦等适以今岁聚学于先圣之宫，惟先圣所以教人见于门人所记者曰：博我以文，约我以礼。又曰：子以四教：文、行、忠、信。盖博文所以致其知，约礼所以见诸行，加之以忠信诚悫之心。则知无不精，行无不笃也。窃尝闻于当世宗师者，如此敢不痛自循省，勉励同志，以无负先圣之教。③

---

① 参见《临川郡学讲义》，《勉斋先生黄文肃公文集》卷24。
② 《勉斋先生黄文肃公年谱》宁宗嘉定二年（1209）己巳条。
③ 《闽县学谒先圣文》，《勉斋先生黄文肃公文集》卷22。

博文是致其知，约礼是见诸行，黄榦在县学强调"博文约礼"。

黄榦在知新淦县时给同门杨楫的信中，批评当时县学实为摆设，达不到教化的目的，建议建立规程，曰：

> 州县有学最关风教，今皆以为文具……学校虽存，教授固当教，提学者又岂可不提之耶？须是立为规程，学生必宿学，教授每日必入学，诸生读书必有课程，教授检其勤怠而赏罚之，旬申提学，提学亦间遣有学术德望之人巡视之，又以见教授之能否而殿最之，异日必有人才可为世用，此其为益大矣！今之为运使者，未有知此者也。不惟今日，数十年亦未有知此者也！自我举之，则将有闻风而视效者矣。此非细故也，与其徒创东湖之美名，而不思教养之实义者，大相辽绝矣。所谓规程者，更须熟思之，榦今亦欲行之于新淦，俟有规模，亦可相参考也。①

黄榦认为县学最关风俗教化，而现存县学却没有这个功能，他给友人提出办县学办成理学式的县学，"立规程"，定制度，对学生教授都要考核。他特别提出希望自道学人士开端，其他州县能闻风而效，他提出的这套规程也打算在任所新淦实行。

黄榦在新淦县学亲自讲学，② 并受杨楫的邀请到东湖书院讲学③。

黄榦知汉阳军时，宁宗嘉定八年（1215）秋，始治学政，五日一下学，劝课诸生讲诵，亲自监督讲授。有《汉阳军学孟子讲义》二十篇。他给杨复写信讲述在汉阳郡学的情况：

> 某行且一考，秋间方整顿学校。过一、六日下学，与士友讲说，且课其读《论语》，使之自讲大义。湖外士子却质直可喜，

---

① 《复江西漕杨通老》，《勉斋先生黄文肃公文集》卷4。
② 《新淦县学四》，《勉斋先生黄文肃公文集》卷24。
③ 《隆兴湖东湖书院讲义》，《勉斋先生黄文肃公文集》卷24。

且开其路，异日亦当有兴起者耳。①

可见黄榦在汉阳郡学所教的内容也全是道学规定的课程。黄榦不仅亲自教学，还请一些教师来教学，认为"守令之职，不惟治狱讼，理财赋，正欲崇学校，养人才，使教化行而风俗微"。②

黄榦不仅自己在县学传授朱子学，还请同门友人也到县学传授，他请友人潘柄到县学一起讲论，曰：

> 县学极齐整，又日瞻先圣以为依归，莫大之幸。不知尊友能一来相聚旬月否？两月得侍先生诲论，方悟向来学问差处，尤欲与朋友共正之。齐中规矩，只得十分严整，不然误人子弟，罪有所归也。廿一日入学，廿二日便略与诸友拟试，俟补试后诸友齐集，鸠金买牲，舍菜于先圣，遂讲光斋之礼。初一日即立定规绳，读大略如此，恐吾兄欲知之也。③

黄榦所在的县学完全按照黄榦所设定的规定，首先明确立定规程纪行，然后行舍菜礼于先圣等。

黄榦制定的"立规程"等做法的目的是挑选更优秀的弟子以"任道"，是为了正风俗，使人能够既博文、又约礼，在知识和行动两方面进行实践，为地方教育的发展做出了贡献。但也由于黄榦等弟子的示范作用，后世进行朱子学学习的士子只能读被规定的朱子学书籍，考试的内容也只以朱子学为范围，禁锢了朱子学的发展。从某种程度上，黄榦及同侪提倡的这些做法对后世产生了不好的影响。

---

① 《复杨志仁》，《勉斋先生黄文肃公文集》卷11。
② 《帖军学请孟主簿充学正》，《勉斋先生黄文肃公文集》卷37。
③ 《与潘谦之》，《勉斋先生黄文肃公文集》卷10。

二 建立道统祠、庙学

祠堂一般是祭祀祖宗或贤人的厅堂，州县建立祠堂多是为了供奉和纪念先圣先贤，后来发展到供奉和纪念名臣名儒，儒家建立的道统祠是为了弘扬儒家道统、供奉儒家圣贤，供奉的人物不同，代表尊崇的学派不同。如王安石就因时势的不同时而被请上祠堂，时而被请下祠堂。

美国汉学家包弼德曾说过：朱熹曾积极推动道统祠的建立。到了13世纪初，道统祠已经遍布南宋大部分州。道统祠原本是为了纪念周敦颐和二程在孟子之后重新寻获"道"而建。它们对属于官学系统的孔庙的儒学论述是一种挑战，在理学家眼中，许多获得从祀孔庙的古今人物（包括王安石，直到1241年），并不理解什么才是真正的学术。不仅如此，和一些纪念地方人物和乡贤祠不同，道统祠是全国性的。地方士人在早期的理学大师没有涉足的地方建祠，以表示他们献身于"道"的决心。朱熹指出，道统的继承人显示，通过学术，而不是权势或官位，也可获得影响力与名声。道统祠堂因此在一场全国性运动与地方之间建立起联系，地方士人可瞻仰他们的画像，阅读他们的著作，并讨论他们的贡献。而且地方士人也可添加自己的诠释：他们可以为地方上的理学家建立另一个祠堂，或者把地方上著名的理学家和那些大师摆在一起。① 事实也确是如此。

黄榦曾积极地宣扬朱子的正统的道统地位，其代表作就是《圣贤道统传授总叙说》，此文出后，对后代的道统说影响十分深远。除了发文阐明朱子的道统地位外，黄榦到州县做官后，每到一个地方，必要建立新的道统祠，把二程、朱子等道学家请进祠堂享受祭祀。

每建立一个新祠堂，黄榦都会写下一篇叙道学道统传承的谱系，

---

① 本段论述观点详参 ［美］包弼德《历史上的理学》，浙江大学出版社2010年版，第217页。

以讲明师承渊源和朱子的正统地位。

鄂州教授石君之父为朱子门人，委托黄榦为州学四贤堂写记，祠周敦颐、二程、朱子，黄榦写下《鄂州四贤堂记》，宣扬师儒之职，号召后学以朱子等为榜样，传道统于世，并强调尊师重道之意。黄震评论该文曰：此记极陈道原之自出以及道统之由传，可以成诵。① 嘉定五年正月，黄榦代同门刘烩做《台州四先生祠堂记》②，祠周敦颐、二程、朱子，并叙其道统之传承。黄榦指明建立此祠的目的"庶几邦人有所向慕兴起，而斯道之不亡，四先生力也。愿有记。某窃惟黄侯因邦人感先生之赐而推原其学之所自出，以风厉之，其于化民成俗之意笃矣！"

黄榦知汉阳军时，除了治学政，亲自教授外，还新作五先生祠堂。祠堂建成后，黄榦带领郡僚及诸生祭祀周敦颐、二程、建安游酢、朱子。之所以祭祀这五人，黄榦曰："记成均之法，择有道德者使教焉，没则祭于瞽宗，谓之先圣先师，国无人则取诸其邻，与其乡邻而尝仕于其国者，二程生于黄陂为汉阳邻壤，门人游氏尝守是邦，而原其学之所自传，周先生实倡其始，朱先生实成其终。"③ 成均泛称官设的最高学府，黄榦祭祀的五人都曾是出色的理学教师，游氏是守过汉阳的理学教师，而其他四位是黄榦的师承。黄榦认为周敦颐倡其学，而朱熹实成其终，给朱子极高评价，"此邦之士知道统之有传，圣贤之可慕"。④

朱子的另一门人赵师端建徽州朱文公祠堂，是因为朱熹原籍安徽，是作为地方上的著名学者被请进祠堂的，请黄榦为之记，黄榦叙其道统之传授后评价朱子曰"禀高明之姿，奋强毅之学，潜心密察，笃信力行，精粗不遗，毫厘必辨，至其德盛仁熟，理明义精，历代相

---

① 黄震：《黄氏日抄》卷40，文渊阁四库全书本。
② 《台州四先生祠堂记》，《勉斋先生黄文肃公文集》卷18。
③ 《黄氏日抄》卷40。
④ 《汉阳军祭五先生文》，《勉斋先生黄文肃公文集》卷22。

传之道粲然昭著"。后曰：

> 虽然思其人不若尊其道，慕其迹不若师其心。今公之书既家
> 藏而人诵之矣，惟不为习俗之所迁，不为利害之所诱，居敬以立
> 其本，穷理以致其知，躬行以践其实，则虽越宇宙如亲见之。道
> 之明且行，世之安且治可冀也。此当世之所宜共勉！①

引文黄榦讲明"思其人不若尊其道，慕其迹不若师其心"，希望大家
要尊朱子的道，做到朱子一生坚持的"不为习俗之所迁，不为利害之
所诱，居敬以立其本，穷理以致其知，躬行以践其实"。

黄榦为另一个地方道学家写祠记赞美其"历险难而不变，处贵显
而不动，抱仁履义终其身而不悔为程门，退然如愚之颜子"②。为李
道传作《李兵部祠堂记》讲明李道传一心向道之意，曰其"以不及
执经朱先生之门为恨，凡从先生游者，皆诎首与之交"③。

掌管安庆府后，黄榦又新建庙学，他改变原来祭祀的先贤，"以
侍讲朱文公先生所定新仪悉厘正之。郡之先贤与周程三先生旧祠学门
外，至是迁之以亚从祀"。他提出"圣人之道与天地并，学校之设，
以明道也"④，认为学习圣贤之道是学校教学的主要目的，学校在化
民成俗的作用中是最大的，一定要重视教育的作用。

黄榦及同侪建立道统祠，并为之写记，一方面刻意提高了朱子等
道学家的地位尤其是朱子的地位，更加确立朱子在道统传授中的正统
地位。即使黄榦及同侪离任后，因为道统祠的存在，地方士人仍然可
以瞻仰道学家的画像，阅读他们的著作，并讨论他们的贡献。⑤ 但另

---

① 《徽州朱文公祠堂记》，《勉斋先生黄文肃公文集》卷17。
② 《平江府和静尹先生祠堂记》，《勉斋先生黄文肃公文集》卷17。
③ 《李兵部祠堂记》，《勉斋先生黄文肃公文集》，卷18。
④ 《安庆府新建庙学记》，《勉斋先生黄文肃公文集》卷17。
⑤ [美] 包弼德：《历史上的理学》，浙江大学出版社2010年版，第217页。

一方面，道统传承具有门户之争的意味，阻止了一些忠诚的学生吸收和学习别家学说，久而久之，墨守一家、囿于成说，从而失去自己独立思考的个性和学术创新空间，反而禁锢了朱子学的发展。

三 书院讲学

在唐代时，佛教大力发展，具有雄厚经济基础的寺庙，频频举行僧讲和俗讲，而听讲或受到感化的人也非常多，儒家学派的人也因此而受到启发和刺激，故在唐末五代就开始出现儒家创建的书院。书院最初是一种民办的学馆，独立的教育机构，是私人所设的聚徒讲授、研究学问的场所，原由富室、学者自行筹款，于山林僻静之处建学舍，或置学田收租，以充经费，个别形成大规模后会受到政府的干扰。北宋时，以讲学为主的书院日渐增多，到了南宋，随着道学的发展，书院逐渐成为学派活动的场所，它注重培养人的学问和德性，而不重视科举应试，它与县学的最大不同是私人办学成分多一些，所以更自由一些。张栻、朱熹、吕祖谦、陆九渊等学者开始修复书院并在书院讲学，使书院成为学派活动基地及讲学的重要场所。

黄榦在为官前，一直是作为理学教师在书院学习和讲学，他十分注重书院的建设与教学，嘉定五年（1212）五月，黄榦被调任为江西新淦县令。同门友人杨楫时任江西运判，延请黄榦讲学于隆兴（今南昌）东湖书院，黄榦为书院讲学，曰：

> 贤且知而失之过，则如杨、墨、佛、老，而其流至于无父无君，岂不深可畏哉……若曰"学可以不讲，而一蹴可以至乎圣贤之域"，既未免乎贤且知之过，至于用力不笃，悠悠玩日而卒无得，则虽谓之愚不肖，亦奚不可哉？同志其勉之！[①]

---

① 《隆庆府东湖书院》，《勉斋先生黄文肃公文集》卷24。

他直接批判杨墨佛老，以及"学可以不讲，而一蹴可以至乎圣贤之域"的陆学。之所以如此直截了当，是因为黄榦认为"江西素号人物渊薮，比年萧索尤甚，虽时文亦无杰然者，而况有学术乎？二陆唱为不读书而可以得道之说，士风愈陋。不过相与大言以自欺耳"！①这是他在赴书院讲学前与杨楫沟通过的内容，故他准备的讲义直截了当，提出做学问要"博学之、审问之、慎思之、明辨之、笃行之"②，不仅如此，他还向杨楫提议要立定学规，使学生懂得尊师重道之事。

黄榦十分热心于书院事业，嘉定元年（1208），知临川时，黄榦捐俸与李壁同创书院，书院因面对峨峰而名峨峰书院。黄榦亲自讲学其间，翰林学士王克勤曾为之撰记，元末毁于兵火。③知汉阳时，黄榦以郡守的治所凤栖山为屋，建凤山书院，嘉定八年（1215）十一月建成，"馆四方士，立周、程、游、朱四先生祠"④。

嘉定九年（1216）四月，黄榦奉祠还乡，先到建阳考亭。消息传出，从学于竹林精舍的学生八方云集。黄榦在此撰写了《竹林精舍祠堂讲义》，并开始草撰《朱文公行状》。七月，新作草堂三间丁考亭之寓舍，名以环峰，环峰是黄榦父亲曾居地的山名，人称环峰精舍。命长子黄辂定居于此。据载，宝庆三年（1227），其子曾对精舍加以整修扩建。淳祐四年（1244），理宗为表彰"正学"，赐"环峰书院"额，并择地重建，并诏立祭田。元代亦得朝廷表彰。元末为陈友定所毁。后明代正德年间又经重建，中塑黄榦像，以何基、饶鲁等配。⑤

嘉定十年（1217）三月，黄榦写了一篇《南康军新修白鹿书院记》叙书院由朱子始修，朱子之子增修之的过程，并叙道统谱系以及朱子之志，弘扬朱子的教育思想曰：

---

① 《复江西漕杨通老》，《勉斋先生黄文肃公文集》卷4。
② 《隆庆府东湖书院》，《勉斋先生黄文肃公文集》卷24。
③ 李国均主编：《中国书院史》，第223页，此说目前暂时笔者没有见到别的充足的证据，暂存疑。
④ 《黄榦传》，《宋史》卷430，第12779页。
⑤ 李国均主编：《中国书院史》，第223页。

淳熙八年诏以文公朱先生起家为郡，始得遗址规复之，岁适大祲，役从其简。已而请额与书，以重其事，则其简也，固有待也。继为郡侯、为博士者累累增治，然量力之宜，踵堂之旧，未有能侈而大之者也。嘉定十年，先生之子在以大理正来践世职，思所以扬休命、成先志，鸠工度材，缺者增之，为前贤之祠、寓宾之馆、阁东之斋，趋洞之路狭者广之，为礼殿、为直舍、为门、为墉已具，而弊者新之，虽庖湢之属不苟也。又以先生尝著跪坐之制闻于朝，请厘正之。其规模宏壮，皆它郡学所不及，于康庐绝特之观甚称，于诸生讲肄之所甚宜。宣圣朝崇尚之风，成前人教育之美，皆可无憾矣！周衰道晦，且千余载。周、程夫子始得孔孟不传之绪，未及百年大义乖矣，先生洞究其道而推其所未发，其为郡也，固尝与诸生熟讲之，规诲之，语约而尽矣。今侯亦招致尝从学先生而通其说者，使长其事讲授焉。所望于诸生岂浅哉？苟徒资口腹媒利禄，而治心修漫不加意，则既失崇尚教育之旨。览观山川之胜，周旋堂宇之盛。于心安乎？①

朱子最初修复的白鹿洞书院是古代著名的四大书院之一②，从文献可见大规模的书院修建或修复工程是一项规模较大的工程，已经不是一般私人所能承受的，需要依赖于政府中有修建意向的官员才可以完成，对此，黄榦对重建的官员进行了表彰。后朱子之子朱在大规模重修，在38年前，白鹿洞书院经朱子申请修建后成为朱子学的阵地，在38年后，仍然有人继承朱子遗志，请朱子门人在书院讲授，白鹿洞书院也因朱子在此讲学而名闻天下。

嘉定十年（1217）二月黄榦被任命为安庆知府。黄榦力辞不允后，于该年四月到任。在安庆，他积极筑城备战，白天处理杂务，晚

---

① 《南康军新修白鹿书院记》，《勉斋先生黄文肃公文集》卷18。
② 四大书院为白鹿洞、岳麓、睢阳（应天府）、嵩阳书院。

则入书院与诸生讲论经史。嘉定十一年六月诏下，令黄榦赴行在奏事，黄榦屡辞不就。次年二月，黄榦奉祠还乡，命下之时，黄榦已入庐山访同门友李燔、陈宓，并于白鹿洞书院讲学，他给朋友写信曰：

> 南康已成聚落，临川气象方张，此间亦有朋友自为保社，讲习益明，不至于微言绝，而大义乖，亦先师所望于吾辈也。尊意只得屈意往白鹿，且以吾道为念，收拾得十数人，使此道不至湮晦，最急务也。[1]

南康指的是白鹿洞书院，临川指的是县学，这两个地方都有道学人士专门讲习，这使黄榦感到很是欣慰。这是黄榦写给胡泳的信，胡泳早年曾从朱子读书白鹿洞，其时任书院堂长，黄榦和他商讨去白鹿洞书院讲学，是因为"以吾道为念"，寻找可以托道的后人，使朱子学可以流传下去。

次年四月，黄榦回到闽县老家，置书局于寓舍及城南张氏南园，四方生徒会聚于此，讲解朱熹的学说并组织生徒编写《礼书》等，并构建书楼，以建阳"云谷"命名书楼，以示不忘先师之训之意。嘉定十三年（1220），黄榦致仕，这年春季，在闽县北山匏牺原，黄榦结庐其旁，取名曰高峰书院，专事讲学著述，诸生从学于山间。

黄榦及其同侪所致力的书院，相比较县学而言，自由空间更大一些，成为专门宣传理学思想和活动的专门场所。他们经常召集同门友人等一起聚会研讨，黄榦曾表彰过周谟倡导的"月聚"和"季聚"定期聚会的方法，组织道学社群人员一起讨论学习。在定居法云寺后，他自己也采用了这种方法，并制定《同志规约》，要求学子"每日各读一经一子一史，而以《论语》、《周易》、《左传》为之首。日记所读多寡，所疑事目，并疏于簿。在郡者月一集，五十里外者季一

---

[1] 《与胡伯量书》，《勉斋先生黄文肃公文集》卷6。

集，百里外者岁一集。每集各以所记文字至，与师友讲明而问难之。大要欲明义利之分，谨言行之要，以共保先师遗训之意"。①

理宗（1224—1264）即位后，将理学定为正统学说，书院作为朱熹等理学大师的遗产被官府继承，如上文黄榦所讲学的环峰精舍就被理宗专赐匾额升级为"环峰书院"。景定元年（1260）起，正式通过科举考试或从太学毕业的官员才能成为每个州的书院山长（教授），朝廷也借此控制书院。元代黄榦的后学弟子在其家乡讲学处建立勉斋书院，以纪念黄榦，其记曰：

> 书院遍天下而闽中为盛，大率祠徽国朱文公师弟子居多，若延平、武夷、考亭、建安、三山、泉山、龙溪、双峰、北山之属皆是也，勉斋先生实文公高弟，独无专祠，顾非莅政者之缺欤……于时门人弟子聪明卓越固不为少，然求其始终不渝，老而弥笃者，先生一人而已……著之方册，则《四书通释》、《仪礼通解》尤为有功，盖先生有志于斯世，卒以陆沈下官不能大行其学，固可深慨。然圣贤坠绪非文公无以明，文公遗书非先生无以成，则斯文吾道确乎其有所归矣。先生没，其传之著者在闽则宓斋陈氏，信斋杨氏，在浙则北山何氏，江以西则临川黄氏，江以

---

① 因为没有相关资料可据，本书没有涉及理学传播的乡约这一途径。据包弼德记载，和书院与祠堂一起，宋代的乡约从不同的家庭中吸收成员，建立了一个理学士人社群。乡约是一种联盟。成员以乡约的方式聚集在一起，为互相勉励向善。乡约是由张载的学生吕大均（1031—1082）首先创立。乡约是新法中保甲法之外的另一种选择。它是地方社会自发建立的自我督导的公共系统，而不是通过学习国家立法而强制性地在社会上实施。它同时也是一般信众在宗教组织之外的另一种选择。到了南宋，吕祖谦把学生以"同志"关系组织起来。经过几年的修改，这个组织慢慢从一套规定学生在学校应该如何守规矩的规则，发展为一套正式的规约，约束着参与彼此之间关系的各个方面。吕祖谦的版本为历史上最具影响力的乡约版本——朱熹根据吕大均版本修订，并在白鹿洞书院颁布——提供了参考。……乡约规定每月的定期聚会，由祭祀孔子开始，然后转向诵读和讨论乡约的内容。在此过程中，成员会被提醒什么是他们已经一致同意的善行或恶行等。[美]包弼德：《历史上的理学》，浙江大学出版社2010年版，第217页。

东则双峰饶氏，其久而益著者。①

元朝时书院制度更为兴盛，"书院遍天下"，而"闽中为盛"，而且多为程朱之学的书院，并供祀两宋理学家，"大率祠徽国朱文公师弟子居多，若延平、武夷、考亭、建安、三山、泉山、龙溪、双峰、北山之属皆是也"。在朱子的弟子中，传播朱子学方面，黄榦是"始终不渝，老而弥笃者"，通过黄榦理学的传授在元代已经产生了重要影响的人物还有陈宓、杨复、何基、黄义勇、饶鲁等。

四　社仓的"絜矩"之道

社仓是为防止荒年而在乡村专门设置的粮仓，其管理、发放等体制历代不一。社仓之法因为是古法，故被弃用已久，朱子并不是南宋首个提倡社仓法的人，曾推荐过黄榦的抚州知事高商老是较朱熹更早实施了社仓法的人，这一做法得到朱熹的赞许。朱熹曾在五夫里发生灾荒盗乱时，与乡人左朝奉郎刘如愚共同请求府中拨常平米六百石，赈济乡民，乡里因此而恢复安宁。第二年，乡民归还谷米，官府准予留在乡中备灾荒使用，朱子依古法，在乡间建立仓储存粮，并规定制度，这使农村中救济贫穷的措施由临时性进而成为制度性。② 朱子曾上疏朝廷请求推广社仓法，但随着庆元党禁事件，社仓法虽为人所接受，但没有得到广泛推广。在"伪学"解禁之后，社仓制度又受到理学家的欢迎。

黄榦自己没有机会实行社仓法，但是对周围同侪实施社仓法总是十分支持和赞扬。宁宗嘉定八年（1215），黄榦的好友李道传任提举江东常平茶盐公事职，"摄宣州守，行朱熹社仓法，上饶、新安、南康诸郡翕然应命"③。黄榦在李道传的墓志铭里表彰他，赞扬他推行

---

① （元）贡师泰：《勉斋书院记》，《玩斋集》卷7，文渊阁四库全书本。
② 梁庚尧：《南宋的社仓》，台北：《史学评论》1982年第4期，第1—33页。
③ 《宋史》卷436《李道传传》，第12946页。

了朱子的社仓之法，并得到了周围地方行政官的模仿。①

黄榦同门胡安之（字叔器）为袁州人，胡在朱子殁前曾请朱子为社仓作《跋袁州萍乡县社仓记》，②他又请黄榦为袁州萍乡社仓命名，并为之写记，黄榦记叙朱子创社仓法并希望推广到州县的愿望，而实际上社仓法得到了江浙"好义者"的效仿，曰：

> 晦庵先生初创社仓，以惠其乡人，欲以闻于朝，颁之州县，江浙间好义者争效焉。③

有些学者认为社仓法不是朱子首创的，但也正如上文所讲，社仓古已有之，但朱子在南宋重新推广，使之制度化，由一个临时的机构变成一个常设的机构，故笔者认为黄榦所说朱子首创"社仓法"是有深意的。黄榦为之写记的社仓仅是袁州萍乡已有九个社仓中的一个，黄榦以絜矩名之，并解释其寄托在"絜矩"二字中的深意曰：

> 榦闻之师曰：絜，度也；矩，所以为方也。处己接物，度之而无有余不足，方之谓也。富者连阡陌而余粱肉，贫者无置锥而厌糟糠，非方也。社仓之创，辍此之有余，济彼之不足，絜矩之方也。君子之道，必度而使方者，乾父坤母，而人物处乎其中，均禀天地之气以为体，均受天地之理以为生，民特吾兄弟，物特吾党与，则其林然而生者，未尝不方也。恻隐之心，人皆有之，赤子入井，一牛觳觫同，于己何与？而怵惕生焉。一原之所同出，自不能已耳，则方者，又人心之同然也，饥而食，寒而衣，仰事而俯育，人之同情也。是以古之帝王，设为井田，家受百

---

① 《知果州李兵部墓志铭》，《勉斋先生黄文肃公文集》卷35。

·② 《朱子全书》之《跋袁州萍乡县社仓记》，《晦庵先生朱文公文集》卷84，第3976—3977页。

③ 《袁州萍乡县西社仓絜矩堂记》，《勉斋先生黄文肃公文集》卷17。

亩，上有补助之政，下有赒救之义，于吾心犹病焉，此方之政也。己欲立而立人，己欲达而达人，老吾老，以及人之老，幼吾幼，以及人之幼，因其分殊，原其理一，方之所以为教也。夫稽之天理，验之人心，参之帝王之制，质之圣贤之训，君子之道，孰有大于絜矩者乎？若夫横目自营，拔一毛不以利天下，充其小己自私之心，虽一家之内，父子兄弟尚有彼此之分，而况推之人物乎？故不能以絜矩为心者，拂天理逆人心，帝王之所必诛，圣贤之所必弃也。然则知社仓之为义而置者，絜矩者也。不知社仓之为义，而不置者不絜矩者也。既不知之又欲坏之，是自不能絜矩，而又恶人之絜矩，贤不肖之分，晓然矣。①

黄榦的这篇记文阐发了"絜"和"矩"的理学内涵，认为"度而使之方"的絜矩之道是君子之道。强调人生而平等，人与人之间要互相救助，要"老吾老以及人之老，幼吾幼以及人之幼"，劝导大家要推己及人，以絜矩为心，而也以此分贤与不肖。"絜矩之道"本是《礼记·大学》篇所提出的一个概念，后经朱熹的重新阐发，其基本含义有君子应重视对人民大众行为的示范表率作用与恕道、均平思想等，它实际上是中国古代"均平"思想的另一种解说。② 而黄榦所提倡的絜矩之道也正是"均平""互助"之意。黄榦赞扬"拳拳于此"的几位推广者，对他们建设并推广社仓的做法很是支持。

后来社仓几乎遍布南宋各区。而各社仓的倡办人，也大都是理学同道。社仓的推广，朱熹门人和理学同道出力甚多。③

另外，著书作文也是道学家传播其思想的重要途径。黄榦及其同

---

① 《袁州萍乡县西社仓絜矩堂记》，《勉斋先生黄文肃公文集》卷18。
② 参见李振宏《絜矩，一个已消亡的文化概念》，《史学月刊》2005年3月第3期。
③ 转引自梁庚尧《南宋的社仓》，参见《宋元学案》卷48《晦庵学案》表，卷57《梭山复斋学案》，卷63《勉斋学案》表，卷69《沧州诸儒学案》表，卷71《岳麓诸儒学案》表，卷73《丽泽诸儒学案》表，卷77《槐堂诸儒学案》表。

侪还著书立说，进一步阐发朱子思想，纠正后学之失。甚至在为人写的记中，黄榦也不忘记宣传道学思想，如在《杨恭老敬义堂记》中，黄榦论"敬""义"在存养省察的必要性，《郑次山怡阁记》论兄弟之谊的重要性，《家恭伯重斋记》论为学之要。黄榦积极支持理学家所共同倡导的共同的理学准则和教条，并动用一切形式推进理学传播。

第四节 黄榦后学对朱子学的传播

清人全祖望评价黄榦曰："嘉定而后，足以光其师传，为有体有用之儒者，勉斋黄文肃公其人与。玉峰、东发论道统，三先生之后，勉斋一人而已。"[1] 文中说"玉峰、东发论道统，三先生之后，勉斋一人而已"[2]，指的是宋代的车若水和黄震论道统之传时，黄榦是继二程、朱子后得道统之传的唯一一人。

黄榦一生用力于朱子学，年老之后，常称"百事皆不足关心，惟力进此道，以无负师门为幸"[3]。晚年的黄榦更是汲汲于后学，到处寻找可托道的弟子，也正因为黄榦的努力，黄榦的门人继承和传播朱子学方面最为得力。有案可考的黄榦和门人就有 55 人。黄百家云："黄勉斋榦得朱子之正统，其门人一传于金华何北山基，以递传于王鲁斋柏、金仁山履祥、许白云谦，又于江右传饶双峰鲁，其后遂有吴草庐澄，上接朱子之经学，可谓盛矣。"最著者为以何基等为中心形成的金华学派和以饶鲁等为中心形成的双峰学派。

---

① 黄宗羲等：《勉斋学案》之《序录》，《宋元学案》卷63，全祖望语，第2020页。
② 车若水（约1209—1275），字清臣，号玉峰，东发指的是黄震（1213—1280），字东发，人称东越先生，号"文洁"。
③ 《复胡叔器书》，《勉斋先生黄文肃公文集》卷6。

一 金华学派

宁宗开禧三年（1207），黄榦被任命为江西临川县令，第二年宁宗嘉定元年（1208）正月到任。时临川县的县丞为浙江金华人何伯慧，何伯慧与黄榦很是投缘，命其子何基及其兄求学于黄榦门下，时何基 19 岁，何基的弟子王柏叙其行状时曰：

> 弱冠崇道公宦游临川，而勉斋黄先生适为令。二公言论风旨，制行立事，犁然各有当于心，不啻如同门素友，崇道公见二子①而事师焉。首教以为学须先办得真心实地，刻苦功夫，随事诱掖，始知伊洛之渊源。临别告之以但读熟《四书》，使胸次浃洽，道理自见。此先生所以终身服习，不敢顷刻忘也。②

何基（1188—1268），字子恭，居金华山北，人称北山先生。何基学成后返回金华，"抱道隐居"，一生不事科举，终生在所居地北山授徒讲学。"精诣适约，终不失勉斋临分之意"，何基终身确守师训，是黄榦忠诚的弟子，行状记载何基"平时不著述，惟研究考亭之遗书，兀兀穷年而不知老之已至"，③ 这也是因为受到黄榦的影响，黄榦与朋友书信中常常担心后生好怪之徒"敢于立言，无复忌惮，盖不待七十子尽殁，而大义已乖矣！由是私窃惧焉"④！批评那些妄发议论的学徒，黄榦自己的大部分著作都是年老时完成的，不轻易"立言"。在这方面，何基可谓也是受了黄榦的影响，他积极传播朱子学，形成了以何基为首的金华学派。黄宗羲评价何基曰："北山之宗旨，熟读《四书》而已。……北山确守师说，可谓有汉儒之风焉。"如上

---

① 何基之兄何南坡，尝举漕元。
② 《丛书集成初编》，《何北山先生遗集》之卷 4 附录，王柏：《何北山先生行状》。
③ 《丛书集成初编》，《何北山先生遗集》之卷 4 附录，王柏：《何北山先生行状》。
④ 《与陈子华书》，《勉斋先生黄文肃公文集》卷 15。

所言，因为谨言慎行，反对任意发挥，恐失朱子学本意，何基著述很少，"仅有编类《大学发挥》十四卷，《中庸发挥》八卷，《大传发挥》二卷，《启蒙发挥》二卷，《太极通书》、《西铭发挥》三卷。有力者皆已板行，犹有《近思发挥》未校正，《语孟发挥》未脱稿，文集十一卷，裒集未备也"①。《宋史》列传曰："基文集三十卷，而与柏问辨者十八卷。"② "柏"指的是何基的弟子王柏。

王柏（1197—1274），字会之，号鲁斋先生。也是金华人，一生专注于教学著书，"其教必先之以《大学》"③。著有《诗疑》、《书疑》等，已佚。④ 明朝时由王迪裒集为《王文宪公文集》20卷。蔡杭、杨栋守婺，赵景纬守台时，聘为丽泽、上蔡两书院师。王柏为何基门人，何基的行状由王柏撰写。行状写成后，王柏又书《北山行状告成祭文》，详叙自己与何基的师友渊源：

> 我昔问学，莫知其宗。有过执告，有偏执攻，渊源师友，孤陋莫通，有慨即慕。天侈其逢，得公盛名，于船山翁，获瞻典则。乙未之冬，立志居敬，首开其蒙，自是尺牍，载磨载砻，不惮往复。一告以忠，远探濂洛，近述鳌峰。理气之会，造化之工，仁义大本，圣贤大功，体必有用，和必有中。无疑弗辨，无微弗穷，毫分缕析，万理春融。匪矫而异，匪阿而同。日味厥旨，体于尔躬，必平而实，必拓而充。媮堕弗勇，霜鬓已蓬，卒未闻道，以此负公，幸公耆寿，身康气冲，不闻公病，遽以考终。有邦殄瘁，吾党闵凶，茫茫坠绪，卒业无从，岁月流迈。行即幽宫，公之仲子，莫泄哀恫，抱公言行，嘱笔衰慵。强颜叙

---

① 《丛书集成初编》，《何北山先生遗集》之卷4附录，王柏：《何北山先生行状》，中华书局1985年版。

② 《何基传》，《宋史》卷438，第12980页。

③ 《文宪王鲁斋先生柏》，《宋元学案》卷82，第2730页。

④ 《文宪王鲁斋先生柏》，《宋元学案》卷82，第2730页，下有云濠语曰：《四库书目》收录《书疑》九卷、《诗疑》二卷、《诗目》四卷。

次，慨想音容，如持寸莛，来撞巨钟。惟德之盛，惟礼之恭，芜词弗称，有愧蟠胸，奉以荐陈。①

文中叙王柏与何基的师友渊源，王柏"年逾三十始知窃学之原"，故自言"我昔问学，莫知其宗"，得知何基尝学于黄榦得朱子之传后，乙未之冬，前往从学。何基不过比王柏长 9 岁，何基授以"立志居敬"之旨开导王柏，举胡五峰之言曰："立志以定其本，居敬以持其志，志立乎事物之表，敬行乎事物之间"，作《鲁斋箴》勉之。后来他们不断书信问辨讨论经，他们来往的书信后被编成《问辨》，共 18 卷。②"盖一事而至十余往复，先生终不变其说也。"③ 引文中二人问辨的内容方方面面，涉及理学的所有知识的探讨，故王柏言"受知于先生最久，受教于先生最深"④。

何基、王柏同为金华北山人，故后人称之为北山二先生，吴师道记叙他们师承传授曰：

> 二先生之学，上接紫阳之绪，以明道为己任。当宋之季，北山屡召不起，鲁斋亦不肯仕之……导江张须，鲁斋门人，以其道显于北方。吾里金履祥，俱登何王之门，又会粹推明其旨，今亦行于时。学者知尊二先生，而渊源行实之祥，或未之悉，则亦未能深知也。二先生之文，皆关义理，非敢有所去取。⑤

何基、王柏之学再传至导江人张须和金华之金履祥，这两人为其弟子中的较著者。张须，字达善，其先蜀之导江人，侨寓江左。王柏讲学

---

① 《丛书集成初编》，《何北山先生遗集》之卷 4 附录，王柏：《北山行状告成祭文》。
② 《宋史》卷 197，《何基传》。
③ 《北山四先生学案》，《文定何北山先生》，《宋元学案》卷 82，第 2726 页。
④ 《丛书集成初编》之何基《何北山先生遗集》之卷 4 附录，王柏：《何北山先生行状》。
⑤ （元）吴师道：《敬乡录》卷 14。

于上蔡书院时，张须从而受业。元代中期，被行台中丞吴曼庆延致江宁学官，因其得到朱熹的正传，从他学习的人众多，远近翕然，时中州士大夫欲淑子弟以《四书集注》者，皆遣从其游，或辟私塾迎之。其在维、扬，"顺风而应"的来学者尤众，朝廷特命张须为"孔、颜、孟三氏教授"。尊为硕师，称曰导江先生，他著述颇丰，有《经说》《勉斋先生黄文肃公文集》等流行于世。张须之学行于北方，因此王柏之名在北方"益著"。

金履祥（1232—1303），字吉父，兰溪人。因晚年隐居金华仁山下，故学者尊称为仁山先生。宋亡入元，不仕，专意著述，晚年筑室，讲学于丽泽书院，以淑后进，许谦、柳贯皆出其门，为浙东金华学派中坚，元大德七年（1303）卒，至正年间谥文安。所著《通鉴前编》20卷、《大学章句疏义》2卷、《论语孟子集注考证》17卷、《书表注》4卷。编有《濂洛风雅》。

金履祥初受学于王柏，后受学于何基，故上述引文说他"俱登何王之门"。入何基门下15年，"受教宏多"，是弟子中较出色的一个，金履祥在《再祭北山先生文》中曰"念昔多歧，中心漾漾，既得鲁翁，指我宗师"。鲁翁，指的是王柏，金履祥先受学于王柏，由王柏指点，又受学于何基。金于甲寅季（1253）秋时始受学于何基，初入门时，何基授以"截断为人"，金自言曰"一语梦觉"，又"谓古圣贤，一敬畏心"指点金履祥读书研究。

金履祥认为朱子学正传在黄榦、何基这一自己的师门，他说："然自朱子之梦奠，以及勉斋之既徂，口传指授者，或浸差其精蕴，好名假实者，又务外以多诬，惟先生订师言以发挥，剔从说之繁芜，以为朱子之言备矣。"① 认为朱子学说后传多讹，唯有勉斋一门为最正。他以周敦颐、二程、杨时、罗从彦、李侗、朱熹、黄榦、何基、

---

① （元）金履祥撰《仁山文集》卷4，《再奠北山先生文》。

王柏为理学传承的唯一正统世系。① 宋亡后，隐居金华山中，"视世故泊如也"。北山、鲁斋之丧，金履祥率其同门之士"以义制服"，"观者始知师弟子之礼"。当时议者谓"北山之清介纯实似和靖，鲁斋之高明刚正似上蔡"，认为金履祥"兼得之二氏，而并充于一己者也"②，"尤为明体达用之儒"③。金履祥并不如他的二位老师一样确守师说，谨守朱学门墙，他的《论孟考证》，"发朱子之所未发，多所牴牾"，黄百家认为金履祥这种行为"非立异以为高，其明道之心，亦欲如朱子耳。朱子岂好同而恶异者哉！世为科举之学者，于朱子之言，未尝不锱铢以求合也。乃学术之传，在此而不在彼，可以憬然悟矣"。④

许谦，字益之，金华人，学者称白云先生。值宋亡，虽家破仍力学不已。年逾三十，开门授徒。闻金仁山履祥讲道兰江，乃往就为弟子，"居数年，得其所传，油然融会"⑤，归乡后前后40年足不出里，教学授徒，传衍师说，著有《许白云集》。四库收入《读书丛说》六卷、《诗集传名物钞》八卷、《读四书丛说》四卷、《白云集》四卷。（云濠按：《四库书目》收录先生）许谦的弟子虽众，但"皆隐约自修，非岩栖谷汲，则浮沈庠序州邑耳"⑥，许谦与北方大儒许衡齐名，号为"南北二许"。许谦最出色的传人是吴师道（字正传）和如张枢（字子长），这两个人都没有和许谦行师弟子礼，"又在师友之间，非帖函丈之下者也"⑦，许谦之学得以发扬光大，两个人起了最主要的

① 参见（元）金履祥《濂洛风雅》，文渊阁四库全书本。
② 《北山四先生学案》，《宋元学案》卷82，《文安金仁山先生履祥》，第2738页。
③ 《北山四先生学案》，《宋元学案》卷82，《序录》，第2725页。
④ 《北山四先生学案》之《序录》，《宋元学案》卷82，第2725页。
⑤ 《北山四先生学案》之《文懿许白云先生谦》，《宋元学案》卷82，第2756页。
⑥ 同上。
⑦ 《北山四先生学案》之《郎中吴正传先生师道》，《宋元学案》卷82，吴师道祭许谦文曰："小子托交殆三十年，指圣途而诱掖，极友道之磨镌，骨肉不足以俪其亲，金石不足以拟其坚。比居闲而独处，益共究于遗编，不鄙予以不肖，将叩竭于师传。"学案曰：先生于白云虽不称弟子，然则先生不可谓不与于授受之际也者也。而张枢"以书上谒，请就弟子列，白云不可，以友待之，由是敛华就实，而其学益粹"，第2761页。

作用。朱子学因为北山四先生而光大，在元代臻于鼎盛。

何基人称"北山先生"，王柏又是何基的门人，金履祥是何、王二人的门人，许谦又是金履祥的门人，由于他们都是金华人，且都在金华一带进行讲学活动，所以后人称他们的学派为"金华学派"，称他们四人为"北山四先生"①，也正由于"北山四先生"的传授，"浙学之中兴也"②。

二 双峰学派

黄榦在给方暹（字明父）的信中曰：

四方学者从游者数百人，今其存盖无几，先生之书则家藏而人诵之，读其言者，未必通其义，通其义者，未必明诸心，凛凛乎微言之绝，大义之乖也。先生殁十有余年，蜀有李君道传贯之者；乃独求之文字、朋友之间，笃学力行，卓乎有不可及，顾其不幸不见先生而亲炙之，又不幸蚤世以殁，不及究其学，充其志也。尝深痛之。以为今之世不复有斯人矣，又五六年，有家摈本仲者，其志学操行视贯之伯仲也。岂蜀之人物独盛于东南耶？今又得吾明父焉，于理义之大端，讲之熟矣，尤深病夫世之学者言行之背驰，义利之交战也，而深惩焉。观其志之所趋，盖未可量也。明父复为予言"番易饶曾师鲁之为人，自以为莫及也"。以是观之，天壤之间，英灵之气，钟为人物者，何代无之？洙泗濂洛之学，深微隐奥者，至先生而昭昭然若大明之中天也，尚何微言绝、大义乖之足忧乎？此予之所以释然以喜也。③

---

① 《北山四先生学案》，《宋元学案》卷82，《序录》后有梓材按：是卷梨洲本称《金华学案》，谢山《序录》始称《北山四先生学案》，第2725页。

② 《北山四先生学案》之《序录》，《宋元学案》卷82，第2725页。

③ 《送方明父归岳阳序》，《勉斋先生黄文肃公文集》卷19。

黄榦在信中叙其求后学之心境是十分迫切的，黄榦担心人们只读朱子书，而不明其书中深义，认为只有优秀的后来学者才能不失其旨。寄希望最大的后学李贯之早逝后五六年，黄榦才得到了家本仲这个弟子可与李贯之相伯仲之间，除去家本仲外，黄榦认为方明父为后进中的佼佼者。方明父却向黄榦推荐番阳饶师鲁，认为自己不如饶师鲁，得到这个消息，黄榦才"释然以喜"。黄榦初识饶鲁是从其门人方明父口中得知，"明父兄此来，说足下之贤不容口，明父志气高迈，非妄许人者，以是深恨相知之不深也"。因方明父的嘉许称赞，黄榦对饶鲁更是寄托厚望，黄榦始与饶鲁相处的时间不长，与饶鲁书信时曰"承晤之日浅，每见明父极谈操履纯笃，趋向坚正，未尝不矫首兴怀，恨不得朝夕奉从容也"。他称赞饶鲁在乡间教学的行为，曰"承闻教授里间，向道日笃，不胜敬叹"。①

　　黄榦信中称的番阳饶师鲁指的是江西余干人（余干紧邻番阳）饶鲁，字伯舆，一字仲元，一字师鲁②。始在方暹（明父）的大力推荐下，跟随黄榦学习。③ 饶鲁曾与黄榦讨论"为学之方"，黄榦先是肯定了饶鲁所论为学之方"语意极端正精实"，然后，又与饶鲁讲初学者的"为学之方"，曰：

　　　　故初学之法，且令格物穷理，考古验今者。盖欲知为学之方，求义理之正，使知所以居敬集义而无毫厘之差，亦卒归于检

---

　　① 《复饶伯舆》，《勉斋先生黄文肃公文集》卷15。

　　② 《宋元学案》卷83《文双峰语录》后《附录》曰：明甫见勉斋说："性者，万物之一原"，明甫曰："在庐山时，饶师鲁曾如此说来。"勉斋："是他这事物静了看得如此。"后有梓材谨按：据此，则先生亦名师鲁矣。据笔者引文可见，黄榦直呼饶鲁为师鲁、方暹为明父（笔者案：《宋元学案》作明父为"明甫"），第2814页。

　　③ 《宋元学案》卷83《双峰学案》，《文元饶双峰先生鲁》，第2812页，文中有记载关于黄榦问饶鲁关于《论语》"首论时习，习是如何用功？"饶鲁答："当兼二义，绎之以思虑，熟之以践履。"黄榦因此认为饶鲁资质很好，"大器之"。大概认为饶鲁得到黄榦的重视是由于这一问答始，但据笔者考证后据黄榦书信中记载初识饶鲁是由于方明父的推荐与称许，因此《宋元学案》这一记载不准确。另有记载把这一事件记载成李潘和饶鲁的问答，更无据。

点身心而已。年来学者但见古人有格物穷理之说，但驰心于辨析讲论之间，而不务持养省察之实。①

黄榦针对饶鲁所论"为学之方"提出自己的意见，然后详细讲解一般学者的通病以告诫饶鲁，接着黄榦对饶鲁提出的"以义以方外为随事省察、即物推明"就是"为格物致知之事"展开讨论，告诉饶鲁"居敬集义乃是要检点自家身心，格物致知乃是要通晓事物道理，其主意不同，不可合而言之也"。信中黄榦又针对饶鲁的其他问题一一详细解答，最后黄榦勉励饶鲁曰"惟契兄勉之，吾道之望也"。② 在给饶鲁的另一封信中，黄榦鼓励饶鲁传播朱学曰：

> 先师弃诸生，微言不绝者如线，向来从游之士，本无以身殉道之志，一旦失所畏慕，则汩没于利欲海中，鲜有能自拔者。后来者习闻其说，亦未有卓然兴起者，故所望于师鲁、明父者，不啻饥渴也！③

黄榦言及传播朱子学，其言恳切，"不啻饥渴"一词，可见黄榦对饶鲁、方明父等的用心之良苦，其求后学之心迫切如此！黄榦不止一次地写信鼓励饶鲁传播朱学，把传道希望寄托在他身上，在另一封信里，黄榦也说过类似的话：

> 朱先生一生辛苦，尽取洙泗濂洛之学为之解剥而发明之，如大明之中天也。学者志气卑狭，守章句者，不知存养之为；谈存养者，不知玩索之不可缓。各守一偏，于先王之道，卒无得焉，甚哉！大义之将乖，微言之将绝也，足下与明父当任此责，使先

---

① 《复饶伯舆》，《勉斋先生黄文肃公文集》卷15。
② 同上。
③ 同上。

生之道将微而复振，莫大之幸也！①

黄榦希望饶鲁避免有些学者的毛病，希望饶鲁和方明父"当任其责"，对其寄予厚望。后饶鲁跟随黄榦同门友人李燔学习。② 一生大部分时间"专意圣贤之学，以致知力行为本"。后理学大明，四方聘讲不断，饶鲁作"朋来馆"让学者居住，又作石洞书院，因前有两峰，故号双峰。身后曾得宋度宗赐旌曰"道学流芳"。③ 所著有《五经讲义》、《语孟纪闻》、《春秋节传》、《学庸纂述》、《太极三图》、《庸学十二图》、《西铭图》、《近思录注》。④ 饶鲁学生虽多，但其中最为出色者只有再传弟子吴澄。

吴澄，字幼清，晚字伯清，号草庐。吴澄曾先从学于程若庸。程若庸，字逢原，休宁人，从双峰饶鲁学得朱子之学。黄百家言"朱子门人多习成说，深通经术者甚少"，认为四传弟子草庐著《五经纂言》，"有功经术，接武建阳，非北溪诸人可及也"，给吴澄以高度评价。后人评价吴澄主张朱陆合流，全祖望认为这与吴澄后来又师事程绍开（字及甫，号月岩）有关，程绍开曾自创道一书院，提倡合朱陆两家之说，对吴澄的影响极大，但全祖望仍认为"然草庐之著书，则终近乎朱"⑤。吴澄一生著述甚丰，他开创的草庐学派，著作和思想在元代影响极大。

---

① 《复饶伯舆》，《勉斋先生黄文肃公文集》卷15。

② 《钦定四库全书总目》卷59记载《永乐大典》载：《饶双峰年谱》一卷，不著撰人名氏，双峰，宋饶鲁号也，鲁自称从黄榦、李燔游，距朱子仅再传，当时重其渊源，多相趋附，历主讲于东湖白鹿西涧，安定诸书院，故是谱所记亦惟讲学之事为详。后案曰：周密《齐东野语》深致不满于鲁且称其自诡为黄干弟子，疑以传疑，概莫能明，然亦不足深辨也。笔者案：据上文书信明证，饶鲁确是黄榦弟子无疑。

③ 道光《万年县志》卷14记曰：《全宋文》卷8330《宋度宗三》。

④ 参见《宋元学案》卷83，《双峰学案》，《文元饶双峰先生鲁》，第2812页，又据程方平：《辽金元教育史》记载，这些书已佚，后人从程瑞礼的《程氏家塾记忆上分年日程》中辑录出他的一些教学语录。清乾隆时，王朝渠又从一些经籍纂疏中，将饶鲁所作的疏解辑成《饶双峰讲义》12卷，第158页。

⑤ 《宋元学案》卷92，《草庐学案》，《序录》，第3036页。

后人评价双峰，多认为双峰自饶鲁没有确守朱学，而四传至吴澄更是主张"朱陆合流"，全祖望记载这一现象曰：

> 草庐尝曰："朱子《中庸章句》、《或问》，择之精，语之详矣。惟精也，精之又精，邻于巧；惟详也，详之又详，流于多。其浑然者，巧则裂；其粲然者，多则惑。澄少读《中庸》，不无一二与朱子异。后观饶伯舆父所见亦然，恨生晚，不获就正之。"则双峰盖亦不尽同于朱子者。①

又曰：

> 双峰亦勉斋之一支也，累传而得草庐。说者谓双峰晚年多不同于朱子，以此诋之。予谓是未足以少双峰也，独惜其书之不传。②

因饶鲁之学不尽同于朱学，故后学者"以此诋之"，指的是怀疑双峰是否为黄榦弟子之事，据本书考证，饶鲁确为黄榦弟子。也正因为他们对朱子学的变通，朱学才得以继续发展。

三 元代朱子学之传授

朱子学通过黄榦"一传于金华何北山基，以递传于王鲁斋柏、金仁山履祥、许白云谦，又于江右传饶双峰鲁，其后遂有吴草庐澄，上接朱子之经学，可谓盛矣"③。另外，朱子学通过黄榦，"尚有自鄱阳流入新安者，董介轩一派也。鄱阳之学，始于程蒙齐、董盘涧、王拙

---

① 《宋元学案》卷83，《双峰学案》，《文元饶双峰先生鲁》，第2812页。
② 《宋元学案》卷83，《双峰学案》，《序录》，第2811页。
③ 《宋元学案》卷83，《双峰学案》，《文元饶双峰先生鲁》，第2812页。

斋，而多卒业于董氏。然自许山屋外，渐流为训诂之学矣"①。

今人陈荣捷谈到朱子学分野问题时说：

> 历来谈朱子学系者，大都以地域言。或以黄榦上述凋零人
> 士②别为派。或亦以区域为系，如福建系、浙江系、江西系等，
> 而又以籍贯再分者，如福建建阳之蔡元定、龙溪之陈淳、浦城之
> 詹元善、浙江永嘉之陈埴、义乌之徐侨、崇德之辅广是也。此皆
> 非思想之分野与传授之线索。故于学术史上无意义也。……此外
> 尚有辅广传至黄震。詹体仁传至真德秀以至王应麟。③

陈荣捷认为思想的分野和传授的线索于学术史上最有意义，而朱子学
通过黄榦传至金华和双峰二学派，线索是十分明确的。这两大学派所
传播的朱子学和赵复传于北方的朱子学，④ 共同形成元代朱子学之主
流。⑤ 然而朱子门人众多，黄榦固然是传播朱学最得力一人，但朱子
学"而能满播全国，则无数门人之力也……黄榦则重道具统与居敬穷
理……朱子之学，独手难继。故非全体之力不可。没论守成与乏特出
英俊，乃全体运动之现象。然则朱门之弱点，亦即朱门之优点也"⑥。
黄百家叙由黄榦传之的金华和双峰两学派在后来的传播曰：

> 勉斋之学既传北山，而广信饶双峰亦高弟也。双峰之后，有

---

① 《宋元学案》卷89，《介轩学案》，《序录》，第2970页。
② "黄榦上述凋零人士"，指的是卷14《与李贯之兵部》黄榦所言：向来从学之士，
今凋零殆尽，闽中则潘谦之、杨志仁、林正卿、林子武、李守约、李公晦，江西则甘吉父、
黄去私、张元德，江东则李敬子、胡伯量、蔡元思，浙中则叶味道、潘子善、黄子洪，大
约不过此数人而已。
③ 陈荣捷：《朱学论集》，《朱门之特色及其意义》，第192—193页。
④ 元兵攻入汉阳，俘虏理学家赵复，携归北方，使之在太极书院讲学，元代时朱子学
因此在北方迅速传播，渐成独尊之势。
⑤ 参见陈荣捷《朱学论集》之《元代之朱子学》，第194—196页。
⑥ 参见陈荣捷《朱学论集》之《朱门之特色及其意义》，第193页。

吴中行、朱公迁亦铮铮一时，然再传即不振。而北山一派，鲁斋、仁山、白云既纯然得朱子之学髓，而柳道传、吴正传以逮戴叔能、宋潜溪一辈，又得朱子之文澜，蔚乎盛哉！是数紫阳之嫡子，端在金华也。①

言双峰学派传之元明之交时已不振，而金华学派"纯然得朱子之学髓"，传之更久远。认为金华是"紫阳之嫡子"。金华学派对朱子学贡献是十分大的，"勉斋之传，得金华而益昌"②。经过黄榦及同侪的提倡和阐发，朱子学成为统治阶级的正统思想。从此，朱熹对于儒学的解释被认为是儒学的正宗解释，在此后的元、明、清三代，朱子学占据了不可动摇的统治地位。

---

① 《宋元学案》卷82《北山四先生学案》，《何文定公语》，第2727页。
② 《宋元学案》卷82《北山四先生学案》，《序录》，全祖望案，第2725页。

结　语

与黄榦同时的真德秀评价黄榦曰："惟公之在考亭，犹颜曾之在洙泗。发幽阐微，既有补于学者；继志述事，又有功于师门。"① 对黄榦于朱子学的贡献予以高度评价。黄榦一生致力于朱子学，是朱子最忠诚的弟子，在朱子殁后，他一方面著书教学，完善朱子学体系，在同道中积极传播朱子思想，使不至偏离；另一方面，黄榦致力于在政治和生活中实践朱子学。因此全祖望评价黄榦为"有体有用"② 之儒者，就是认为黄榦不仅在思想上继承了朱子学，更是朱子学行动的践履者。而四库馆臣继承其意称黄榦"尤非朱学末流空谈心性者可比"③。黄榦对朱子学付出了一生的辛勤与努力，其在捍卫朱子学方面所做的工作最多。

一、著书立说，阐释朱子学说，完善朱子学体系，为朱子学经典化奠定基础。理宗皇帝告词曰："讨论三礼，敷绎四书"④，指的是黄榦对朱子学的阐释之作："《礼》有《续编》，《语》有《通释》，《大

---

① 《勉斋先生黄文肃公文集》后《附集》。
② 《勉斋学案》，《序录》，《宋元学案》卷63，第2020页。
③ 《勉斋先生黄文肃公文集》，《提要》，文渊阁四库全书本。
④ 《勉斋先生黄文肃公年谱》，理宗绍定六年（1233）理宗告词。

学》有《经解》,《中庸》《孟子》有讲义,尤足以发明师傅未发之言。"① 如黄榦作《论语通释》,是为了防止学者"未能遽晓"朱子之意,又"恐学者不暇旁究",其间"有去取之不同,发挥之未尽,先生追忆向日亲炙之语,附以己意"。② 如黄榦作《续仪礼经传通解》,是为了继承朱子的遗志,完成朱子的愿望。另外,黄榦作《朱子行状》,总结朱子为学、为道、为政特点,使人们在了解朱子理学思想的同时,对朱子有一个更加全面的了解和认识。

二、确立朱子道统地位。黄榦提出的道统传承谱系尧—舜—汤—文王—武王—周公—孔子—颜回、曾参—子思—孟子—周子—二程—朱子,较之朱子的传承谱系,增加了朱子;详细系统地讲解了每一代道统传授的内容,在此之前并没有人讲解得如他这样系统而详尽;他直接用"道统"二字来描述传承谱系,没有像二程分"为道"和"为学"之类;最后,黄榦总结道统的宗旨是"居敬以立其本,穷理以致其知,克己以灭其私,存诚以致其实",也正是朱子为学与为人的宗旨。黄榦的道统论代表了程朱一派的道统论,这对后世道统论造成深刻的影响,成为后世道统论者无法绕开的道统论学说。

三、在政治和生活中实践朱子学,黄榦利用官员身份推动学术与活动。黄榦理政理念的核心是"为民""理治",提倡遵守儒家义理,行儒家之"礼";而关于国家治理方面理念的核心是"爱国忧君","壮国势而消外辱";而在行动方面,他努力以理学饰吏治,在判决案件时对百姓进行义理上和儒家伦理上的教化;在边防上努力建立防御体系,并经常以身抗众怒,为百姓请命,同时他在为官期间也积极地推行理学教化。而在生活中,他多次带领理学人士实践古礼,把理学生活化,推动当地的风俗建设。

四、一生从事教育工作,教书授徒,以传道自任,在传播朱子学

---

① 《勉斋先生黄文肃公年谱》,理家端平三年(1236)。
② 《勉斋先生黄文肃公年谱》,宁家嘉定十二年(1219)。

方面居功至伟。书院及以慈善救济为目的社仓和义仓，一直使道学能够发展及凝聚内部团结。黄榦作为一名士人和一名官员，他致力于建立儒家理想社会，发展社仓、书院等组织，使县学也成为理学阵地，建立道统祠更加确立朱子正统地位，并积极寻求后学弟子，团结和扩充朱熹学说的大批信徒，也是因为黄榦的努力，他成为后进中的朱子学领袖，"人以为学明东南，文公之功为大，公之力为妙"①。

黄震为朱子后学，他曾对大多数朱子门人的思想进行研究，认为黄榦"强毅自立，足任负荷"，高度评价黄榦，曰：

> 乾淳之盛，晦庵、南轩、东莱称三先生。独晦庵先生得年最高，讲学最久，尤为集大成。晦庵既没，门人如闽中则潘谦之、杨志仁、林正卿、林子武、李守约、李公晦，江西则甘吉父、黄去私、张元德，江东则李敬子、胡伯量、蔡元思，浙中则叶味道、潘子善、黄子洪，皆号高弟。又独勉斋先生强毅自立，足任负荷。如辅汉卿疑恶亦不可不谓性，如李公晦疑喜怒哀乐由声色臭味者为人心，由仁义礼智者为道心，如林正卿疑大易本为垂教，而伏羲文王特借之以卜筮，如真公刊近思，后语先《近思》而后《四书》，先生皆一一辨明，不少恕。甚至晦庵谓春秋止是直书，勉斋则谓其间亦有晓然若出于微意者，晦庵论近思先太极说，勉斋则谓名近思反若远思者，晦庵解人不知而不愠，惟成德者能之，勉斋提云是君子然后能不愠，非不愠然后为君子，晦庵解敏于事而慎于言，以慎为不敢尽其所有余，勉斋提慎字，本无不敢尽之意，特以言易肆，故当谨耳。凡其于晦庵殁后，讲学精审，不苟如此。岂惟确守其师之说而已哉！若其见之行事，则如宰临川、新淦，推行实政，守安庆、汉阳，慷慨事功。又皆卓卓在人耳目！然则晦庵于门人弟子中，独授之屋，妻之女，奏之官，亲倚独切夫！岂无见而然哉！勉

---

① 《勉斋先生黄文肃公年谱》，理宗端平三年（1236）。

斋之文宏肆畅达，髣髴晦翁，晦翁不为讲义，而勉斋讲义三十二章，皆足发明斯道，其诲学者尝曰："人不知理义，则无以自别于物，周旋斯出，自少至老，不过情欲利害之间，甚至三纲沦、九法斁亦将何所不至"！其言哀痛至此，其为天下后世虑也！亦远矣！勉斋之生虽在诸儒后，故以居乾淳三先生之次，明晦庵之传在焉！①

黄震对黄榦的评价可谓十分精辟，朱子于门人中独"授之屋，妻之女，奏之官"，当然是经过长期观察的，而黄榦也没有辜负朱子之托。

黄榦对朱学"传承"多于"创新"②，对朱学的体认却是出于内心的认同。这种对朱学的认同，使得在实践上，作为士人的黄榦在出与处之间虽有矛盾，然而一旦出为吏即实行之，使理学思想作用于民。他不畏强权，为民请命；他关心家国，愤世嫉俗；他以理学理念贯彻到行世与交往之中，让我们看到理学在当时的积极意义。而黄榦与朱子学的关系，也让我们看到朱子学的传播，除了朱子学自身的魅力外，它对从学者所要求的准则和规范，它实践起来的积极意义也发挥着重要作用。黄榦正是这样一批实践者之一，从黄榦的研究中，从黄榦的行止中，可以看到，也正是朱子学背后所折射的伦理、规范、道德、人格给人的行为以积极而直观的影响，也正因为此，朱子学在后世几百年的传统社会中被接受被认可并被提升为官学，并在某种程度上发挥着积极作用，直到今天仍有着重要的文化意义。

---

① 《黄氏日抄》卷40。
② 参见［韩］池俊镐《黄榦哲学思想研究》，博士学位论文，北京大学，2000 年。

附　录

表一　　　　　　　　　黄榦执笔的行状、墓志铭表①

	题目	姓名	字	卒年	年龄	出生或居住处地	与黄榦的关系
1	贡士林君丕显行状	林謩	丕显	绍熙四年（1193）	59	福州连江	友人
2	朝奉郎尚书吏部右曹郎中王公行状	王遇	子正	嘉定四年（1211）	70	漳州龙溪	同门
3	肇庆府节度推官曾君行状	曾兴宗	光祖	嘉定五年（1212）	67	赣州宁都	同门友人
4	处士唐君涣文行状代梁县丞大亮作	唐尧章	焕文	庆元四年（1198）	62	福州闽县	同门友之父
5	处士潘君立之行状	潘植	立之	缺	59	福州怀安	同门兼姻亲关系
6	太恭人李氏行状	李洞安	缺	嘉定十二年（1219）	缺	兴化莆田	邻人之母
7	通郎致仕林公行状	林周卿	少望	嘉定三年（1210）	86	福州	姻亲之父
8	贡士黄君仲玉行状	黄振龙	仲玉	嘉定十二年（1219）	51	福州	门人
9	太安人林氏行状	林氏	缺	嘉定十二年（1219）	74	福州长乐	其父友人之妻，有远亲关系
10	朱子行状	朱熹	元晦	庆元六年（1200）	71	缺	岳父

---

① ［日］市来津由彦：《朱熹门人从其师那里得到了什么》，其中有个别修正。参见吴震主编《宋代新儒学的精神世界》，华东师范大学出版社 2009 年版。

续表

	题目	姓名	字	卒年	年龄	出生或居住处地	与黄榦的关系
11	郑处士墓志铭	郑伦	次山	庆元元年（1195）	61	福州闽县	同门友人之父
12	方夫人墓志铭	方氏	缺	庆元五年（1199）	83	缺	同门之祖母
13	吴氏夫人墓志铭	吴氏	缺	庆元五年（1199）	85	福州怀安	同门之母
14	林端仲墓志铭	林某	端仲	缺	缺	福州怀安	同门之父
15	黄仲修墓志铭	黄永	仲修	嘉定元年（1208）	40	抚州临州	熟人加姻亲
16	笃孝傅公墓志铭	傅修	子期	开禧三年（1207）	69	豫章进贤	同门
17	董县尉墓志铭	董铢	叔重	嘉定七年（1214）	63	饶州鄱阳	同门
18	周舜弼墓志铭	周谟	舜弼	嘉泰二年（1202）	62	南康建昌	同门
19	吴节推墓志铭	吴居仁	温父	开禧二年（1206）	81	建宁建阳	邻人
20	知果州兵部墓志铭	李道传	贯之	嘉定十年（1217）	48	隆州井研	友人
21	林存斋墓志铭	林宪卿	公度	嘉定六年（1217）	70	福州怀安	同门
22	郭夫人墓志铭	郭氏	缺	嘉定六年（1213）	79	缺	官缘
23	杨料院墓志铭	杨士训	尹叔	嘉定十二年（1219）	58	漳州	同门
24	李知县墓志铭	李大训	君序	嘉定十二年（1219）	54	福州闽县	友人
25	族叔处士墓志铭	黄凯	舜举	嘉定三年（1210）	52	福州	族人
26	林处士墓志铭	林仁泽	德俊	嘉定十二年（1219）	68	福州永福	友人之兄
27	朱夫人墓表	朱氏	缺	庆元五年（1199）	缺	缺	友人之妻
28	仲兄知县墓表	黄东	仁卿	庆元六年（1200）	缺	福州闽县	兄

表二　　　　　　　　黄榦执笔的书判

	书判名称	原告及其身份（胜诉者为黑体）	被告及其身份（胜诉者为黑体）
1	危教授论熊祥停盗（临川）	危教授（士大夫）	**熊祥（民户）**
2	曾知府论黄国材停盗（乐安县）	曾知府（士大夫）	**黄国材（民户）**
3	曾适张潜争地（临川金溪县）	曾适（士大夫）	**张潜（民户）**
4	曾潍赵师渊互论置曾挺田产（临川金溪县）	曾潍（士人）	**赵师渊（未知）**
5	白莲寺僧如琏论陂田（临川金溪县）	**如琏（僧人）**	（士绅）
6	陈如椿论房弟妇不应立异姓子为嗣	陈如椿（士大夫）	**房弟妇（寡妇）**

续表

	书判名称	原告及其身份（胜诉者为黑体）	被告及其身份（胜诉者为黑体）
7	崇真观女道士论掘坟（临川）	女道士	**民户若干人等**
8	张运属兄弟互诉基田（新淦）	张运属（士大夫）	张运干（士人）
9	窑户杨三十四等论谢知府宅强买砖瓦（新淦）	**杨三十四等（窑户）**	谢知府（士绅）
10	彭念七谢知府宅追扰（新淦）	**彭念七（民户）**	谢知府
11	邹宗逸诉谢八官人违法刑害（新淦）	**邹宗逸（民户）**	谢八官人（士绅）
12	为人告罪判（新淦）		士人
13	宋有论谢知府宅侵占坟地（新淦）	**宋有（民户）**	谢知府
14	王显论谢知府占庙地（新淦）	**王显（民户）**	谢知府
15	张凯夫诉谢知府贪并田产（新淦）	**张凯夫（民户）**	谢知府
16	徐莘首赌及邑民列状论徐莘	**邑民（民户）**	徐莘（士大夫）
17	陈会卿诉郭六朝散赎田	**陈会卿（民户）**	郭六朝散（士大夫）
18	徐铠教唆徐莘哥妄论刘少六	徐铠（士人）	**刘少六（民户）**
19	郝神保论曾运干赎田	**郝神保（民户）**	曾运干（士大夫）
20	陈安节论陈安国盗卖田地事①	**陈安节（民户）**	陈安国（民户）
21	陈希点帅文先争田	陈希点（士人）	**帅文先（民户）**
22	聂士元论陈希點占学租 f	**聂士元（民户）**	陈子国（士人）
23	龚仪久追不出	**民户与官府**	龚仪（士大夫）
24	京宣义诉曾岩叟取妻归葬	京宣义（士大夫）	**曾岩叟（士大夫）**
25	徐家论陈家取去媳妇及田产	**徐家人等（民户）**	陈家人等（民户）
26	李良佐诉李师膺取唐氏归李家（新淦）	李良佐（士大夫）	**李师膺（士大夫）**
27	谢文学诉嫂黎氏立继（新淦）	谢文学（士大夫）	**黎氏（士大夫之妻）**
28	郭氏刘拱礼诉刘仁谦等冒占田产	**郭氏、刘拱礼**	刘仁谦
29	张日新诉庄武离间母子	**张日新（小康之家儿子）**	庄武（士人）
30	漕司行下放寄庄米	缺	漕司
31	沈总属	缺	沈总属（士人）
32	太学生刘机罪犯	缺	刘机（士人）

① 《勉斋先生黄文肃公文集》，又见卷30《申临江军为邹司户违法典卖田产事》。

续表

	书判名称	原告及其身份（胜诉者为黑体）	被告及其身份（胜诉者为黑体）
33	王珍减尅军粮断配	缺	**王珍**（军人）
34	宣永等因筑城乞觅断配	宣永	缺
35	武楷认金	武楷	缺
36	劫盗祝兴逃走处斩	缺	祝兴（军人）

表三　　　　　　　　**黄榦职事年表**①

时间	年龄	行事或仕官
高宗绍兴二十年（1152）	1	出生
孝宗乾道四年（1168）	17	父卒
淳熙三年（1176）	25	春入朱子门下学习
淳熙七年（1180）	29	伯兄卒
光宗绍熙五年（1194）	43	宁宗继位，朱子以捧表恩奏补黄榦为将仕郎
宁宗庆元元年（1195）	44	补将士郎，铨中授权迪功郎，监台州酒务
庆元二年（1196）	45	党禁事件发，自晦庵所建安考亭归三山，诸生从学于城南；秋，自三山复归朱子侧
庆元三年（1197）	46	随仲兄至其官所庐陵，朱子为黄榦筑室于考亭新居侧。七月，母丧，护丧归乡，居母墓旁精舍
庆元四年（1198）	47	守母丧，屏居箕山，诸生从学
庆元五年（1199）	48	朱子遣其诸孙来学，会聚朋友修纂《丧》《祭》2 礼，十一月，至考亭朱子处，迁朱子所造新居
庆元六年（1200）	49	春，自朱子处还乡，诸生从学于闽县学；三月，朱子殁。黄榦日行百里，为朱子护丧。持心丧三年，不复调官。五月，仲兄卒。
嘉泰元年（1202）	51	创书局于神光寺，又移仁王寺，招朋友入书局修礼书
嘉泰三年（1203）	52	十二月到任石门酒库
嘉泰四年（1204）	54	兼权新市、乌青诸库至1206年，往来3库临视
开禧二年（1206）	55	任荆湖北路安抚司激赏酒库兼备差遣，五月到任。七月，橄措置极边关隘总领、宣抚2司，就委提点八关，往来兵间得吐血之疾（幕府）

---

① 参见《黄榦年表》，《黄榦生平及理学研究》，第20—24 页。原表内容错误颇多且颇简，表中内容笔者据年表多有添加改动、删除。

续表

时间	年龄	行事或仕官
开禧三年（1207）	56	知临川县
嘉定元年（1208）	57	知临川县
嘉定二年（1209）	58	知临川县
嘉定三年（1210）	59	知临川县
嘉定四年（1211）	60	临川在任 3 年零 24 日，二月秩满，授南劍州劍浦县令，待次考亭
嘉定五年（1212）	61	二月，改宣教郎，知临江军。四月知新淦县事，整理纲运事宜。
嘉定六年（1213）	62	新淦政成，后改差安丰军（在任时长共 5 月 21 日，次年 2 月罢）自安丰到历阳审理案件。
嘉定七年（1214）	63	二月，添差通判建康府事，仍管理事务，五月到任，暂理太平州，途经仪真，与李道传相会。九月，任命黄榦暂管汉阳提举义勇民兵（知汉阳军），辞不许，十月到任。
嘉定八年（1215）	64	仍知汉阳军，治学政，作五先生祠堂，凤山书院成。十一月，丐祠，十二月，差主管建宁府武夷山冲佑观（汉阳在任 1 年整）。
嘉定九年（1216）	65	二月，转通直郎。四月至考亭所居，讲学于竹林精舍，始草文公行状。十月，自考亭还三山旧居。十一月，寓居城南法云僧舍。十二月，除暂时代理安庆府，力辞，不许。
嘉定十年（1217）	66	立《同志规约》，从学者分远近月集或季集，讲习以明。二月，始拜安庆之命，与百姓共修城墙。
嘉定十一年（1218）	67	安庆在任未及 1 年，二月解罢。又命节制王郡军马，提督王关，又命赵关往光州督战，未到任又改除和州，仍请黄榦赴司（幕府）议事，辞免和州赴司（幕府）议事。四月，因安庆数百百姓请命，依旧任命黄榦知安庆府，六月，赴行在奏事，均辞。九月，归至法云寓舍。十一月，差主管建宁府武夷山冲佑观。重修《仪礼经传》续卷，置局于寓舍之书室及城东张氏南园，四方学徒会聚讲学。
嘉定十二年（1219）	68	移寓于嘉福僧舍，通释《论语》
嘉定十三年（1220）	69	《仪礼经传》续卷《丧礼》成。八月，转奉仪郎，九月，除权民遣潮州，再辞。十二月，差主管亳州明道宫。《孝经本旨》成。
嘉定十四年（1221）	70	《文公行状》成。三月，终于所居之正寝。八月，妻朱氏卒。

参考文献

一　古籍著作

（宋）黄榦：《勉斋先生黄文肃公文集》，1988年北京图书馆影印元刻延祐二年重修本，收入《北京图书馆古籍珍本丛刊》第90册，书目文献出版社。

（宋）郑元肃录，陈义和编：《勉斋先生黄文肃公年谱》，收入《北京图书馆古籍珍本丛刊》的《勉斋先生黄文肃公文集》，书目文献出版社1988年版，北京图书馆影印元刻延祐二年重修本。

（宋）黄榦：《勉斋先生黄文肃公文集》，收入曾枣庄、刘琳主编的《全宋文》，上海辞书出版社2006年版。

（宋）黄榦：《勉斋集》，文渊阁四库全书本。

（宋）黄榦：《黄勉斋先生文集》，中华书局1985年版，正谊堂全书本，丛书集成初编，第2408册—第2410册。

（宋）朱熹、黄榦等编：《仪礼经传通解》，文渊阁四库全书本。

（宋）朱熹著、朱杰人等编：《朱子全书》，上海古籍出版社，安徽教育出版社2002年版。

（宋）陈亮：《龙川集》，文渊阁四库全书本。

（宋）王柏：《鲁斋集》，文渊阁四库全书本。

（宋）何基：《丛书集成初编》，《何北山先生遗集》，中华书局

1985 年版。

（宋）张载:《张载集》，中华书局 2008 年版。

（宋）陈淳:《北溪大全集》，文渊阁四库全书本。

（宋）真德秀:《四书集编》，文渊阁四库全书本。

（宋）真德秀:《西山读书记》，文渊阁四库全书本。

（宋）真德秀:《大学衍义》，文渊阁四库全书本。

（宋）何基:《何北山先生遗集》，文渊阁四库全书本。

（宋）黄震:《黄氏日抄》，文渊阁四库全书本。

（宋）黎靖德编:《朱子语类》，中华书局 2004 年版。

（元）脱脱等撰:《宋史》，中华书局 1978 年版。

（元）许谦:《读四书丛说》，文渊阁四库全书本。

（明）《性理大全》:文渊阁四库全书本。

（明）宋端仪:《考亭渊源录》，中文出版社 1977 年版。

（清）李清馥:《闽中理学渊源考》，文渊阁四库全书本。

（清）王懋竑纂订:《朱子年谱》，中华书局 1998 年版。

（清）纪昀等撰:《四库全书总目》，中华书局 1995 年版。

（清）纪昀等撰:《四库全书总目提要》，中华书局 1995 年版。

不著撰人,《庆元党禁》，文渊阁四库全书本。

（清）黄宗羲原著，全祖望修补，陈金生、梁运华点校，《宋元学案》，中华书局 1986 年版。

（清）张伯行:《黄勉斋先生文集》，上海商务印书馆 1935 年版，载《丛书集成初编》之《正谊党全书》中。

二　近人著作

钱穆:《朱子新学案》，巴蜀书社 1986 年版。

钱穆:《宋明理学概述》，九州出版社 2010 年版。

钱穆:《宋代理学三书随札》，生活·读书·新知三联书店 2002 年版。

冯友兰：《中国哲学史》，中华书局 1992 年版。

冯友兰：《三松堂自序》，人民出版社 1998 年版。

姜广辉主编：《中国经学思想史》，中国社会科学出版社 2003 年版。

余英时：《朱熹的历史世界：宋代士大夫政治文化的研究》，生活·读书·新知三联书店 2004 年版。

余英时：《宋明理学与政治文化》，广西师范大学出版社 2006 年版。

余英时：《士与中国文化》，上海人民出版社 1987 年版。

余英时：《中国知识人之史的考察》，广西师范大学出版社 2004 年版。

余英时：《论戴震与章学诚》，生活·读书·新知三联书店 2000 年版。

余英时：《现代学人与学术》，广西师范大学出版社 2004 年版。

余英时：《史学、史家与时代》，广西师范大学出版社 2004 年版。

何俊：《南宋儒学建构》，上海人民出版社 2004 年版。

何俊、范立舟：《南宋思想史》，上海古籍出版社 2008 年版。

何俊：《宋学研究集刊》，浙江大学出版社 2008 年版。

侯外庐、邱汉生、张岂之主编：《宋明理学史》，人民出版社 1984 年版。

高令印、陈其芳：《福建朱子学》，福建人民出版社 1986 年版。

高令印、高秀华：《朱子学通论》，厦门大学出版社 2007 年版。

高令印：《朱熹事迹考》，上海人民出版社 1987 年版。

朱瑞熙主编：《白鹿洞书院古志五种》，中华书局 1995 年版。

陈荣捷：《朱子门人》，华东师范大学出版社 2007 年版。

陈荣捷：《朱子新探索》，华东师范大学出版社 2007 年版。

陈荣捷：《朱学论集》，华东师范大学出版社 2007 年版。

陈荣捷：《近思录详注集解》，华东师范大学出版社 2007 年版。

陈来：《朱熹哲学研究》，中国社会科学出版社 1988 年版。

陈来：《古代宗教与伦理：儒家思想的根源》，生活·读书·新知三联书店 1996 年版。

陈来：《中国近世思想史研究》，商务印书馆 2003 年版。

陈来：《宋明理学》，华东师范大学出版社 2004 年版。

陈来：《朱子书信编年考证》，人民出版社 1989 年版。

张立文：《朱熹思想研究》，中国社会科学出版社 1994 年版。

张舜徽：《讱庵学术讲论集》，华中师范大学出版社 2008 年版。

黄俊杰：《东亚儒学史的新视野》，华东师范大学出版社 2008 年版。

束景南：《朱熹年谱长编》，华东师范大学出版社 2001 年版。

束景南：《朱子大传》，商务印书馆 2003 年版。

葛兆光：《中国思想史》，复旦大学出版社 2009 年版。

张加才：《诠释与建构——陈淳与朱子学》，人民出版社 2004 年版。

张岂之：《中国思想学说史》，广西师范大学出版社 2007 年版。

田智忠：《朱子论"曾点气象"研究》，巴蜀书社 2007 年版。

孙先英：《真德秀学术思想研究》，上海人民出版社 2008 年版。

漆侠：《宋学的发展和演变》，河北人民出版社 2002 年版。

邓广铭：《陈龙川传》，生活·读书·新知三联书店 2007 年版。

邓广铭：《邓广铭自选集》，首都师范大学出版社 2008 年版。

邓广铭：《宋史十讲》，中华书局 2008 年版。

马良怀：《魏晋文人讲演录》，广西师范大学出版社 2009 年版。

马良怀：《士人 皇帝 宦官》，岳麓书社 2003 年版。

李娟：《宋代程朱理学官学地位研究》，东北师范大学出版社 2009 年版。

蒙培元：《理学的演变》，福建人民出版社 1984 年版。

周宝珠：《宋代东京研究》，河南大学出版社 1992 年版。

程民生：《宋代地域文化》，河南大学出版社1997年版。

吴震：《宋代新儒学的精神世界》，华东师范大学出版社2009年版。

包伟民：《宋代制度史研究百年》，商务印书馆2004年版。

王琨：《朱学正传：北山四先生理学》，上海三联书店2010年版。

范立舟：《宋代思想学术史论稿》，澳亚周刊出版有限公司2004年版。

屈超立：《宋代地方政府民事审判职能研究》，巴蜀书社2003年版。

周春健：《元代四书学研究》，华东师范大学出版社2008年版。

王毅：《园林与中国文化》，上海人民出版社1990年版。

吴震主编：《宋代新儒学的精神世界》，华东师范大学出版社2009年版。

吴震、吾妻重二主编：《思想与文献：日本学者宋明儒学研究》，华东师范大学出版社2010年版。

［美］狄百瑞：《儒家的困境》，北京大学出版社2009年版。

［美］田浩：《朱熹的思维世界》，江苏人民出版社2009年版。

［美］田浩：《宋代思想史论》，社会科学文献出版社2003年版。

［美］田浩：《功利主义儒家——陈亮的挑战》，江苏人民出版社1997年版。

［美］包弼德：《历史上的理学》，浙江大学出版社2010年版。

［日］岛田虔次：《中国近代思维的挫折》，江苏人民出版社2005年版。

［日］近藤成一主编：《宋元史学的基本问题》，中华书局2010年版。

三 单篇论文

王德毅：《黄榦的学术与政事》，《汉学研究》1991年第9卷第

2 期。

王德毅：《宋代的科举与士风》，《厦门大学学报》2005 年第 6 期。

余英时：《道统与政统之间》，《中国文化月刊》1984 年第 60 期。

白寿彝：《仪礼经传通解考证》，载《白寿彝史学论集》，北京师范大学出版社 1994 年版。

黄保万：《黄榦在朱子学中的地位与贡献》，载《武夷文化研究——武夷学术文化研讨会论文集》，2002 年。

孙明章：《略论黄榦及其哲学思想》，《福建论坛〈人文社会科学版〉》1985 年第 1 期。

孙明章、高令印：《闽学略论》，《厦门大学学报（哲学社会科学版）》1982 年第 3 期。

李振宏：《絜矩，一个已消亡的文化概念》，《史学月刊》2005 年第 3 期。

方彦寿：《朱门颜、曾——黄榦》，载《朱子学与 21 世纪国际学术研讨会论文集》，武夷山朱熹研究中心，2000 年。

方彦寿：《黄榦著作版本考述》，载《历史文献研究》，华中师范大学出版社 2006 年版，总第 25 辑。

方品光、陈明光：《试论朱熹对福建文化教育的影响》，《福建师范大学学报（哲学社会科学版）》1980 年第 3 期。

林日波：《真德秀与朱熹弟子交游考》，《古籍整理研究学刊》2008 年第 2 期。

四　学位论文

［韩］池俊镐：《黄榦哲学思想研究》，博士学位论文，北京大学，2000 年。

谭柏华：《黄干思想研究》，硕士学位论文，湘潭大学，2003 年。

蔡文达：《黄榦生平及理学研究》，硕士学位论文，华梵大学，

2009 年。

刘仪秀：《南宋陆门学者的教化理念与实践》，硕士学位论文，台湾清华大学，2006 年。

孟淑慧：《朱熹及其门人的教化理念与实践》，博士学位论文，台湾大学，2003 年。

后　　记

　　儒家思想是伟大的，它对国人文化、心理、思想、行为的渗透和影响，是众所周知的。但是，两千年前孔子创立的儒家究竟是如何沿革、发展、创新的？为什么它的魅力至今不衰，对中华民族、东亚民族、世界华人乃至全世界都有着深刻的影响，笔者是带着这个问题选择了历史学这个专业的。选择了"历史"的道路后，一路走来，慢慢地更加深刻地了解儒学的历史及历史上不同时期的儒学，对关于儒家学说实践、传承、变革等问题有了进一步深刻了解的欲望，对儒家学说的兴趣也促使我不断地思考、比较，最终确定大方向做关于道学方面的研究，希望能够通过研究促进学习和思考。道学最突出的成就是哲学成就和思想成就，但本书的侧重点有意忽略了相关的哲学和思想方面的研究，原因一方面主要是我对哲学史和思想史的研究较少，虽然有所关注，但并无深入的研究；另一方面是，此类研究成果已经很多，通过看材料，我并没有看出比已有成果更多一点的内容来。在和周国林老师的反复推敲中，我选择了道学人物黄榦作为个案，从理念和行止的角度去关注道学，从黄榦的行止中，努力找到其中是如何体现道学家的理念的。作为忠诚的道学士大夫，黄榦和当时普通士大夫一定是有所不同的，这是我预先设定的前提。由于我认为直接从理学著作中总结黄榦理念的做法或者流于哲学或思想研究，这方面不是我的擅长，或者又过于主观，而从黄榦为政、生活、学习中反映出来的理念才是更客观的。故本书尽量从具体的事件出发，如从黄榦为人书写的墓志铭和行状里寻找黄榦最为看重的品质和行为，从黄榦所经手的书判里寻找黄榦是如何把理学家认定的理念融入判案过程中，等等。一个人的经历就是一部社会史，本书希望通过黄榦这个人，还原出宋代社会的某些镜头，比如士大夫的交往、生活、学习等，抱着慢慢做出来的话或许会有一点意义的想法坚持下来，希望能对自己的选择有一个交代。

　　本书是以博士论文为基础的著作，在写作的过程中，我得到许多温暖的帮助。首先是我的导师周国林先生给予了我最大的帮助，在选题和视角方面，都给了许多自由的选择和指导。和周师一起定下视角问题，在写作过程中多次和周师讨论，最主要的是，在许多人都不相信我能够写出一篇完整文章的情况下，周师却一直相信我并鼓励我，并在生活中给我许多关怀，这于我是终生难忘的。其次，除了导师外，受教于熊铁基老师、董恩林老师、马良怀老师、刘韶军老师、王玉德老师、吴琦老师、刘固盛老师，真是十分幸运的事情。各位老师个性、处事风格和教学风格虽然各异，在学问上各有所长，却同样都有一颗赤子之心。也因为此，在受教其间，无论是学习和生活，他们都给我许多启迪，遇到各位老师，是我求学生涯中十分宝贵的一笔财富，也是求学生涯中十分值得骄傲和自豪的一件事情。还有我的同学、朋友对我有许多的支持和帮助，也是必须要提到的。父母亲和家人给我提供支持和动力，是我背后最大的依靠。与华师结缘，与周师结缘，与诸多老师和很多朋友结缘，与武汉结缘，这是我读博期间最大的收获与最珍贵的经历！

　　离毕业整整一年了，毕业后到武汉纺织大学工作，这期间得到了诸多同事的热情帮助，朱丽霞教授给予我许多无私的帮助，刘艳、李和山、李艳鸽等同事给予我工作和生活的许多照顾，使得我有精力修改拙文，另外，本书的出版得到武汉纺织大学马克思主义学院的资助，编辑田文老师做了大量工作，在此一并致谢。

前路漫漫，其修远兮！要走的路还有很远很长，我会勇往直前，继续努力，更认真地生活，以期成为一个真正有用的人，这或许是对所有曾关爱过我的人的最好回报！

单晓娜草于武汉纺织大学

2013 年 6 月 28 日